DIANA
VERLAG

John Gottman
mit Joan DeClaire

Kinder brauchen emotionale Intelligenz

Ein Praxisbuch für Eltern

Mit einem Vorwort von
Daniel Goleman

Aus dem Amerikanischen von
Bernhard Kleinschmidt

———

Diana Verlag
München Zürich

Titel der Originalausgabe: The Heart of Parenting
Originalverlag: Simon & Schuster, New York

ISBN 3-8284-5001-6

Dem Werk und Andenken
von Haim Ginott
gewidmet

INHALT

ERSTES KAPITEL

ZWEITES KAPITEL

DRITTES KAPITEL

VIERTES KAPITEL

FÜNFTES KAPITEL

SECHSTES KAPITEL

SIEBTES KAPITEL

Vorwort

Für Kinder wie für Eltern sind schwere Zeiten angebrochen. In den letzten ein oder zwei Jahrzehnten hat sich das Wesen der Kindheit so drastisch gewandelt, daß es schwerer für unsere Kinder geworden ist, die Grundlagen des menschlichen Gefühlslebens zu erwerben, und schwerer für uns Eltern, den Kindern, die wir lieben, diese Grundlagen weiterzugeben. Wer Kinder hat, muß die entsprechenden Informationen über Gefühle und Sozialverhalten mit mehr Geschick vermitteln. Wie man das bewerkstelligt, zeigt uns John Gottman im vorliegenden Praxisbuch über erfolgreiche Erziehungsmuster.

Betrachtet man die Statistik, so weiß man, daß dieses Buch genau zur rechten Zeit kommt. In den letzten Jahrzehnten haben sich die von Jugendlichen begangenen Gewaltverbrechen mit tödlichem Ausgang in den Vereinigten Staaten vervierfacht, dreimal höher ist die Zahl der Selbstmorde geworden, doppelt so hoch die der Vergewaltigungen. Hinter diesen aufsehenerregenden Zahlen steckt ein weit verbreitetes emotionales Übel.

Eine landesweite Untersuchung an zweitausend nach dem Zufallsprinzip ausgewählten amerikanischen Kindern, die erstmals Mitte der siebziger und dann Ende der achtziger Jahre von ihren Eltern und Lehrern beurteilt wurden, ergab einen anhaltenden Trend: Die elementaren emotionalen und sozialen Fähigkeiten der Kinder nehmen in der Regel ab. Die Kinder werden durchschnittlich nervöser und reizbarer, sind häufiger bockig und launisch, deprimiert und einsam, impulsiv und ungehorsam. Alles in allem haben sich mehr als vierzig Indikatoren verschlechtert.

Hinter dieser negativen Entwicklung stehen allgemeinere Faktoren. Zum einen bringt es die heutige wirtschaftliche

Lage mit sich, daß Väter und Mütter schwerer als frühere Generationen arbeiten müssen, um ihre Familie zu ernähren. Als Folge haben die meisten Eltern für ihre Kinder weniger Zeit, als ihre eigenen Eltern ihnen zuteil werden ließen. Immer mehr Familien müssen ohne Verwandte in der näheren Umgebung auskommen; zudem wohnen sie oft in Vierteln, in denen man Angst hat, Kinder auf der Straße spielen oder gar ein Nachbarkind besuchen zu lassen. Und ein immer größerer Teil des kindlichen Lebens spielt sich vor dem Bildschirm ab – sei es der eines Fernsehers oder ein Computermonitor –, was bedeutet, daß diese Kinder nicht mehr draußen sind, um mit ihren Freunden zu spielen.

Doch seit es Menschen gibt, haben Kinder ihren Grundstock an emotionalen und sozialen Fähigkeiten von ihren Eltern, Verwandten und Nachbarn gelernt und beim ungebändigten Austausch mit ihren Spielgefährten.

Gelingt es einem Kind nicht, die Grundlagen emotionaler Intelligenz zu erwerben, führt das zu immer unheilvolleren Konsequenzen. Untersuchungen haben beispielsweise gezeigt, daß Mädchen, die nicht zwischen Gefühlen wie Angst und Hunger zu unterscheiden lernen, für Störungen wie Bulimie anfälliger sind, während jene Mädchen, die in ihrer Kindheit Probleme hatten, ihre spontanen Regungen zu kontrollieren, statistisch eher vor dem Erreichen des zwanzigsten Lebensjahres schwanger werden. Was Jungen betrifft, so kann ein impulsives Verhalten in den ersten Jahren eine erhöhte Tendenz zu Straftaten oder Gewalttätigkeit ankündigen. Und bei allen Kindern erhöht die Unfähigkeit, mit Angst und Depression umzugehen, die Wahrscheinlichkeit späterer Drogen- oder Alkoholmißbrauchs.

Angesichts derart veränderter Umstände müssen Eltern die schönen Stunden, die ihnen mit ihren Kindern gegönnt sind, wirklich gut nutzen. Sie müssen bewußt eine aktive Rolle einnehmen und ihren Kindern grundlegende Fertigkeiten vermitteln, sei es der Umgang mit beunruhigenden Gefühlen, die Kontrolle spontaner Regungen oder die Empathie.

In seinem Buch zeigt John Gottman allen Eltern einen wissenschaftlich fundierten und leicht umsetzbaren Weg auf, um ihren Kinder jene elementaren Fähigkeiten zu vermitteln, die sie im Leben brauchen.

Daniel Goleman
Autor von *Emotionale Intelligenz*

Einführung

Als ich selbst Vater wurde, hatte ich mich schon fast zwanzig Jahre mit Entwicklungspsychologie und dem emotionalen Innenleben von Kindern beschäftigt. Doch erst als 1990 unsere Tochter Moriah geboren wurde, begann ich wirklich zu verstehen, was sich in der Eltern-Kind-Beziehung abspielt.

Wie so viele Eltern hatte ich keine Ahnung, welch intensive Gefühle ich für meine Tochter hegen und wie begeistert ich sein würde, als sie zum ersten Mal lachte, sprach, ein Buch anschaute. Ich hatte nicht vorhergesehen, wieviel Geduld und Aufmerksamkeit sie beständig von mir fordern würde. Wie hätte ich ahnen können, daß ich ihr die Aufmerksamkeit, die sie brauchte, bereitwillig widmen würde. Und ich war überrascht, wie frustriert, enttäuscht und verwundbar ich mich manchmal fühlte: frustriert, wenn unsere Kommunikation mißlang, enttäuscht, wenn sie sich schlecht benahm, und verwundbar, wenn ich erkennen mußte, wie gefährlich die Welt sein kann. Daß ich, wenn ich sie verlor, alles verlieren würde.

Ich lernte nicht nur viel Neues über meine eigenen Gefühle, sondern ich veränderte auch meinen wissenschaftlichen Ansatz. Als Jude, dessen Eltern vor den Nazis aus Österreich geflohen waren, hatte ich die Thesen jener Forscher unterstützt, die autoritären Eltern die Fähigkeit abgesprochen hatten, moralisch gesunde Kinder zu erziehen. Sie favorisierten eine demokratisch organisierte Familie, in der Kinder und Eltern als rationale, gleichberechtigte Partner fungieren. Nun wies meine langjährige Erforschung familiärer Strukturen darauf hin, daß die *emotionale Interaktion* zwischen Eltern und Kind womöglich einen noch größeren Einfluß auf das langfristige Wohlergehen des Kindes hatte.

Erstaunlicherweise ignoriert der Großteil der populären

Erziehungsratgeber den emotionalen Bereich. Während man sich mit Theorien beschäftigt, die auf ein Fehlverhalten des Kindes eingehen, übersieht man die diesem Verhalten zugrundeliegenden Gefühle. Nun sollte das Hauptziel der Kindererziehung ohnehin nicht die Produktion von braven und gehorsamen Menschen sein. Die meisten Eltern erhoffen wesentlich mehr für ihre Kinder. Sie wollen sie zu moralisch integren, verantwortungsbewußten Menschen erziehen, die ein wertvoller Bestandteil der Gesellschaft sind. Diese Menschen sollen die Kraft haben, ihre eigenen Entscheidungen zu treffen und die Früchte ihrer Begabungen zu ernten, sie sollen das Leben und seine Freuden genießen, sollen gute freundschaftliche Beziehungen aufbauen und eine erfolgreiche Ehe führen können. Und sie sollen später selbst gute Eltern werden.

Bei meinen Untersuchungen habe ich nun entdeckt, daß Liebe allein nicht ausreicht. Sehr liebevolle, warmherzige und engagierte Eltern standen ihren eigenen Gefühlen wie denen ihrer Kinder auf eine Weise gegenüber, die sie daran hinderte, mit ihren Kindern sprechen zu können, wenn diese traurig, verängstigt oder wütend waren. Während Liebe allein also nicht genug war, reichte es sehr wohl aus, diese Fürsorge in einige grundlegende Fertigkeiten zu verwandeln, die die Eltern anwandten, als trainierten sie ihre Kinder im Umgang mit ihren Gefühlen. Das Geheimnis lag darin, wie sie in Phasen emotionaler Spannung mit ihren Kindern umgingen.

Zusammen mit meinem Team habe ich detaillierte Studien zur Eltern-Kind-Beziehung durchgeführt; die Entwicklung der Kinder wurde dabei über einen längeren Zeitraum hinweg beobachtet. Nach zehn Jahren intensiver Forschung filterten wir eine Reihe von Eltern heraus, die fünf ganz einfache Verhaltensmuster zeigten, wenn sich ihrer Kinder starke Gefühle bemächtigten. Diese fünf Muster bezeichnen wir als *Emotionstraining*. Kinder, deren Eltern ein entsprechendes Verhalten beherrschten, befanden sich auf einer ganz anderen Entwicklungsbahn als die Kinder anderer Eltern.

Die als »Emotionstrainer« fungierenden Eltern hatten Kinder, aus denen später das wurde, was Daniel Goleman als »emotional intelligente« Menschen bezeichnet.

Sie konnten viel besser mit ihren Gefühlen umgehen als andere Kinder. Dazu gehörte auch das Vermögen, die eigenen Gefühlszustände zu regulieren. Wenn sie die Fassung verloren hatten, konnten sich diese Kinder besser besänftigen, konnten ihr Herz rascher wieder beruhigen. Wegen der überdurchschnittlichen Leistung der an diesem Vorgang der Selbstberuhigung beteiligten physiologischen Abläufe litten sie weniger oft an Infektionskrankheiten. Sie konnten sich besser konzentrieren. Und sie verstanden sich besser mit anderen Menschen in den häufig recht schwierigen Altersabschnitt vom neunten bis dreizehnten Lebensjahr, wenn sie etwa gehänselt wurden und eine übertrieben emotionale Reaktion nicht gerade erstrebenswert war. Diese Kinder konnten sich besser in andere Menschen hineinversetzen, und sie hatten bessere Freundschaften mit anderen Kindern. Auch in schulischen Situationen, die intellektuelle Fähigkeiten erfordern, leisteten sie mehr. Sie hatten gewissermaßen einen auf Menschen und die Welt der Gefühle bezogenen Intelligenzquotienten entwickelt: eine emotionale Intelligenz.

Dieses Buch soll seinen Lesern die fünf Schritte des Emotionstrainings vermitteln, mit deren Hilfe sie ein emotional intelligentes Kind erziehen können.

Wenn ich die emotionale Beziehung zwischen Eltern und Kindern so sehr betone, so entspringt das meiner langjährigen Forschung. Soweit ich weiß, bestätigen die dabei gewonnenen Erkenntnisse zum ersten Mal das Werk Haim Ginotts, eines der herausragenden Kinderpsychologen unserer Zeit. Ginott, der in den sechziger Jahren lehrte, erkannte, wie wichtig es ist, mit emotional erregten Kindern zu reden. Er hat auch die Grundprinzipien beschrieben, nach denen Eltern dabei vorgehen sollten.

Das Konzept des Emotionstrainings liefert uns ein auf emotionaler Kommunikation basierendes Koordinatensystem.

Wenn Eltern ihren Kindern mit Empathie* begegnen und ihnen helfen, mit negativen Gefühlen wie Wut, Traurigkeit und Angst umzugehen, bauen sie Brücken aus Vertrauen und Zuneigung. Obwohl solche Eltern wirkungsvoll Grenzen setzen, steht das »schlechte Benehmen« ihrer Kinder in diesem Kontext nicht mehr im Mittelpunkt der Aufmerksamkeit.

Kooperation, Gehorsam und Verantwortungsbewußtsein entwickeln sich aus einem Gefühl von Liebe und Verbundenheit, das die Kinder in ihrer Familie empfinden. Konsequenterweise stellt die emotionale Interaktion zwischen den Familienmitgliedern die Basis dar, auf der Werte vermittelt und moralisch verantwortliche Menschen herangezogen werden. Die Kinder verhalten sich nach dem in der Familie gesetzten Standard, denn sie verstehen mit dem Herzen, daß ein positives Verhalten erwartet wird. Sie wissen, daß rechtes Handeln zum Leben in einem Sozialverbund gehört.

Während andere Erziehungstheorien oft ein Sammelsurium an Strategien bieten, mit denen das kindliche Verhalten kontrolliert werden soll, schaffen die fünf Schritte des Emotionstrainings einen Rahmen, in dem wir während der Entwicklung unserer Kinder eine enge persönliche Beziehung zu ihnen aufrechterhalten können.

Die gute Nachricht dieses Buches lautet, daß meine Kollegen und ich auf der Basis wissenschaftlicher Fakten nachweisen können, daß die emotionale Interaktion zwischen Eltern und Kindern von höchster Bedeutung ist. Wir wissen nun mit Gewißheit, daß Mütter und Väter, die ein emotionales Training praktizieren, entscheidenden Einfluß auf den Erfolg und das Glück ihrer Kinder haben.

Unsere Arbeit geht von einem heutigen Eltern angemessenen Kontext aus und spricht Probleme an, mit denen Ginott in den sechziger Jahren nicht konfrontiert war. Angesichts einer ständig steigenden Scheidungsrate und zunehmender Gewalt-

---

* Empathie ist die Fähigkeit, sich in einen anderen Menschen hineinzuversetzen. (Anmerkung des Übersetzers)

bereitschaft unter Jugendlichen ist die Erziehung emotional intelligenter Kinder wichtiger denn je. Unsere Untersuchungen zeigen auf überraschende Weise, wie Eltern ihre Kinder vor den erwiesenen Risiken schützen können, die mit Ehestreit und Scheidung einhergehen. Und sie zeigen neue Möglichkeiten auf, wie ein emotional verbundener Vater, sei er verheiratet oder geschieden, das Wohlergehen seiner Kinder beeinflussen kann.

Der Schlüssel zu einer erfolgreichen Erziehung findet sich nicht in komplexen Theorien, genau festgelegten familiären Regeln oder aufgeblähten Verhaltensformeln. Es geht vielmehr um die in der Tiefe unseres Bewußtseins ruhenden Gefühle von Liebe und Zuneigung, die wir für unsere Kinder verspüren und die wir einfach durch Empathie und Verständnis demonstrieren können. Eine gute Erziehung beginnt in unserem Herzen und setzt sich von Augenblick zu Augenblick fort, indem wir auf unsere Kinder eingehen, wenn sie erregt sind, wenn sie Trauer, Wut oder Angst verspüren. Der Schlüssel zur Erziehung liegt in der Fähigkeit, auf besondere Weise dazusein, wenn es wirklich darauf ankommt. Dieses Buch möchte Ihnen eine Anleitung dazu sein.

ERSTES KAPITEL

Das Emotionstraining: Der Schlüssel
zur Erziehung emotional
intelligenter Kinder

Diane müßte eigentlich schon auf dem Weg zur Arbeit sein, als sie versucht, ihren dreijährigen Sohn Joshua in seine Jacke zu bekommen, um ihn in die Kindertagesstätte zu bringen. Nach überstürztem Frühstück und Kampf um die richtigen Schuhe ist auch Joshua angespannt. Es ist ihm egal, daß seine Mutter in weniger als einer Stunde eine Besprechung hat. Er will zu Hause bleiben und spielen, verkündet er. Als Diane ihm erklärt, das gehe nicht, wirft er sich auf den Boden. Traurig und wütend beginnt er zu weinen.

Weinend steht auch die siebenjährige Emily vor ihren Eltern, fünf Minuten bevor der Babysitter kommen soll. »Es ist gemein, daß ihr mich mit einer Fremden allein laßt«, schluchzt sie. »Aber Emily«, beschwichtigt ihr Vater sie, »es ist doch eine gute Freundin von Mama. Außerdem freuen wir uns schon seit Wochen auf dieses Konzert.« »Ich will aber nicht, daß ihr geht!« schreit Emily.

Der vierzehnjährige Matt erzählt seiner Mutter, daß er gerade aus dem Schulorchester geflogen ist, weil der Lehrer bemerkt hat, daß es im Bus nach Marihuana roch. »Ich schwör' dir, das war jemand anders«, sagt Matt. Aber seine schulischen Leistungen haben nachgelassen, und er ist in einer neuen Clique. »Ich glaub' dir nicht, Matt«, sagt seine Mutter. »Und bevor deine Noten nicht besser werden, bleibst du zu Hause.« Verletzt und wütend läuft Matt ohne Antwort hinaus.

Drei Familien, drei Konflikte; drei Kinder in verschiedenen Entwicklungsstadien. Und doch stehen die Eltern vor demselben Problem: Wie sollen sie in einer emotional angespannten Situation mit ihren Kindern umgehen?

Wie die meisten Eltern wollen sie ihre Kinder gerecht, geduldig und mit Respekt behandeln. Sie wissen um die Anforderungen, die das Leben an ihre Kinder stellt, und sie wollen für sie da sein, sie unterstützen und ihnen Einsichten vermitteln. Sie wollen ihren Kindern beibringen, wie man erfolgreich mit Problemen umgeht und feste, gesunde Beziehungen eingeht. Doch da ist ein großer Unterschied zwischen der *Absicht*, einem Kind gerecht zu werden, und dem Wissen um die Mittel, die dazu nötig sind.

Das liegt daran, daß eine gute Erziehung mehr verlangt als nur Intellekt. Es geht hier um eine Dimension der Persönlichkeit, die ein großer Teil der Ratgeber in den vergangenen Jahrzehnten vernachlässigt hat. Eine gute Erziehung hat mit *Gefühlen* zu tun.

In den letzten zehn Jahren hat die Forschung enorm viele Fakten darüber zusammengetragen, welche Rolle Gefühle eigentlich in unserem Leben spielen. Man hat festgestellt, daß Erfolg und Glück in allen Lebenslagen – also auch im familiären Umfeld – weniger vom Intelligenzquotienten abhängen als von einem bewußten Gefühlsleben und der Fähigkeit, mit Emotionen umzugehen. Was die Rolle der Eltern betrifft, so bedeutet diese Qualität »emotionaler Intelligenz«, wie sie heute vielfach genannt wird, sich der Gefühle der Kinder bewußt und in der Lage zu sein, sich in sie hineinzufühlen, sie zu trösten und anzuleiten. Für die Kinder wiederum, die den Großteil ihrer emotionalen Erfahrungen in der Familie machen, geht es um Fähigkeiten wie die, Gefühlsausbrüche in den Griff zu bekommen, den Aufschub von Belohnungen zu tolerieren, sich selbst zu motivieren, kommunikative Signale anderer Menschen zu verstehen und mit den Höhen und Tiefen des Lebens fertig zu werden.

»Das Familienleben ist unsere erste Schule für das emotionale Lernen«, schreibt Daniel Goleman, Psychologe und Autor des Buches *Emotionale Intelligenz*, das detailliert über die Forschungen berichtet, die ein zunehmendes Verständnis dieses Bereichs ermöglichen. »In diesem engen Kessel lernen wir, wie wir uns selbst empfinden sollen und wie andere auf unsere Empfindungen reagieren, was wir von diesen Empfindungen denken sollen und welche Reaktionen uns offenstehen, wie wir unsere Hoffnungen und Befürchtungen deuten und ausdrücken sollen. Diese Schulung der Gefühle erfolgt nicht bloß mittels der Dinge, die Eltern ihren Kindern direkt sagen oder die sie mit ihnen machen, sondern auch über die Vorbilder, die sie abgeben bezüglich des Umgangs mit ihren eigenen Gefühlen und mit den Gefühlen, die zwischen Mann und Frau ausgetauscht werden. Manche Eltern sind begabte emotionale Lehrer, andere sind entsetzlich.«[1]

Welches Elternverhalten macht nun den entscheidenden Unterschied aus? Um eine Antwort auf diese Frage zu finden, habe ich mich in den vergangenen zwanzig Jahren intensiv mit der Eltern-Kind-Beziehung beschäftigt. In Zusammenarbeit mit Kollegen von den Universitäten von Illinois und Washington habe ich an 119 Familien zwei Detailstudien durchgeführt, zur Beobachtung, wie Eltern und Kinder in emotional geladenen Situationen aufeinander reagieren.[2] Dabei haben wir die Entwicklung der Kinder vom fünften Lebensjahr an bis zur Adoleszenz verfolgt. Im Augenblick beschäftigen wir uns mit 130 jung verheirateten Paaren, die gerade eine Familie gründen. Zu unserer Untersuchung gehören ausführliche Interviews mit den Eltern. Wir befragen sie zu ihrer Ehe, dazu, wie sie auf die emotionalen Erfahrungen ihrer Kinder reagieren und wie bewußt sie Gefühle in ihrem eigenen Leben wahrnehmen. Wir haben die physiologischen Reaktionen von Kindern während konfliktgeladener Interaktionen mit ihren Eltern beobachtet und die emotionalen Reaktionen der Eltern auf die Wut und Traurigkeit ihrer Kinder. Nach Ablauf eines bestimmten Zeitraums haben wir dann untersucht, wie sich die betreffenden Kinder bezüglich ihrer Gesundheit, schulischen Leistungen, emotionalen Struktur und sozialen Beziehungen entwickelt hatten.

Die Ergebnisse unserer Studien lassen ebenso einfache wie zwingende Schlüsse zu. Wir haben festgestellt, daß die meisten Eltern unter eine von zwei allgemeinen Kategorien fallen: Eltern, die ihren Kindern Orientierungspunkte in der Welt der Gefühle vermitteln, und solche, die dies nicht tun.

Ich bezeichne Eltern, die sich mit den Gefühlen ihrer Kinder beschäftigen, als »Emotionstrainer«. Ähnlich den Trainern von Sportlern vermitteln sie ihren Kindern Strategien, mit den Höhen und Tiefen des Lebens umzugehen. Sie reagieren nicht ablehnend, wenn ihre Kinder Wut, Trauer oder Angst an den Tag legen. Sie ignorieren diese Gefühle auch nicht. Statt dessen akzeptieren sie negative Emotionen als einen Teil unseres Lebens und nutzen emotionale Spannungen als Chance, ihren Kindern wichtige Verhaltensweisen zu vermitteln und eine engere Beziehung zu ihnen aufzubauen.

»Wenn Jennifer traurig ist, ist das wirklich wichtig für uns. Wir rücken dadurch noch näher zusammen«, erklärt etwa Maria, die Mutter eines fünfjährigen Mädchens. »Ich sage ihr dann, daß ich mit ihr reden und wissen will, was sie fühlt.«

Wie viele Eltern in unserer Studie, die das Emotionstraining beherrschen, meint auch Jennifers Vater Dan, daß seine Tochter ihn am meisten braucht, wenn sie traurig oder wütend ist. Mehr als jede andere Interaktion mit seiner Tochter, sagt er, wecke es in ihm Vatergefühle, wenn er sie tröstet: »Ich muß dann für sie dasein, muß ihr sagen, daß alles wieder gut wird. Daß sie diese Sache überleben wird und daß in Zukunft wahrscheinlich noch jede Menge anderer Probleme auftauchen werden.«

Eltern wie Maria und Dan könnte man durchaus zutreffend als »warmherzig« und »positiv« im Umgang mit ihrer Tochter beschreiben. Für sich genommen vermittelt eine warmherzige, positive Erziehung aber noch keine emotionale Intelligenz. Tatsächlich kommt es häufig vor, daß wirklich liebevolle und engagierte Eltern nicht dazu in der Lage sind, erfolgreich mit den negativen Emotionen ihrer Kinder umzugehen. Solches elterliche Verhalten, durch das Kindern keine emotionale Intelligenz vermittelt werden kann, unterscheide ich in drei Kategorien:

1. Nichtbeachtung. Negative kindliche Gefühle werden über- gangen, ignoriert oder bagatellisiert.
2. Mißbilligung. Die Eltern stehen dem Ausdruck negativer Emotionen kritisch gegenüber und tadeln oder bestrafen ihre Kinder wegen ihres Gefühlsausbruchs.
3. Laisser-faire. Die Eltern akzeptieren und verstehen die Ge- fühle ihrer Kinder, versäumen es aber, eine weiterführende Hilfestellung zu geben und dem kindlichen Verhalten Gren- zen zu setzen.

Um einen Eindruck davon zu bekommen, wie unterschiedlich im Emotionstraining erfahrene Eltern und ihre drei Gegen- typen auf ihre Kinder reagieren, wollen wir uns Diane in je- der einzelnen dieser Rollen vorstellen. Ihr kleiner Sohn wei- gert sich, wie wir wissen, in die Kindertagesstätte zu gehen.

Übergeht Diane seine Gefühle, so erklärt sie ihm vielleicht, sein Verhalten sei »albern«; es gebe gar keinen Grund, wegen so etwas traurig zu sein. Dann versucht sie, ihn von seinen traurigen Gedanken abzulenken, gibt ihm einen Keks oder re- det über die tollen Dinge, die die Kindergärtnerin an diesem Tag vorhat.

Mißbilligt Diane das Verhalten Joshuas, tadelt sie ihn, weil er so widerspenstig ist, erklärt ihm, sie habe seine Ungezo- genheiten satt, und droht, ihm den Hosenboden zu versohlen.

Vertritt sie eine Haltung des Laisser-faire, so umarmt Di- ane ihren traurigen und wütenden Sohn, zeigt Mitgefühl und erklärt ihm, es sei ganz normal, daß er zu Hause bleiben wolle. Dann aber weiß sie nicht, wie das Ganze weitergehen soll. Ausschimpfen, züchtigen oder mit Süßigkeiten bestechen will sie ihren Sohn keinesfalls, doch zu Hause bleiben kann sie auch nicht. Vielleicht schlägt sie einen Kuhhandel vor: »Wir spielen zehn Minuten was, aber dann geht's ohne Heulen zur Tür raus.« Jedenfalls bis zum nächsten Morgen.

Was macht die »Emotionstrainerin« nun anders? Vielleicht beginnt sie wie der letzte Verhaltenstyp, zeigt Mitgefühl mit Joshua und macht ihm klar, daß sie seine Traurigkeit versteht.

Aber nun geht sie darüber hinaus und vermittelt ihm Hinweise, wie er mit seinen unangenehmen Gefühlen umgehen kann. Die Unterhaltung könnte sich in etwa so anhören:

Diane: Ziehst du deine Jacke an, Joshua? Wir müssen los.

Joshua: Nein! Ich will nicht in den Kindergarten.

Diane: Du willst nicht? Warum denn nicht?

Joshua: Weil ich bei dir bleiben will.

Diane: Wirklich?

Joshua: Ja, ich will zu Hause bleiben.

Diane: Weißt du, ich kann mir schon vorstellen, wie du dich fühlst. Manchmal wünsche ich mir morgens auch, wir könnten uns zusammen aufs Sofa setzen und ein Buch anschauen, statt aus dem Haus zu rennen. Aber weißt du was? Ich hab' den Leuten in meinem Büro versprochen, daß ich um 9 Uhr bei ihnen bin, und das Versprechen muß ich halten.

Joshua (beginnt zu weinen): Aber warum denn? Das ist gemein. Ich will nicht, daß du weggehst.

Diane: Komm mal her, Josh. (Sie nimmt ihn auf den Schoß.) Es tut mir leid, Schatz, aber wir können nicht zu Hause bleiben. Das findest du nicht schön, stimmt's?

Joshua (nickt): Ja.

Diane: Und traurig bist du auch.

Joshua: Ja.

Diane: Ich bin auch ziemlich traurig. (Sie läßt ihn eine Zeitlang weinen und hält ihn dabei fest im Arm.) Ich weiß, was wir machen. Wir denken jetzt einfach mal an morgen, wenn wir nicht ins Büro und in den Kindergarten müssen. Dann sind wir den ganzen Tag zusammen. Fällt dir irgendwas Besonderes ein, was du morgen machen willst?

Joshua: Pommes frites essen und Bilderbücher anschauen?

Diane: Klar, das ist nicht schlecht. Sonst noch was?

Joshua: Können wir den Leiterwagen mit in den Park nehmen?

Diane: Ich glaube schon.

Joshua: Kommt Kyle auch mit?
Diane: Vielleicht. Wir müssen seine Mama fragen. Aber jetzt
  ist es Zeit zu gehen, okay?
Joshua: Okay.

Auf den ersten Blick mag dieses Verhalten stark an das des Nichtbeachtens erinnern, da die Mutter Josh in beiden Fällen von seinem Wunsch abgebracht hat, zu Hause zu bleiben. Doch gibt es einen wichtigen Unterschied. Als Emotionstrainerin hat Diane die Traurigkeit ihres Sohnes akzeptiert, hat ihm geholfen, sie in Worte zu fassen, hat ihn seine Gefühle ausleben lassen und ist bei ihm geblieben, als er weinte. Sie hat nicht versucht, ihn von seinen Gefühlen abzulenken. Auch hat sie ihn nicht – wie eine mißbilligende Mutter – wegen seiner Traurigkeit ausgeschimpft. Sie hat ihm gezeigt, daß sie seine Gefühle respektiert und seine Wünsche gelten läßt.

Sie nimmt keine Haltung des Laisser-faire ein, denn als Emotionstrainerin hat sie Grenzen gesetzt. Sie hat sich ein paar Minuten Zeit genommen, um auf Joshuas Gefühle einzugehen, doch hat sie ihm ebenso klargemacht, daß sie nicht zu spät zur Arbeit kommen und ihr Versprechen gegenüber ihren Kollegen brechen will. Joshua ist enttäuscht, aber das ist ein Gefühl, mit dem er und Diane umgehen können. Und nachdem ihr Sohn Gelegenheit hatte, seine Gefühle zu erkennen, zu erfahren und anzunehmen, zeigt Diane ihm, daß es möglich ist, die Traurigkeit hinter sich zu lassen und sich auf all das Schöne zu freuen, das der folgende Tag bringen wird.

Eine solche Reaktion ist Teil eben jenes Prozesses des Emotionstrainings, den meine Kollegen und ich bei unseren Studien über eine erfolgreiche Interaktion zwischen Eltern und Kindern entdeckt haben. Es ist ein Prozeß, der üblicherweise in fünf Schritten abläuft. Die Eltern
1. werden sich der Gefühle des Kindes bewußt,
2. erkennen die Gefühlsäußerung als eine Gelegenheit, ihrem Kind nahe zu sein und ihm etwas zu vermitteln,

3. hören mitfühlend zu und bestätigen die kindlichen Gefühle,
4. helfen dem Kind, seine Gefühle zu benennen, und
5. setzen Grenzen und entwickeln gleichzeitig Strategien, das akute Problem zu lösen.

Wirkungen des Emotionstrainings

Was bedeutet es für Kinder, wenn ihre Eltern das Emotionstraining beherrschen? Nun, wir haben die Äußerungen, Handlungen und emotionalen Reaktionen in den Familien über einen bestimmten Zeitraum hinweg beobachtet und analysiert und dabei einen wirklich bedeutsamen Unterschied festgestellt. Kinder, deren Eltern sich durchgängig im Sinne des Emotionstrainings verhalten, erfreuen sich einer besseren Gesundheit und zeigen bessere schulische Leistungen als Kinder, deren Eltern keine entsprechende Hilfestellung leisten.[3] Sie kommen besser mit ihren Spielkameraden aus, zeigen weniger Verhaltensstörungen und neigen weniger zu Gewalt. Im Ganzen gesehen erleben solche Kinder weniger negative und mehr positive Gefühle – sie sind emotional gesünder.

Am meisten hat mich jedoch die folgende Beobachtung erstaunt: Wenn der Erziehungsstil der Mütter und Väter dem Emotionstraining folgt, werden die Kinder widerstandsfähiger. Emotional trainierte Kinder zeigen in schwierigen Situationen immer noch Trauer, Wut oder Angst; doch sind sie eher in der Lage, sich selbst zu trösten, sich selbst aus dem leidvollen Zustand zu befreien und zu produktiven Handlungen zurückzukehren. Mit anderen Worten: Sie sind emotional intelligenter.

Zudem haben unsere Untersuchungen gezeigt, daß das Emotionstraining Kinder sogar vor den erwiesenen schädlichen Auswirkungen einer nicht nur in amerikanischen Familien immer häufiger auftretenden Krise schützen kann – vor Ehestreit und Scheidung.

Inzwischen wird mehr als die Hälfte aller amerikanischen Ehen geschieden (1995 standen in Deutschland 430 500 Eheschließungen 169 500 Scheidungen gegenüber).[4] Millionen von Kindern sind daher anfällig für jene Probleme, die die Sozialwissenschaft mit der Auflösung der Familie verbindet. Dazu gehören schulisches Versagen, Ablehnung durch andere Kinder, Depressionen, gesundheitliche Schwächen und unsoziales Verhalten. Diese Probleme können Kinder aus unglücklichen, konfliktbeladenen Familien selbst dann heimsuchen, wenn ihre Eltern sich nicht scheiden lassen. Unsere Studien haben gezeigt, daß ein beständig streitendes Paar die Fähigkeit seiner Kinder, Freundschaften zu schließen, behindert.[5] Ehestreit belastet auch die schulischen Leistungen eines Kindes und erhöht seine Anfälligkeit für Krankheiten. Die ständig steigende Zahl kriselnder und in Auflösung befindlicher Ehen zieht, wie wir nun ebenfalls wissen, schließlich auch das zunehmend problematische und gewaltbereite Verhalten von Kindern und Jugendlichen nach sich.

Wenn nun die Emotionstrainer unter den von uns beobachteten Eltern Eheprobleme hatten, sich trennten oder scheiden ließen, geschah etwas anderes. Abgesehen davon, daß die betreffenden Kinder im allgemeinen »trauriger« waren als ihre Altersgenossen in unserer Studie, schien das Emotionstraining sie vor den schädlichen Wirkungen zu schützen, die so viele Kinder in einer ähnlichen Lage hinnehmen müssen. In früheren Studien nachgewiesene Wirkungen von Scheidung und Ehestreit – wie schulisches Versagen, aggressives Verhalten und Probleme mit Gleichaltrigen – traten bei diesen Kindern nicht auf. Es ist daraus zu schließen, daß ein emotionales Training Kindern den ersten nachweisbar wirksamen Puffer gegen das emotionale Trauma der Ehescheidung vermittelt.[6]

Diese Ergebnisse sind nicht allein für jene Familien von Bedeutung, die momentan mit Eheproblemen oder den Nachwehen einer Scheidung kämpfen. Wir erwarten von weiteren Studien den Nachweis, daß das Emotionstraining Kinder auch gegen eine ganze Reihe weiterer Konflikte, Verluste und leid-voller Zustände abschirmen kann.

Ein ebenso überraschendes Ergebnis unserer Untersu-chungen betrifft die Väter. Wenn sie einen Erziehungsstil im Sinne des Emotionstrainings praktizieren, hat dies außeror-dentlich positive Auswirkungen auf die emotionale Entwick-lung ihrer Kinder. Sind Väter sich der Gefühle ihrer Kinder be-wußt und versuchen sie, ihnen bei der Lösung von Problemen zu helfen, zeigen die Kinder bessere schulische Leistungen und kommen auch besser mit ihrer Umwelt zurecht. Dagegen kann ein emotional distanzierter Vater, der den kindlichen Ge-fühlen schroff, kritisch oder gleichgültig gegenübersteht, sehr negative Reaktionen auslösen. Seine Kinder haben mit höhe-rer Wahrscheinlichkeit schulische Probleme, streiten öfter mit ihren Freunden und sind auch häufiger krank.

Die Betonung der Vaterrolle soll nun nicht heißen, daß das Verhalten einer Mutter die emotionale Intelligenz ihrer Kinder nicht beeinflußt. Auch ihre Interaktion mit den Kindern hat bedeutsame Auswirkungen. Aber unsere Studien lassen er-kennen, daß der Einfluß des Vaters wesentlich extremer sein kann, sei es im Guten oder im Bösen.

In einer Zeit, in der alarmierende 28 Prozent[7] aller ameri-kanischen (und 13 Prozent aller deutschen) Kinder in vater-losen Haushalten aufwachsen, ist es von nicht zu unterschät-zender Bedeutung, daß im Leben des Kindes der Vater eine Rolle spielt. Freilich sollte das nicht zu der Schlußfolgerung führen, jeder beliebige Vater sei besser als gar keiner. Wäh-rend ein emotional engagierter Vater außerordentlich wohltu-end auf das Leben eines Kindes einwirken kann, wird ein kal-ter und grausamer Vater großen Schaden anrichten.

An dieser Stelle sind ein paar einschränkende Bemerkun-gen angebracht. Unsere Studien weisen zwar darauf hin, daß Eltern ihren Kindern durch emotionales Training dabei helfen können, sich zu gesunden, erfolgreichen Erwachsenen zu ent-wickeln; diese Technik stellt aber keinesfalls ein »Heilmittel« für ernsthafte familiäre Konflikte dar, die therapeutischer

Hilfe bedürfen. Zudem will ich nicht wie die Vertreter vieler anderer Erziehungstheorien das Versprechen geben, mein Emotionstraining sei ein Patentrezept, mit dem sich alle Probleme des Familienalltags lösen lassen. Wenn eine Familie sich im Sinne des Emotionstrainings verhält, heißt das nicht, daß man sich nicht mehr streitet, daß keine harschen Worte mehr fallen und keine Gefühle verletzt werden, daß Traurigkeit und Streß sich in Luft auflösen. Konflikte gehören nun einmal zum Familienleben. Beginnen die Eltern aber, ein emotionales Training einzusetzen, so werden sie wahrscheinlich bemerken, daß sie sich ihren Kindern allmählich näher fühlen. Und wenn die Familienmitglieder sich mit mehr Vertrauen und Achtung begegnen, sind Konflikte leichter zu ertragen.

Ferner bedeutet das Emotionstraining nicht das Ende jeglicher Disziplin. Stehen die Familienmitglieder sich emotional näher, so nehmen die Eltern verstärkt am kindlichen Leben teil und können von daher einen stärkeren Einfluß ausüben. Sie können Strenge zeigen, wenn dies angebracht ist. Bemerken sie, daß ihre Kinder Fehler machen oder sich gehen lassen, machen sie sie darauf aufmerksam. Sie haben keine Angst, Grenzen zu setzen oder ihren Kindern zu sagen, wenn diese sie enttäuscht haben oder wenn die Eltern wissen, daß die Kinder mehr hätten leisten können. Und weil eine emotionale Verbindung zwischen Eltern und Kindern besteht, haben die elterlichen Worte Bedeutung. Die Kinder respektieren die Meinung der Eltern und wollen sie nicht enttäuschen. Auf diese Weise kann ein emotionales Training dazu dienen, Kinder wirklich anzuleiten und zu motivieren.

Das Emotionstraining erfordert ein beträchtliches Maß an Engagement und Geduld, was im Grunde nicht anders ist als beim Sport. Soll ein Kind anständig Baseball lernen, so muß der Vater aktiv werden, mit ihm in den Garten gehen und üben. Wollen Eltern aber, daß ihr Kind mit seinen Gefühlen umgehen, Streß ertragen und gute menschliche Beziehungen aufbauen kann, dürfen sie ihm nicht gleichgültig gegenüberstehen, wenn es negative Emotionen ausdrückt. Sie müssen sich damit auseinandersetzen und Lösungswege aufzeigen.

Großeltern, Lehrer, andere Erwachsene – sie alle können im Leben eines Kindes als Emotionstrainer fungieren. Idealerweise leisten dies aber die Eltern; denn nur sie wissen, nach welchen Regeln ihr Kind sein Leben aufbauen soll, und sie sind gefordert, wenn Konflikte auftreten. Ob es um eine Säuglingskolik geht, um den erfolgreichen Gang aufs Töpfchen, um Streit unter Geschwistern oder um das erste Liebesleid: Es sind die Eltern, auf deren Reaktionen das Kind lauscht. Und daher sollte es ihnen nicht schwerfallen, in die Rolle des Trainers zu schlüpfen und ihrem Kind dabei zu helfen, das Spiel des Lebens erfolgreich zu bestehen.

Warum emotionales Training
Risikofaktoren reduziert

Es ist kaum zu bezweifeln, daß Eltern heute vor Aufgaben stehen, die früheren Generationen unbekannt waren. Mag man sich in den sechziger Jahren Sorgen wegen einer feuchtfröhlichen Abiturfeier gemacht haben, so geht es heute um Kokainhandel auf dem Schulhof. Und hatte man früher Angst, die minderjährige Tochter könnte schwanger werden, so muß man sie heute über Aids aufklären. Vor einer Generation beschränkten sich Revierstreitigkeiten zwischen Jugendbanden auf die sozialen Brennpunkte der Großstädte und endeten mit Faustkämpfen und gelegentlich auch einem Messerstich. Heute bilden sich selbst in bürgerlichen Wohnvierteln Jugendbanden; ihre Kämpfe enden wegen der zunehmenden Verfügbarkeit von Drogen und Feuerwaffen nicht selten in Schießereien mit Todesopfern.

Gleichzeitig werden junge Menschen in alarmierendem Maße zu Opfern von Gewaltverbrechen. Von 1985 bis 1990 stieg in den Vereinigten Staaten der Prozentsatz gewaltsam zu

Tode gekommener Fünfzehn- bis Neunzehnjähriger um 130 bzw. 75 Punkte (männliche Jugendliche nichtweißer bzw. weißer Hautfarbe); im gleichen Zeitraum kamen 30 Prozent mehr Mädchen aller Hautfarben ums Leben.[8] Außerdem begehen zunehmend jüngere Amerikaner zunehmend mehr Gewalttaten. Zwischen 1965 und 1991 verdreifachte sich die Zahl der Jugendlichen, die deswegen festgenommen wurden. Wegen Mord und Totschlag wurden 1991 93 Prozent mehr Jugendliche festgenommen als 1982, wegen schwerer Körperverletzung 72 Prozent.[9] (In Deutschland wurden 1995 mehr als doppelt so viele Jugendliche zwischen 14 und 18 Jahren wegen des Verdachts auf Mord und Totschlag beziehungsweise wegen sonstiger Gewaltverbrechen festgenommen als 1985.)

Eltern müssen heute also mehr tun, als ihre Kinder mit materiellen Gütern, einer guten Erziehung und anständigen Moralvorstellungen auszustatten. Die heutige Familie kommt nicht umhin, sich mit einigen grundlegenden Überlebensregeln zu beschäftigen. Wie können wir unsere Kinder vor der epidemischen Gewalt schützen, die sich in der Jugendkultur fast jeden Landes ausbreitet? Wie können wir sie davon überzeugen, auf sexuelle Beziehungen zu verzichten, bis sie reif genug sind, verantwortungsbewußt die richtige Entscheidung zu treffen? Und wie können wir ihnen so viel Selbstachtung vermitteln, daß sie nicht anfällig für Drogen und Alkoholmißbrauch werden?

Sozialwissenschaftliche Studien haben im Verlauf der Jahre gezeigt, daß es Probleme im familiären Bereich sind, die Kinder zu asozialem, straffälligem Verhalten veranlassen. Dabei geht es um Faktoren wie Ehestreit, Scheidung, einen physisch oder emotional abwesenden Vater, häusliche Gewalt, mangelhafte Erziehung, Vernachlässigung, Mißhandlung und Armut. Um diesem Teufelskreis zu entrinnen, müßte die Kommunikation zwischen Ehepartnern verbessert und den Eltern jene ökonomische und soziale Unterstützung zuteil werden, die sie für einen positiven Umgang mit ihren Kindern benötigen. Leider scheint sich unsere Gesellschaft gegenläufig zu entwickeln.

Im Jahr 1950 waren lediglich 4 Prozent aller jungen Mütter in den Vereinigten Staaten unverheiratet, heute sind es um die 30 Prozent.[10] Der größte Teil dieser Mütter heiratet zwar schließlich, die hohe Scheidungsrate – inzwischen mehr als die Hälfte aller neu geschlossenen Ehen[11] – führt jedoch zu einer weiterhin hohen Zahl alleinerziehender Frauen. Sie stellen zur Zeit circa 28 Prozent aller Haushalte[12], von denen wiederum etwa die Hälfte unterhalb der Armutsgrenze lebt[13]. (1964 waren in Deutschland 5,5 Prozent aller Frauen mit Kindern unter 18 Jahren allein erziehend, 1993 waren es 15 Prozent. In diesem Jahr erhielten 22 Prozent der von ihnen geführten Haushalte laufende Hilfe zum Lebensunterhalt.)

Vielen Kindern von in Scheidung lebenden Eltern fehlt die finanzielle oder emotionale Unterstützung, die ihnen die Väter geben sollten. 1989 erhielt nur gut die Hälfte aller zum Empfang von Unterhaltszahlungen berechtigten Mütter den vollen Betrag, ein Viertel mußte sich mit einem Teilbetrag zufriedengeben, ein Fünftel erhielt gar nichts.[14] (In Deutschland zahlt Schätzungen zufolge ein Drittel der unterhaltspflichtigen Väter nichts, ein Drittel leistet seine Zahlungen nur unregelmäßig oder nicht in voller Höhe, ein Drittel erfüllt seine Verpflichtungen in vollem Umfang.) Nach einer Studie über Kinder getrennt lebender Eltern hatte die Mehrzahl von ihnen ihren Vater zwei Jahre nach der Scheidung bereits ein Jahr lang nicht mehr gesehen.[15]

Geht ein Elternteil wieder eine Ehe ein, entstehen neue Probleme. Die zweite Ehe wird mit größerer Wahrscheinlichkeit geschieden als die erste. Stiefväter schaffen zwar nachweislich oft eine bessere wirtschaftliche Grundlage; die Beziehung zu ihnen ist aus kindlicher Perspektive aber oft mit Streß, Verwirrung und Trauer verbunden. Überdies hat eine kanadische Studie gezeigt, daß die Wahrscheinlichkeit körperlicher Mißhandlung und sexuellen Mißbrauchs von Kindern im Vorschulalter in solchen Familien vierzigmal höher ist als in Familien, in denen es sich bei beiden Erziehungsberechtigten um die leiblichen Eltern handelt.[16]

Kinder in einer emotional schwierigen Situation lassen ihre Probleme natürlich nicht vor dem Schultor zurück. So ist es kein Wunder, daß aus allen Landesteilen über einen dramatischen Anstieg von problematischen Verhaltensweisen innerhalb der letzten zehn Jahre berichtet wird. Staatliche Schulen, die ohnehin unter Mittelkürzungen leiden, sollen zunehmend soziale Leistungen für jene Kinder erbringen, deren emotionale Bedürfnisse zu Hause unerfüllt bleiben. Im Grunde führt das dazu, daß die Schulen zu emotionalen Pufferzonen für die wachsende Zahl von Kindern werden, die unter Scheidung, Armut und Vernachlässigung leiden. Werden für diesen Bereich Gelder bereitgestellt, so fehlen sie im Unterricht, was wiederum zu schwächeren schulischen Leistungen führt.

Hinzu kommt, daß Familien aller sozialen Schichten unter arbeitsmarktbedingten und ökonomischen Veränderungen leiden. In den vergangenen zwanzig Jahren ist das Realeinkommen nicht nur in den Vereinigten Staaten gesunken, weshalb oft beide Elternteile gezwungen sind, einen Beruf auszuüben. Die Zahl berufstätiger Frauen ist gestiegen. In vielen Ehen treten aus diesem Grund zusätzliche Spannungen auf, weil sich die Machtverhältnisse dadurch verschieben, daß der Mann seine Rolle als einziger Ernährer der Familie verliert. Gleichzeitig verlangen die Arbeitgeber ein größeres zeitliches Engagement. Juliet Schor, Professorin für Volkswirtschaft in Harvard, hat festgestellt, daß eine durchschnittliche amerikanische Familie heute jährlich tausend Arbeitsstunden mehr leistet als vor fünfundzwanzig Jahren.[17] Einer von Schors Studien zufolge haben die Amerikaner ein Drittel weniger Freizeit als in den siebziger Jahren; viele Menschen stellen fest, daß sie weniger Zeit dafür haben, zu schlafen, zu essen und mit ihren Kindern zu spielen.[18] Von 1960 bis 1986 nahm die Zeit, die Eltern gemeinsam mit ihren Kindern verbringen konnten, um mehr als zehn Stunden pro Woche ab. Die solcherart in Zeitnot geratenen Amerikaner nehmen auch weniger an gemeinschaftlichen und religiösen Aktivitäten teil, die zum Erhalt der Familienstruktur beitragen. Da zudem die gesellschaftliche Mobilität zunimmt, wird aus ökonomischen Gründen öfter der Wohnort gewechselt; eine zunehmende Zahl von Familien muß deshalb ohne die Unterstützung von in der Nähe lebenden Verwandten und langjährigen Freunden auskommen.

Zusammengenommen führen all diese Faktoren dazu, daß die Gesundheit und das Wohlbefinden unserer Kinder erhöhten Risiken ausgesetzt sind. Das soziale Netz aber, das Familien beim Schutz ihrer Kinder unterstützt, wird ständig schwächer.

Trotz dieser Entwicklung zeigt das vorliegende Buch, daß wir als Eltern keineswegs in Hilflosigkeit verharren müssen. Unsere Studien weisen darauf hin, daß wir unsere Kinder vor einer Vielzahl von Risiken schützen können, indem wir eine stärkere emotionale Bindung zu ihnen entwickeln. Gelingt uns dies, so verhelfen wir ihnen zu höher entwickelter emotionaler Intelligenz. Wie sich immer deutlicher zeigt, sind Kinder, die sich der Liebe und Unterstützung ihrer Eltern sicher sind, besser geschützt vor den Gefahren jugendlicher Gewalt, asozialem Verhalten, Drogenabhängigkeit, verfrühter sexueller Aktivität, jugendlichem Suizid und anderen sozialen Übeln. Kinder, die sich in ihrer Familie geachtet und geschätzt fühlen, zeigen nachweislich bessere schulische Leistungen, haben mehr Freunde und führen ein gesünderes, erfolgreicheres Leben.

Je intensiver wir die Dynamik emotionaler familiärer Beziehungen erforschen, desto besser verstehen wir, wie sich diese schützende Wirkung entfaltet.

Das Emotionstraining als Evolutionsschritt

Um die emotionale Situation im Zusammenleben einer Familie zu bestimmen, bitten wir etwa die Eltern von Vorschulkindern, ihre Reaktionen auf negative kindliche Gefühlsäußerungen zu schildern. Wie viele Väter erklärt uns Mike, er empfinde die Wut seiner vierjährigen Tochter Becky als komisch. »Sie sagt: ›Verdammt noch mal!‹ und rennt dann davon wie ein zorniger Zwerg«, sagt er. »Es ist einfach irrsinnig lustig!«

Tatsächlich mag der Kontrast, daß ein so kleines Mädchen ein so starkes Gefühl ausdrückt, zumindest auf einer Ebene viele Menschen zum Lächeln bringen. Stellen wir uns aber einmal die Konsequenzen vor, wenn Mike in gleicher Weise auf einen Wutausbruch seiner Frau reagieren würde. Mike wiederum wäre wenig erfreut, wenn sein Chef so auf seine Erregung antworten würde. Dennoch denken sich viele Erwachsene nichts dabei, wütenden Vorschulkindern ins Gesicht zu lachen. Viele gutmeinende Eltern tun die Ängste und Wutanfälle ihrer Kinder ab, als hätten diese keine Bedeutung. »Aber deshalb brauchst du doch keine Angst zu haben«, erklären wir einer Fünfjährigen, die aus einem Alptraum erwacht. »Dann hast du wohl nicht gesehen, was ich gesehen habe«, wäre eine passende Antwort des Kindes. Da es aber nicht zu dieser Reaktion in der Lage ist, beginnt es in solchen Situationen die Bewertung des Erwachsenen zu übernehmen und lernt, seinem eigenen Urteil zu mißtrauen. Und da seine Gefühle von den Erwachsenen ständig für belanglos erklärt werden, verliert es sein Selbstvertrauen.

Wir schleppen eine Tradition mit uns herum, in der wir kindliche Gefühle mißachten, nur weil Kinder kleiner, irrationaler, unerfahrener und machtloser sind als die Erwachsenen. Will man die Emotionen von Kindern ernst nehmen, so braucht es Empathie, achtsames Zuhören und die Bereitschaft, die Welt aus ihrem Blickwinkel zu sehen. Dazu kommt eine gewisse Selbstlosigkeit. Verhaltensforscher haben beobachtet, daß ein typisches Vorschulkind die betreuende Person durchschnittlich *dreimal pro Minut*e mit einem Wunsch oder Bedürfnis konfrontiert.[19] Unter idealen Umständen reagieren Mutter oder Vater vielleicht mit freudigem Verständnis. Ist ein Elternteil jedoch angespannt oder irgendwie abgelenkt, können ihn die ständigen und manchmal irrationalen Forderungen des Kindes zur Verzweiflung bringen.

So ist es seit Jahrhunderten. Ich bin mir sicher, daß Eltern ihre Kinder immer geliebt haben; doch die Geschichte lehrt, daß die Generationen vor uns nicht immer erkannt haben, wieviel Geduld, Zurückhaltung und Freundlichkeit der Umgang mit Kindern erfordert. In seinem 1974 erschienenen Essay über die Evolution der Kindheit malt der Psychiater Lloyd deMause ein erschreckendes Bild der Vernachlässigung und Grausamkeit, die im europäischen Kulturkreis aufwachsende Kinder lange Zeit erdulden mußten. Immerhin hat sich die Situation der Kinder laut deMause im 19. und frühen 20. Jahrhundert allmählich gebessert. Jede neue Elterngeneration war besser in der Lage, auf die physischen, psychischen und emotionalen Bedürfnisse ihrer Kinder einzugehen. Nach deMause »bestand die Erziehung eines Kindes immer weniger in der Unterwerfung seines Willens, sondern vielmehr darin, es auszubilden, es auf den rechten Weg zu bringen, es anzupassen, es zu sozialisieren.«[20]

Sigmund Freud hat zu Beginn dieses Jahrhunderts zwar die Theorie vertreten, Kinder seien vom Sexus determinierte, aggressive Wesen, doch hat die spätere empirische Forschung das Gegenteil bewiesen. So hat etwa die Sozialpsychologin Lois Murphy in den dreißiger Jahren ausführliche Studien und Experimente mit Klein- und Vorschulkindern durchgeführt und festgestellt, daß die meisten kleinen Kinder sich von Natur aus altruistisch und mitfühlend gegenübertreten, besonders wenn ein anderes Kind leidet.[21]

Angesichts der wachsenden Überzeugung von einer allen Kindern innewohnenden Güte hat sich in unserer Gesellschaft seit der Mitte dieses Jahrhunderts eine neue Ära der Erziehung entwickelt. DeMause spricht von einem »Hilfsmodus«. Innerhalb dieses neuen Schemas geben viele Eltern die strengen, autoritären Modelle auf, mittels derer sie selbst oft erzogen wurden. An ihre Stelle tritt die Vorstellung, die Eltern müßten ihren Kindern helfen, sich gemäß ihrer eigenen Interessen, Bedürfnisse und Wünsche zu entwickeln. Den auf dieser Basis entstehenden Erziehungsstil hat die Psychologin Diana Baumrind als »autoritativ« bezeichnet.[22] Während *autoritäre* Eltern typischerweise viele Verbote aussprechen und weitestgehend Gehorsam fordern, ohne den Kindern etwas zu erklären, setzen *autoritative* Eltern Grenzen, verhalten sich aber wesentlich flexibler und geben ihren Kindern nicht nur Erklärungen, sondern auch viel Wärme. Einen dritten Erziehungsstil, den Baumrind beschreibt, nennt sie *permissiv*. Hier treten die Eltern ihren Kindern warmherzig und kommunikativ gegenüber, setzen deren Verhalten aber wenig Grenzen. Durch Studien an Vorschulkindern hat Baumrind in den siebziger Jahren herausgefunden, daß die Kinder *autoritärer* Eltern zu konfliktträchtigem und reizbarem Verhalten neigten, während die Kinder *permissiver* Eltern oft impulsiv und aggressiv auftraten, wenig Selbstvertrauen besaßen und schlechte Leistungen zeigten. Die Kinder *autoritativer* Eltern hingegen waren durchschnittlich am kooperativsten und freundlichsten, zeigten Energie und Selbstvertrauen und waren leistungsorientiert.

Die Bewegung hin zu diesem weniger autoritären und stärker kommunikativen Erziehungsstil wurde unterstützt durch unser in den vergangenen fünfundzwanzig Jahren entscheidend verbessertes Verständnis der kindlichen Psyche und des familiären Sozialverhaltens. So hat man beispielsweise entdeckt, daß Säuglinge und Kleinkinder von Geburt an eine erstaunliche Fähigkeit besitzen, vom sozialen und emotionalen Verhalten ihrer Eltern zu lernen. Reagieren die Eltern sensibel auf die Signale des Säuglings – treten sie mit ihm in Augenkontakt, antworten sie in der Babysprache, gönnen sie dem

Kind Ruhe, wenn es überansprucht zu sein scheint –, so lernt der Säugling schon früh, seine Emotionen in den Griff zu bekommen. So ein Baby ist in bestimmten Situationen immer noch aufgeregt, kann sich danach aber selbst wieder beruhigen.

Sind Säuglinge dagegen von Bezugspersonen abhängig, die nicht auf ihre Signale reagieren – also etwa von einer deprimierten Mutter, die nicht mit ihrem Baby spricht, oder einem übereifrigen Vater, der zu intensiv und zu lange mit ihm spielt –, so können sie eben diese Fähigkeit, ihre Gefühle zu regulieren, nicht entwickeln. Ein solches Baby lernt möglicherweise nicht, daß sein Gebrabbel Aufmerksamkeit hervorruft, wird deshalb ruhig, passiv und unbeteiligt. Wird es wiederum ständig stimuliert, so hat es womöglich keine Gelegenheit zu lernen, daß es sich beruhigen kann, indem es am Daumen lutscht oder seine Decke streichelt.

Je älter ein Baby wird, um so wichtiger wird es, daß es sich selbst zu beruhigen und seine Aufmerksamkeit auf ein Ziel zu lenken lernt. Einerseits erlaubt dies dem Kind, Signale der Eltern, anderer Bezugspersonen und seiner weiteren Umgebung aufzufangen. Lernt das Kind, gelassen zu sein, so hilft ihm dies, sich in Lernsituationen zu konzentrieren und an der Lösung spezifischer Aufgaben zu arbeiten. Und andererseits ist es zu einem späteren Zeitpunkt außerordentlich hilfreich, wenn das Kind lernt, mit seinen Spielkameraden auszukommen, indem es zum Beispiel seine Spielsachen teilt. Am Ende kann diese Fähigkeit zur sogenannten Selbstregulierung entscheidenden Einfluß darauf haben, wie ein Kind sich in eine neue Spielgruppe eingliedert, wie es Freunde gewinnt und wie es damit umgeht, wenn Gleichaltrige sich von ihm abwenden.

Das Bewußtsein, daß es eine Beziehung zwischen dem kommunikativen Verhalten der Eltern und der emotionalen Intelligenz ihrer Kinder gibt, ist in den vergangen zwei bis drei Jahrzehnten erheblich gewachsen. Zahllose Bücher sind erschienen, die Eltern vermitteln, wie wichtig es ist, sich aus dem Gleichgewicht geratenen Kindern mit Zuneigung und

Trost zuzuwenden. Positive Formen von Disziplin werden angemahnt; Kinder sollen öfter gelobt als getadelt, eher belohnt als bestraft, ermutigt statt entmutigt werden. Glücklicherweise haben uns diese Theorien ein gutes Stück von der Zeit entfernt, in der man der Meinung war, der Verzicht auf Prügel würde ein Kind nur verderben. Wir wissen heute, daß Freundlichkeit, Wärme, Optimismus und Geduld weitaus bessere Mittel zur Erziehung emotional gesunder Kinder sind als der Stock.

Ich bin nun der Überzeugung, daß wir diesen evolutionären Prozeß noch weiterführen können. Die Familienpsychologie ist heute in der Lage, die Vorzüge einer gesunden emotionalen Kommunikation zwischen Eltern und Kindern zu untersuchen und zu bewerten. Wir beginnen zu verstehen, wie die Interaktion von Eltern und Kleinkindern Nervensystem und emotionale Gesundheit des Kindes bis ans Ende seines Lebens beeinflussen kann. Wir wissen jetzt, daß die Stabilität einer Ehe Auswirkungen auf das Wohlbefinden der Kinder hat und daß sich ein enormes Potential erschließt, wenn der Vater emotional mehr auf seine Kinder eingeht. Nachweisbar ist schließlich auch dies: Wenn Eltern sich ihre eigenen Gefühle bewußt machen, so tun sie den entscheidenden Schritt, um die emotionale Intelligenz ihrer Kinder zu verbessern. Unser im dritten Kapitel detailliert beschriebenes Programm des Emotionstrainings ist das erzieherische Muster, das wir aus diesen Resultaten destilliert haben.

Ein Großteil der heutigen Erziehungsratgeber scheint die Dimension der emotionalen Intelligenz zu ignorieren, doch dies war nicht immer der Fall. Und deshalb muß an dieser Stelle die Rede von einem einflußreichen Psychologen, Lehrer und Autor sein, der viel zu unserem Verständnis der emotionalen Seiten des Familienlebens beigetragen hat. Es ist Haim Ginott, der vor seinem frühen Krebstod im Jahr 1971 in den fünfziger und sechziger Jahren drei populäre Bücher schrieb, darunter *Eltern und Kinder*.[23]

Lange bevor die Begriffe »emotional« und »Intelligenz« sinnreich zusammenfanden, war Ginott der Ansicht, zu unseren wichtigsten Aufgaben als Eltern gehöre es, unseren Kindern zuzuhören und dabei nicht nur die Worte zu vernehmen, sondern auch die hinter ihnen stehenden Gefühle. Ginott lehrte auch, daß Eltern ihren Kindern Werte vermitteln können, indem sie mit ihnen über den Bereich der Gefühle kommunizieren.

Damit dies geschehen kann, wußte Ginott, müssen die Eltern ehrliche Achtung gegenüber den kindlichen Gefühlen zeigen. Sie müssen versuchen, sich empathisch gegenüber ihren Kindern zu verhalten, sich also in die kindliche Gefühlswelt hineinzuversetzen. Außerdem muß die Kommunikation zwischen Eltern und Kindern immer die Selbstachtung beider Parteien garantieren. Werden Ratschläge gegeben, so sollte zuvor Verständnis vermittelt werden. Ginott riet davon ab, Kindern zu sagen, was sie fühlen sollen; ganz einfach, weil das die Kinder dazu bringt, ihren Gefühlen zu mißtrauen. Kindliche Emotionen, schrieb er, verschwinden nicht einfach, wenn die Eltern behaupten, es gäbe keinen Grund, sich so zu fühlen, oder wenn sie sich mit einem »Ist doch alles nicht so schlimm« begnügen. Obwohl nicht jedes Betragen akzeptabel ist, meinte Ginott, so sind es doch alle Gefühle und Wünsche. Eltern sollten daher dem kindlichen Verhalten Grenzen setzen, aber nicht Gefühlen und Sehnsüchten.

Im Gegensatz zu vielen seiner Kollegen mißbilligte Ginott es nicht, wenn Eltern im Umgang mit Kindern ärgerlich werden. Er glaubte vielmehr, die Eltern sollten ihren Ärger offen ausdrücken, solange er sich auf ein bestimmtes Problem bezieht und sich nicht gegen die Persönlichkeit oder den Charakter eines Kindes wendet. Maßvoll gebrauchter elterlicher Ärger kann nach seiner Meinung Teil eines Systems wirksamer Disziplin sein.

Ginotts Interesse für die emotionale Kommunikation mit Kindern hat einen großen Einfluß auf die Forschung ausgeübt, nicht zuletzt auf seine Schülerinnen Adele Faber und

Elaine Mazlish, die auf der Basis seiner Ideen wichtige Praxisbücher verfaßt haben, darunter *Nun hör doch mal zu!* und *Hilfe, meine Kinder streiten.*[24]

Trotz dieser Veröffentlichungen sind Ginotts Thesen nie mit Hilfe empirisch sauberer wissenschaftlicher Methoden bewiesen worden. Heute aber können meine Kollegen und ich die ersten relevanten Beweise dafür vorlegen, daß die Konzepte Ginotts grundsätzlich stimmen. Empathie spielt nicht nur irgendeine Rolle, sie ist sogar die Basis wirksamer Erziehung.

Wie wir das Emotionstraining entdeckten

Wir begannen unsere Untersuchung 1986 an 56 Ehepaaren aus Champaign, Illinois. Jedes Paar hatte zu diesem Zeitpunkt ein Kind im Alter von vier oder fünf Jahren. Die Mitglieder unseres Teams verbrachten vierzehn Stunden bei jeder Familie, um Fragebogen durchzuarbeiten, Interviews zu führen und Verhaltensmuster zu beobachten. Dabei erhielten wir ebenso umfassende wie tiefgehende Informationen über die Ehe jedes Paares, die Beziehung des Kindes zu Gleichaltrigen und die familiären Vorstellungen bezüglich der Gefühlswelt.

In einer der auf Tonband aufgezeichneten Sitzungen sprachen die Eltern etwa über ihre Erfahrungen mit negativen Emotionen, über ihre Ansichten, in welcher Weise man Gefühle ausdrücken und kontrollieren solle, und über ihre emotionale Reaktion auf Wut und Trauer bei ihren Kindern. Das Interview wurde dann nach einem bestimmten Muster ausgewertet, um festzustellen, wie bewußt sich die Eltern ihrer Gefühle waren, wie sie diese regulierten und inwieweit sie in der Lage waren, die negativen Gefühle ihrer Kinder zu erkennen und auf diese in einer entsprechenden Situation einzuwirken. Zeigten die Eltern den Gefühlen ihrer Kinder gegenüber Achtung? Wie sprachen sie mit ihren Kindern über Emotionen, wenn diese außer sich waren? Versuchten sie, ihren Kindern die Regeln eines angemessenen Gefühlsausdrucks zu vermitteln? Vermittelten sie ihnen Strategien, wie sie sich selbst beruhigen und trösten konnten?

Um Informationen über die soziale Kompetenz der Kinder zu gewinnen, zeichneten wir eine dreißigminütige Periode auf, in der das Kind zu Hause mit seinem besten Freund spielte. Ausgewertet wurde dann die Menge an negativen Emotionen, die das Kind im betreffenden Zeitraum gezeigt hatte, wie auch die allgemeine Qualität seines Spielverhaltens.

Bei einem anderen Interview verbrachte jedes Ehepaar bis zu drei Stunden damit, Fragen über die Geschichte seiner Ehe zu beantworten. Wie hatten sich die beiden kennengelernt? Wie war die erste Phase ihrer Bekanntschaft verlaufen? Wann hatten sie sich zur Heirat entschlossen? Wie hatte sich die Beziehung über die Jahre verändert? Außerdem ging es um die Ehe-Philosophie des Paares und darum, was zum Gelingen einer Ehe beiträgt. Zu den ausgewerteten Faktoren gehörte die Frage, wieviel Zuneigung oder Ablehnung die Eheleute gegenüber dem Partner ausdrückten, wie stark sie in Kategorien von Gemeinsamkeit und Abgrenzung dachten und wie sehr sie die Kämpfe idealisierten, die sie gemeinsam durchgestanden hatten.

Diese Interviews und Beobachtungen waren von großer Bedeutung für unser Verständnis der betreffenden Familien; der neuartige Aspekt unserer Untersuchung aber war, daß wir Daten darüber sammelten, wie die Teilnehmer der Studie physiologisch auf Gefühle reagierten. Wir wollten bestimmen, wie das vegetative, also willentlich nicht beeinflußbare Nervensystem auf Emotionen anschlug. So baten wir beispielsweise jedes Ehepaar, über vierundzwanzig Stunden hinweg Urinproben seines Kindes zu sammeln. Diese wurden anschließend auf Spuren von mit Streß verbundenen Hormonen untersucht. Andere Messungen des vegetativen Nervensystems führten wir im Labor durch, wo wir den Puls, die Atmung, die

Durchblutung, die motorische Aktivität und den Handschweiß der Teilnehmer aufzeichneten.

Bezieht man solche Körperfunktionen in die Beobachtung von Familien ein, so erhält man objektivere Daten, als wenn man sich ausschließlich auf Fragebogen, Interviews und Beobachtung verläßt. Das liegt daran, daß es verständlicherweise schwierig ist, von Eltern eine ehrliche Antwort auf die Frage zu erhalten, wie oft sie ihr Kind scharf kritisieren. Und selbst wenn der Beobachter die Gewohnheiten des Untersuchten mit einer versteckten Kamera oder durch eine nur von seiner Seite einsehbare Spiegelwand verfolgt, kann er nur schwer bestimmen, inwieweit das Verhalten einer Person die Gefühle ihres Gegenübers beeinflußt. Unbewußte Reaktionen auf Streß zu verfolgen ist hingegen wesentlich einfacher. So kann man etwa mit an der Brust befestigten Elektroden den Herzschlag messen; ähnliche Elektroden kommen zum Einsatz, um anhand der Leitfähigkeit des im Schweiß enthaltenen Salzes festzustellen, wie stark die Hände schwitzen.

Derartige Methoden gelten als zuverlässig; sie werden sogar von der amerikanischen Polizei bei Lügendetektortests angewendet. Freilich hat die Polizei einen Vorteil gegenüber der Familienforschung – sie kann ihre Studienobjekte so weit einschüchtern, daß diese stillsitzen. Die Arbeit mit Vier- und Fünfjährigen bedarf subtilerer Methoden. So haben wir für Kinder, die an einem unserer wichtigsten Experimente teilnahmen, ein Raumschiffmodell gebaut. Mit Raumanzügen bekleidet schlüpften die Probanden in die Apparatur, wo sie an verschiedene Elektroden angeschlossen wurden, die ihre physiologischen Reaktionen auf emotional stimulierende Aktivitäten maßen. Dann spielten wir ihnen spannende Szenen aus Filmen wie »Der Zauber von Oz« vor oder baten ihre Eltern, sich neben die Kapsel zu stellen und ihren Kindern ein neues Videospiel zu erklären. Angesichts derart auf ihre Tätigkeit konzentrierter Probanden war es kein Problem, die Sitzung auf Video aufzunehmen, um später das Verhalten jedes Familienmitglieds systematisch zu studieren und zu analysieren:

Es ging dabei um verbale wie nonverbale Kommunikation, wobei Faktoren wie der Inhalt des gesprochenen Wortes, der Tonfall und die Gestik mit einbezogen wurden.

Dieselbe Versuchsanordnung – allerdings ohne das Raumschiff – benutzten wir bei einer anderen Versuchsreihe, bei der die körperlichen wie psychischen Reaktionen der Eltern gemessen wurden, während sie sich über konfliktträchtige Themen wie Geld, Religion, Verwandte und Kindererziehung unterhielten. Die Auswertung dieser ehelichen Interaktion konzentrierte sich auf den Ausdruck positiver wie negativer Gefühle (Humor, Zuneigung, Zustimmung, Interesse, Freude beziehungsweise Wut, Ärger, Verachtung, Trauer, grundsätzliche Ablehnung).

Um festzustellen, wie verschiedene Erziehungsmuster sich auf Kinder auswirken, haben wir drei Jahre später, also 1989, wieder Kontakt mit den betreffenden Familien aufgenommen und dabei 95 Prozent der Teilnehmer erreicht. Die Kinder waren inzwischen sieben oder acht Jahre alt. Wieder wurde das gemeinsame Spiel des Kindes mit seinem besten Freund auf Tonband aufgenommen. Den Lehrern der Kinder legten wir Fragebogen vor, in denen es um im Klassenzimmer auftretende Faktoren wie Aggression, Zurückgezogenheit und soziale Kompetenz ging. Lehrer wie Mütter wurden gebeten, die schulischen Leistungen und die betreffende Einstellung des Kindes zu beurteilen. Die Mütter berichteten über den gesundheitlichen Zustand ihres Kindes und zeichneten die Gesamtzahl seiner negativen Gefühlsäußerungen innerhalb einer Woche auf.

Außerdem haben wir Informationen über die eheliche Situation der untersuchten Paare gesammelt. In Telefoninterviews berichteten uns die Eltern, ob es innerhalb der vergangenen drei Jahre zu einer Trennung oder Scheidung gekommen war oder ob sie das eine oder andere ernsthaft erwogen hatten. Anhand von individuell ausgefüllten Fragebogen sollte jeder Elternteil auch beurteilen, wie zufrieden er gegenwärtig mit der Ehe war.

Die Ergebnisse dieser Folgestudie zeigten, daß Kinder mit Eltern, die im Sinne eines Emotionstrainings erzogen, tatsächlich in folgenden Bereichen besser zurechtkamen: schulische Leistung, soziale Kompetenz, emotionales und körperliches Wohlbefinden. Selbst das mathematische Verständnis und die Lesefähigkeit waren besser. Die Kinder kamen besser mit ihren Kameraden aus, zeigten ausgeprägtere soziale Fertigkeiten, und ihre Mütter berichteten, sie zeigten weniger negative, dafür aber mehr positive Gefühle. Verschiedene Indikatoren ließen zudem darauf schließen, daß die emotional trainierten Kinder weniger unter Streß litten. So wies ihr Urin weniger Streßhormone auf, die Herzfrequenz im Ruhezustand war niedriger, und nach Einschätzung der Mütter litten sie seltener unter Infektionskrankheiten wie Erkältung oder Grippe.

Emotionstraining und Selbstregulierung

Viele der positiven Resultate, die wir bei diesen emotional intelligenten und trainierten Sieben- und Achtjährigen feststellen konnten, haben mit einem Faktor zu tun, den man als »hohen Vagotonus« bezeichnet. Der Begriff bezieht sich auf den Nervus vagus, einen bedeutenden, im Hirn entspringenden Nerv, der die Impulse für im Rumpf lokalisierte Funktionen wie etwa die Herzfrequenz, die Atmung und die Verdauung liefert. Der Vagus ist für viele Funktionen des parasympathischen Nervensystems verantwortlich, das wiederum ein Teil des vegetativen Nervensystems ist. Ein anderer Teil, der Sympathikus, beschleunigt Funktionen wie die Herzfrequenz oder die Atmung, wenn der Mensch unter Streß leidet, während der Parasympathikus regulierend wirkt: Er bremst diese vom Bewußtsein nicht kontrollierten Funktionen und schützt den Körper davor, daß sie außer Kontrolle geraten.

Den Begriff »Vagotonus« benutzen wir nun, um die Fähigkeit eines Individuums zu beschreiben, die unbewußten Körperprozesse des vegetativen Nervensystems zu regulieren. Wie Kinder mit gutem Muskeltonus herausragende sportliche Leistungen erbringen, sind ihre Altersgenossen mit hohem Vagotonus in überdurchschnittlichem Maße fähig, auf emotionale Belastungen zu reagieren und sich wieder von ihnen zu erholen. Zwar beschleunigt sich auch ihre Herzfrequenz, wenn etwas Alarmierendes oder Erregendes geschieht. Sobald der emotionale Notfall jedoch vorbei ist, kann sich ihr Körper rasch erholen. Es sind Kinder, die sich selbst gut beruhigen können, die in der Lage sind, sich zu konzentrieren und eine Handlung zu unterlassen, wenn es angebracht ist.

So haben etwa Erstkläßler mit hohem Vagotonus keine Probleme bei einer Feuerübung. Sie können alles liegen- und stehenlassen und die Schule ordentlich und zielstrebig verlassen. Ist die Feuerübung vorüber, so können sie sich wieder hinsetzen und sich relativ rasch wieder auf ihre Mathematikstunde konzentrieren. Kinder mit einem niederen Vagotonus hingegen geraten während einer Feuerübung rascher in Verwirrung (»Was? Jetzt sollen wir raus? Es ist doch noch gar keine Pause?«). Und wenn sie ins Klassenzimmer zurückkommen, haben sie es schwer, die aufregenden Ereignisse hinter sich zu lassen und sich wieder dem Unterricht zuzuwenden.

Ähnliche Ergebnisse zeigte ein Experiment mit einem Videospiel. Von ihren Eltern emotional trainierte Kinder wiesen eine vergleichsweise starke physiologische Reaktion auf Streß auf, von der sie sich aber rascher erholten. Interessanterweise wurden die Streßsituationen durch Kritik oder Spott von seiten des Vaters hervorgerufen, also von einem Verhalten, das in den betreffenden Familien nicht allzu oft vorkommt. Vielleicht war die Reaktion der Kinder deshalb so stark. Wichtig ist aber, daß sie rascher als ihre emotional weniger intelligenten Altersgenossen den jeweiligen Streßzustand hinter sich ließen, obwohl ihre Reaktion auffälliger gewesen war.

Diese Fähigkeit, erfolgreich auf Streß zu reagieren, ist in der Kindheit ebenso von Nutzen wie im späteren Leben. Es ist eine Dimension der emotionalen Intelligenz, die es dem Kind gestattet, sich zu sammeln und sich auf seine schulischen Aufgaben zu konzentrieren. Und weil sie den Kindern jene emotionale Empfänglichkeit und Selbstkontrolle verleiht, die im Kontakt mit Gleichaltrigen positiv zum Tragen kommt, trägt sie auch dazu bei, Freundschaften anzuknüpfen und zu pflegen. Kinder mit hohem Vagotonus können emotionale Signale ihrer Altersgenossen rasch wahrnehmen und darauf reagieren. Kommt es etwa zu einem Konflikt, sind sie in der Lage, ihre negativen Reaktionen zu kontrollieren.

Diese Qualitäten zeigten sich besonders bei einer der dreißigminütigen Spielperioden. Die beiden vierjährigen Kinder, ein Junge und ein Mädchen, begannen zu streiten, weil der Junge Superman spielen wollte, das Mädchen dagegen Mutter und Vater. Nachdem sie sich ein paar Mal ihre Wünsche entgegengebrüllt hatten, beruhigte sich der Junge und schlug einen einfachen Kompromiß vor: Sie sollten so tun, als wären sie in Supermans Haus. Das Mädchen war begeistert, worauf sich die beiden in der folgenden halben Stunde einem kreativen Rollenspiel hingaben.

Ein solcher kreativer Kompromiß zwischen zwei Vierjährigen erfordert ein hohes Potential an sozialen Fertigkeiten, darunter die Fähigkeit, dem Gegenüber zuzuhören, Empathie für dessen Position zu entwickeln und gemeinsam ein Problem zu lösen. Was Kinder durch ein emotionales Training erwerben, geht jedoch weit über solche Fertigkeiten hinaus und berührt eine breitere Definition emotionaler Intelligenz. Sie kommt am Ende der Kindheit zum Tragen, also im Alter von acht bis zwölf Jahren, wenn die Akzeptanz durch Altersgenossen oft daran gemessen wird, wie »cool« und emotional unerschütterlich das Kind unter Freunden auftreten kann. Psychologische Studien haben ergeben, daß der Ausdruck von Gefühlen, wie Eltern und Kinder ihn untereinander im Rahmen des Emotionstrainings praktizieren, unter Gleichaltrigen ein sozialer Nachteil sein kann. Hier kommt es vielmehr auf die Fähigkeit an, Signale zu beobachten und zu verwerten, so daß das betreffende Kind sich einfügen kann, ohne zuviel Aufmerksamkeit auf sich zu lenken. Auch diese Fähigkeit haben Kinder entwickelt, die in einer frühen Phase emotional trainiert werden, so daß sie von Gleichaltrigen eher akzeptiert werden und sich Freundschaften bilden können.

Die emotionale Intelligenz eines Kindes wird bis zu einem gewissen Grad von seinem Temperament bestimmt, also von angeborenen Charakterzügen. Ein weiterer entscheidender Faktor ist jedoch die Interaktion von Eltern und Kind. Ihr Einfluß setzt schon zu Beginn der Kindheit ein, wenn sich das Nervensystem ausbildet. Welche Erfahrungen Kinder mit Gefühlen machen, während ihr parasympathisches Nervensystem sich ausbildet, könnte eine große Rolle bei der Bildung ihres Vagotonus spielen und damit ihr emotionales Wohlergehen im späteren Leben bestimmen.

Den Eltern bietet sich also eine phantastische Gelegenheit, die emotionale Intelligenz ihrer Kinder schon im Säuglingsalter zu beeinflussen, indem sie den Erwerb von Verhaltensweisen anregen, die der Selbstberuhigung dienen. So hilflos Babys sind, können sie doch von unserer Reaktion auf ihr Unwohlsein lernen, daß man Emotionen eine Richtung geben kann, daß es also möglich ist, von intensiven Gefühlen des Kummers, der Wut und der Angst zu einem Gefühl des Wohlseins und der Entspannung überzuwechseln. Vernachlässigt man hingegen die emotionalen Bedürfnisse des Säuglings, so nimmt man ihm die Chance, dieses Verhalten zu lernen. Wenn ein solches Kind aus Angst, Traurigkeit oder Wut schreit, so erfährt es nur noch mehr Angst, mehr Traurigkeit, mehr Wut. Mit der Zeit wird es dann vielleicht meist passiv und still sein; doch wenn es sich erst einmal erregt, so hat es sich kaum noch unter Kontrolle. Da es nie jemand hatte, der es vom

Kummer zum Wohlbefinden führen konnte, kann es sich nicht beruhigen. Statt dessen erfährt es die negativen Emotionen als ein schwarzes Loch aus Furcht und Angst.

Es ist interessant zu beobachten, wie eine emotionale Führung genießende Kinder allmählich beginnen, die beruhigenden Reaktionen ihrer Eltern in ihr eigenes Verhalten zu integrieren. Vielleicht haben Sie es am Spiel Ihrer eigenen Kinder bemerkt. Ob sie ein Rollenspiel mit einem realen Spielgefährten, mit einer Puppe oder mit einer Legofigur durchführen, oft denken sich Kinder Situationen aus, in denen der eine Partner Angst bekommt, worauf der andere ihn tröstet oder als »Held« beschützt. Solche Spiele vermitteln Erfahrungen, auf die das Kind sich stützen kann, wenn es sich einsam fühlt oder aus der Fassung gerät; sie dienen dazu, Verhaltensmuster zu erwerben und einzuüben, mit denen man Gefühle regulieren und sich beruhigen kann. Dabei geht es darum, den Mitmenschen auf emotional intelligente Weise zu begegnen.

Der erste Schritt, den Eltern auf dem Weg zu einer Erziehung emotional intelligenter Kinder tun können, ist das Thema des folgenden Kapitels. Es soll Eltern ein Verständnis für die Art und Weise vermitteln, in der sie selbst mit Gefühlen umgehen, und wie sich das auf ihre Kinder auswirkt.

ZWEITES KAPITEL

Welchen Erziehungsstil
haben Sie?

Das Konzept des Emotionstrainings ist gar nicht so kompliziert. Es beruht auf gesundem Menschenverstand und wurzelt in den tiefen Gefühlen der Liebe und Empathie, die wir für unsere Kinder empfinden. Dennoch fällt das Emotionstraining nicht allen Eltern in den Schoß, bloß weil sie ihre Kinder lieben. Ebensowenig ergibt es sich automatisch aus der bewußten Entscheidung, sich im Umgang mit den eigenen Kindern warmherzig und positiv zu verhalten. Das Emotionstraining ist eine Kunst, die ein emotionales Bewußtsein erfordert und ein bestimmtes Arsenal an Fähigkeiten im Bereich des Zuhörens und der Problembewältigung. Entsprechende Verhaltensweisen haben meine Kollegen und ich herausgefiltert, als wir gesunde, gut funktionierende Familien beobachtet haben, also Familien, die als emotional intelligent bezeichnet werden können.

Ich bin der Überzeugung, daß fast jede Mutter und jeder Vater sich im Sinne des Emotionstrainings verhalten kann, doch weiß ich auch, daß viele Eltern zuerst gewisse Barrieren überwinden müssen. Diese können etwa aus der Art und Weise resultieren, wie im eigenen Elternhaus mit Gefühlen umgegangen wurde. Vielleicht mangelt es den Eltern auch einfach an der Fertigkeit, ihren Kindern zuhören zu können. Jedenfalls können solche Barrieren sie daran hindern, als Mutter oder Vater so stark und unterstützend zu sein, wie sie es sich wünschen.

Wie im Grunde jeder Weg zu persönlichem Wachstum beginnt auch der Weg zu besseren erzieherischen Fähigkeiten mit einer Überprüfung der eigenen Persönlichkeit. Dabei können unsere Forschungsergebnisse von Nutzen sein. Natürlich können wir nicht jeder Familie eine so ausführliche Analyse bieten, wie sie unsere Probanden erfahren haben. Unser Angebot ist deshalb der folgende Test zur Bestimmung Ihres individuellen Erziehungsstils. Am Ende des Tests finden Sie eine kurze Beschreibung der vier unterschiedlichen Erziehungsstile, die wir identifizieren konnten, und Hinweise, wie der jeweilige Stil sich auf die von uns beobachteten Kinder auswirkte.

TEST:
Was ist Ihr individueller Erziehungsstil?

Bei diesem Test geht es um Ihre Einstellung zu Traurigkeit, Angst und Wut, und zwar sowohl um Ihre eigenen Erfahrungen mit diesen Gefühlen als auch um die Reaktion auf entsprechende Gefühlszustände Ihrer Kinder. Bitte kreuzen Sie die Ihrer emotionalen Einstellung am nächsten kommende Alternative an, auch wenn Sie sich nicht eindeutig entscheiden können. Lassen Sie sich durch die Menge der Fragen bitte nicht abschrecken; machen Sie einfach weiter. Diese Ausführlichkeit garantiert, daß wir die meisten Aspekte jedes Erziehungsstils erfassen können.

R = Richtig   F = Falsch

1. Kinder haben wenig Grund zu Kummer.   R   ~~F~~

2. Ich finde Wut akzeptabel, sofern sie kontrolliert werden kann.   ~~R~~   F

3. Wenn Kinder traurig sind, so wollen sie damit meist das Mitgefühl der Erwachsenen wecken.   R   ~~F~~

4. Wird ein Kind wütend, so sollte man darauf eingehen.   ~~R~~   F

5. Wenn mein Kind traurig ist,
   benimmt es sich ganz unmöglich.   R   F

6. Wenn mein Kind traurig ist, erwartet
   es von mir, daß ich sein Weltbild
   wieder zurechtrücke.   R   F

7. In meinem eigenen Leben habe ich
   im Grunde keine Zeit für Traurigkeit.   R   F

8. Wut ist ein gefährlicher Zustand.   R   F

9. Ignoriert man die Traurigkeit eines
   Kindes, so verschwindet sie meist
   von selbst wieder.   R   F

10. Wut bedeutet meist Aggression.   R   F

11. Kinder setzen oft eine traurige Miene
    auf, um ihren Willen zu bekommen.   R   F

12. Ich finde Traurigkeit akzeptabel,
    sofern sie kontrolliert werden kann.   R   F

13. Traurigkeit ist etwas, das man
    überwinden muß, anstatt sich
    darin zu gefallen.   R   F

14. Es macht mir nichts aus, mit der
    Traurigkeit eines Kindes umzugehen,
    sofern sie nicht zu lange anhält.   R   F

15. Ein glückliches Kind ist mir lieber
    als ein zu emotionales Kind.   R   F

16. Wenn mein Kind traurig ist, müssen
    seine Probleme gelöst werden.   R   F

17. Ich helfe meinen Kindern, ihre
    Traurigkeit rasch zu überwinden,
    damit sie sich mit schöneren
    Dingen beschäftigen können.   R   F

18. Ich glaube nicht, daß ich meinem Kind viel vermitteln kann, wenn es traurig ist.   R   ~~F~~

19. Wenn Kinder traurig sind, beziehen sie sich zu sehr auf die negativen Aspekte des Lebens.   R   ~~F~~

20. Wenn mein Kind wütend ist, benimmt es sich ganz unmöglich.   R   ~~F~~

21. Ich setze der Wut meines Kindes Grenzen.   ~~R~~   F

22. Wenn mein Kind eine traurige Miene aufsetzt, so will es die Aufmerksamkeit auf sich lenken.   ~~R~~   F

23. Wut ist ein Gefühl, dem man nachgehen sollte.   ~~R~~   F

24. Ein Großteil der kindlichen Wut resultiert aus dem mangelnden Verständnis und der Unreife des Kindes.   R   ~~F~~

25. Ich versuche, die Wutanfälle meines Kindes in einen positiven Gefühlszustand umzuwandeln.   ~~R~~   F

26. Wenn man Wut empfindet, so soll man sie auch ausdrücken.   ~~R~~   F

27. Wenn mein Kind traurig ist, bietet sich eine Gelegenheit, größere Nähe herzustellen.   ~~R~~   F

28. Kinder haben sehr wenig Grund zu Wut.   R   ~~F~~

29. Wenn mein Kind traurig ist, versuche
ich, ihm bewußt zu machen, wie es
dazu gekommen ist. R F

30. Wenn mein Kind traurig ist, zeige ich
ihm, daß ich das verstehen kann. R F

31. Ich will, daß mein Kind Erfahrungen
mit Traurigkeit macht. R F

32. Es kommt darauf an, herauszufinden,
warum ein Kind traurig ist. R F

33. Die Kindheit ist eine schöne Zeit
und nicht dazu da, sich wütend
oder traurig zu fühlen. R F

34. Wenn mein Kind traurig ist,
nehmen wir uns Zeit, darüber
zu sprechen. R F

35. Wenn mein Kind traurig ist, versuche ich,
ihm bei der Suche nach dem Ursprung
dieses Gefühls zu helfen. R F

36. Wenn mein Kind wütend ist, bietet sich
eine Gelegenheit, größere Nähe
herzustellen. R F

37. Wenn mein Kind wütend ist, nehme ich
mir Zeit, diesem Gefühl zusammen
mit ihm nachzugehen. R F

38. Ich will, daß mein Kind Erfahrungen
mit seiner Wut macht. R F

39. Ich finde es gut, wenn Kinder
manchmal Wut empfinden R F

40. Es kommt darauf an, herauszufinden,
warum ein Kind wütend ist. R F

41. Wenn mein Kind traurig wird, ermahne ich es, daß es keine schlechten Charaktereigenschaften entwickeln soll. R F

42. Wenn mein Kind traurig ist, bin ich besorgt, es könnte eine negative Persönlichkeit entwickeln. R F

43. Ich versuche eigentlich nicht, meinem Kind irgend etwas Besonderes über die Traurigkeit zu vermitteln. R F

44. Über Traurigkeit kann ich eigentlich nur sagen, daß man sie ruhig ausdrücken soll. R F

45. Ich weiß nicht recht, ob man irgend etwas tun kann, um Traurigkeit zu überwinden. R F

46. Für ein trauriges Kind kann man nicht viel mehr tun, als ihm Trost anzubieten. R F

47. Wenn mein Kind traurig ist, versuche ich ihm zu vermitteln, daß ich es trotzdem liebhabe. R F

48. Wenn mein Kind traurig ist, weiß ich nicht so recht, was es von mir erwartet. R F

49. Ich versuche eigentlich nicht, meinem Kind irgend etwas Besonderes über Wut zu vermitteln. R F

50. Über Wut kann ich eigentlich nur sagen, daß man sie ruhig ausdrücken soll. R F

51. Wenn mein Kind wütend ist, versuche ich, seine Stimmung zu verstehen. R F

52. Wenn mein Kind wütend ist, versuche ich ihm zu vermitteln, daß ich es trotzdem liebhabe.   R   F

53. Wenn mein Kind wütend ist, weiß ich nicht recht, was es von mir erwartet.   R   F

54. Mein Kind hat ein ungutes Temperament, über das ich mir Sorgen mache.   R   F

55. Ich finde es nicht angemessen, daß ein Kind Wut ausdrückt.   R   F

56. Wütende Menschen haben sich nicht unter Kontrolle.   R   F

57. Der Wutausbruch eines Kindes ist im Grunde ein Koller.   R   F

58. Kinder werden wütend, um ihren Willen durchzusetzen.   R   F

59. Wenn mein Kind wütend wird, mache ich mir Sorgen wegen seiner destruktiven Tendenzen.   R   F

60. Wenn man seine Kinder wütend werden läßt, meinen sie, daß sie so immer ihren Willen bekommen.   R   F

61. Wütende Kinder benehmen sich respektlos.   R   F

62. Wütende Kinder sind oft recht komisch.   R   F

63. Wut beeinträchtigt meine Urteilsfähigkeit und bringt mich zu Handlungen, die ich später bereue.   R   F

64. Wenn mein Kind wütend ist, müssen seine Probleme gelöst werden.   R   F

65. Wenn mein Kind wütend wird, ist
ein Klaps auf den Hintern
angebracht.   R   ~~F~~

66. Wenn mein Kind wütend wird, so geht
es mir darum, diesen Zustand zu
beenden.   ~~R~~   F

67. Ich beachte kindliche Wutanfälle
nicht weiter.   R   ~~F~~

68. Wenn mein Kind wütend ist, nehme
ich das nicht allzu ernst.   R   ~~F~~

69. Wenn ich wütend bin, habe ich das
Gefühl, daß ich gleich platze.   ~~R~~   F

70. Wut führt zu nichts.   R   ~~F~~

71. Es ist aufregend für ein Kind,
seine Wut auszudrücken.   R   ~~F~~

72. Die Wut eines Kindes ist wichtig.   ~~R~~   F

73. Kinder haben ein Recht auf Wut.   ~~R~~   F

74. Wenn mein Kind zornig ist, finde ich
einfach heraus, woher das kommt.   ~~R~~   F

75. Es ist wichtig, dem Kind bei der Suche
nach den Ursachen für seine Wut zu
helfen.   ~~R~~   F

76. Wenn mein Kind wütend auf mich ist,
denke ich: »Das will ich jetzt wirklich
nicht hören.«   R   ~~F~~

77. Wenn mein Kind wütend ist, denke ich:
»Wenn es doch bloß lernen könnte,
sich den Umständen zu fügen.«   R   ~~F~~

78. Wenn mein Kind wütend ist, denke ich:
»Warum kann es die Dinge nicht
einfach annehmen, wie sie sind?«   R   F

79. Ich will, daß mein Kind wütend wird,
weil es dann seine eigene Position
vertreten kann.   R   F

80. Ich achte nicht sehr auf die
Traurigkeit meines Kindes.   R   F

81. Wenn mein Kind wütend ist,
will ich herausfinden, was es
denkt.   R   F

Auswertung

Nichtbeachtung:
Rechnen Sie die positiven Antworten auf die folgenden
Fragen zusammen:
1, 2, 6, 7, 9, 12, 13, 14, 15, 17, 18, 19, 24, 25, 28, 33, 43,
62, 66, 67, 68, 76, 77, 78, 80.
Teilen Sie das Ergebnis durch 25. Es zeigt, wie stark Sie
zur *Nichtbeachtung* tendieren.

Mißbilligung:
Rechnen Sie die positiven Antworten auf die folgenden
Fragen zusammen:
3, 4, 5, 8, 10, 11, 20, 21, 22, 41, 42, 54, 55, 56, 57, 58, 59,
60, 61, 63, 65, 69, 70.
Teilen Sie das Ergebnis durch 23. Es zeigt, wie stark Sie
zur *Mißbilligung* tendieren.

Laisser-faire:
Rechnen Sie die positiven Antworten auf die folgenden
Fragen zusammen:

26, 44, 45, 46, 47, 48, 49, 50, 52, 53.
Teilen Sie das Ergebnis durch 10. Es zeigt, wie stark Sie zum *Laisser-faire* tendieren.

Emotionstraining:
Rechnen Sie die positiven Antworten auf die folgenden Fragen zusammen:
16, 23, 27, 29, 30, 31, 32, 34, 35, 36, 37, 38, 39, 40, 51, 64, 71, 72, 73, 74, 75, 79, 81.
Teilen Sie das Ergebnis durch 23. Es zeigt, wie stark Sie zum *Emotionstraining* tendieren.

Vergleichen Sie jetzt das Ergebnis der vier Kategorien. Je höher Ihr Resultat in einer bestimmten Kategorie ist, desto stärker tendieren Sie – relativ gesehen – zu diesem Erziehungsstil. Um die Konsequenzen zu erkennen, finden Sie nachfolgend eine Zusammenfassung der typischen Verhaltensweisen jedes Erziehungsstils samt dessen Auswirkungen auf ein Kind.

An diese Auflistung schließt sich eine ausführlichere Beschreibung der einzelnen Kategorien an. Sie stützt sich auf unsere Forschungsinterviews mit den Eltern vier- und fünfjähriger Kinder und auf Berichte von Teilnehmern der Elterngruppen, die ich im Anschluß an diese Studien geleitet habe. Bitte denken Sie beim Lesen an Ihre Interaktion mit Ihren eigenen Kindern und beurteilen Sie, was Sie an Ihren eigenen Erziehungsstil erinnert und was nicht.

Vielleicht wollen Sie auch die Erfahrungen einbeziehen, die Sie in Ihrer eigenen Kindheit mit Ihren Eltern gemacht haben. Eine Rückbesinnung auf diese Zeit kann dabei helfen, die Stärken und Schwächen der eigenen Elternrolle einzuschätzen. Überlegen Sie einmal, wie man in Ihrem Elternhaus mit Gefühlen umgegangen ist. Welche Grundeinstellung herrschte bezüglich der Gefühlswelt? Haben Ihre Eltern Phasen der Traurigkeit und der Wut als natürlichen Vorgang betrachtet? Reagierten sie verständnisvoll, wenn Familienmitglieder unglücklich, ängstlich oder wütend waren? Haben alle Familienmitglieder sich in solchen Situationen gegenseitig unterstützt, haben sie Alternativen aufgezeigt und dem anderen geholfen, das Problem zu lösen? Oder wurde Wut immer als potentiell destruktiv angesehen, Angst als feige und Traurigkeit als Selbstmitleid? Wurden Gefühle verborgen oder als unproduktiv, unwichtig, gefährlich oder zu selbstbezogen abgetan?

Bei all diesen Fragen sollten Sie im Hinterkopf behalten, daß in vielen Familien eine unterschiedliche Einstellung zu unterschiedlichen Gefühlen herrscht, daß die Bewertung eines Gefühlsausbruchs also davon abhängt, um welche Gefühle es sich dabei handelt. Die Eltern können beispielsweise der Ansicht sein, man dürfe durchaus ab und zu traurig sein, der Ausdruck von Wut hingegen sei unangemessen. Andere Eltern beurteilen die Wut ihrer Kinder positiv, weil sie diese mit Selbstbewußtsein verbinden, während sie Angst oder Traurigkeit als feige oder kindisch ansehen. Darüber hinaus mag an verschiedene Familienmitglieder ein unterschiedlicher Maßstab angelegt werden. Manche Eltern glauben etwa, ein Junge solle ruhig seine Wut, ein Mädchen seine Verzagtheit ausdrücken, aber nicht umgekehrt.

Wenn Sie nach der Lektüre der folgenden Seiten gewisse Aspekte Ihrer Beziehung zu Ihrem Kind verändern wollen, arbeiten Sie bitte das dritte Kapitel durch. Es bietet detaillierte Informationen über die fünf Schritte, aus denen das Emotionstraining besteht.

Die vier Erziehungsstile

Eltern, die zur Nichtbeachtung von Gefühlen neigen,

- behandeln kindliche Gefühle als unwichtig und belanglos
- distanzieren sich von den Gefühlen des Kindes oder ignorieren sie

- wollen, daß die negativen Emotionen des Kindes rasch vorübergehen
- bedienen sich üblicherweise eines Ablenkungsmanövers, um die kindlichen Emotionen zu hemmen
- machen sich eventuell über die Gefühle des Kindes lustig oder spielen sie herunter
- halten die kindlichen Gefühle für irrational und folglich für irrelevant
- zeigen wenig Interesse dafür, was das Kind mitzuteilen versucht
- zeigen eventuell ein unterentwickeltes Bewußtsein, was die eigenen und die Gefühle anderer angeht
- fühlen sich angesichts der kindlichen Emotionen unwohl, verletzt und überfordert und reagieren mit Angst, Besorgnis und Ärger
- haben Angst davor, emotional außer Kontrolle zu geraten
- beschäftigen sich mehr damit, wie man Gefühle überwindet, als mit ihrer eigentlichen Bedeutung
- halten negative Emotionen für schädlich oder für ungesund
- meinen, die Beschäftigung mit negativen Emotionen führe dazu, »alles bloß noch schlimmer zu machen«
- sind unsicher, was sie mit den Gefühlen ihres Kindes anfangen sollen
- betrachten die kindlichen Emotionen als eine Aufforderung, seine Welt wieder in Ordnung zu bringen
- glauben, der Ausdruck negativer Emotionen weise auf Verhaltensprobleme hin
- glauben, die negativen Emotionen eines Kindes würden ein schlechtes Licht auf seine Eltern werfen
- bagatellisieren die kindlichen Gefühle, indem sie die dafür verantwortlichen Ereignisse herunterspielen
- bemühen sich nicht, die Probleme gemeinsam mit ihrem Kind anzugehen, da sie meinen, mit der Zeit lösten sich die meisten Probleme von selbst.

Auswirkungen dieses Erziehungsstils auf die Kinder: Sie lernen, daß Gefühle falsch, unangemessen und wertlos sind. Vielleicht lernen sie auch, daß etwas grundsätzlich nicht mit ihnen in Ordnung ist, nur weil sie gewisse Gefühle entwickeln. Oft haben sie Probleme, ihre Gefühle in den Griff zu bekommen.

Eltern, die zur Mißbilligung von Gefühlen neigen,

- zeigen viele Verhaltensmuster der obigen Kategorie, jedoch auf negativere Weise
- bewerten und kritisieren emotionale Äußerungen des Kindes
- überbetonen die Notwendigkeit, Kindern Grenzen zu setzen
- legen besonderen Wert auf die Erfüllung von Leistungs- und Verhaltensnormen
- ermahnen, schelten oder bestrafen ihr Kind, wenn es Gefühle ausdrückt, egal ob dieses sich schlecht benimmt oder nicht
- meinen, negative Gefühlsausbrüche sollten zeitlich begrenzt sein
- meinen, negative Emotionen sollten kontrolliert werden
- meinen, negative Emotionen seien ein Ausdruck schlechter Charaktereigenschaften
- meinen, das Kind benutze negative Emotionen, um sie zu manipulieren; diese Auffassung führt zu Machtkämpfen
- meinen, Gefühle wirkten schwächend, Kinder aber müßten emotional abgehärtet sein, um zu überleben
- meinen, negative Emotionen seien unproduktiv und eine Zeitvergeudung
- betrachten negative Emotionen (besonders Traurigkeit) als ein Gut, mit dem man nicht verschwenderisch umgehen sollte
- sind besorgt um die Zustimmung des Kindes zu Autoritätskonzepten.

Auswirkungen dieses Erziehungsstils auf die Kinder: Dieselben wie bei einem zur Nichtbeachtung neigenden Stil.

Eltern, die zum Laisser-faire neigen,

- akzeptieren auf großzügige Weise alle Gefühlsäußerungen des Kindes
- bieten dem Kind Trost, wenn es negative Gefühle erfährt
- bieten wenig Hilfestellung bezüglich eines angemessenen Verhaltens
- vermitteln dem Kind keine Anhaltspunkte bezüglich der Gefühlswelt
- sind nachgiebig, setzen keine Grenzen
- helfen ihren Kindern nicht dabei, Probleme zu lösen
- vermitteln dem Kind keine Methoden zur Problemlösung
- meinen, man könnte angesichts negativer Emotionen nicht viel tun, als sie vorüberziehen zu lassen
- meinen, der Umgang mit negativen Emotionen geschehe quasi hydraulisch: Ist das Gefühl freigesetzt, so ist die Sache erledigt.

Auswirkungen dieses Erziehungsstils auf die Kinder: Sie lernen nicht, ihre Emotionen zu regulieren; sie haben Probleme, sich zu konzentrieren, Freundschaften zu schließen und mit anderen Kindern auszukommen.

Eltern, die sich im Sinne des Emotionstrainings verhalten,

- schätzen die negativen Gefühle des Kindes als eine Gelegenheit, Nähe herzustellen
- können es ertragen, Zeit mit einem traurigen, wütenden oder ängstlichen Kind zu verbringen; werden angesichts seines Zustands nicht ungeduldig
- sind sich ihrer eigenen Gefühle bewußt und schätzen sie
- sehen den Bereich negativer Emotionen als eine wichtige Erziehungsaufgabe an

- achten auf den emotionalen Zustand des Kindes, selbst wenn sich dieser nur andeutungsweise erfassen läßt
- sind angesichts der Gefühlsausbrüche des Kindes weder verwirrt noch ängstlich, sondern kennen die angebrachten Reaktionen
- respektieren das kindliche Gefühlsleben
- machen sich nicht über die negativen Gefühle des Kindes lustig und spielen sie nicht herunter
- verkünden nicht, wie das Kind sich fühlen sollte
- sind nicht der Ansicht, sie müßten an Stelle des Kindes alle seine Probleme bereinigen
- nutzen Gefühlsäußerungen als Gelegenheit,
  - dem Kind zuzuhören
  - mit tröstenden Worten und Zuneigung Mitgefühl auszudrücken
  - dem Kind zu helfen, seine Gefühle zu beschreiben
  - Hinweise zu vermitteln, wie Gefühle in den Griff zu bekommen sind
  - Grenzen zu setzen und akzeptable Formen des Gefühlsausdrucks zu vermitteln
  - Fertigkeiten zur Problemlösung zu vermitteln.

Auswirkungen dieses Erziehungsstils auf die Kinder: Sie lernen, ihren Gefühlen zu vertrauen, ihre Emotionen in den Griff zu bekommen und Probleme zu lösen. Sie haben ein starkes Selbstwertgefühl, lernen gut und kommen gut mit ihrem Umfeld aus.

Nichtbeachtung:
Verhaltensbeispiele

Wahrscheinlich wäre Robert überrascht, daß wir ihn in die obige Kategorie einordnen. Schließlich ist bei den Interviews mit unserem Forschungsteam sehr deutlich geworden, daß er seine Tochter Heather vergöttert und viel Zeit mit ihr verbringt.

Wenn sie traurig ist, tue er sein Bestes, um sie zu verwöhnen, erklärt er. »Ich trage sie herum und frage sie, ob sie irgendwas braucht: ›Willst du vielleicht fernsehen? Soll ich dir ein Video einlegen? Willst du rausgehen und spielen?‹ Ich schaue einfach, ob ich die Sache wieder in Ordnung bringen kann.«

Eines tut Robert allerdings nicht: Er geht die Traurigkeit seiner Tochter nicht direkt an. Er stellt keine Fragen wie: »Wie fühlst du dich, Heather? Bist du heute traurig?« Das liegt daran, daß er die Beschäftigung mit unangenehmen Gefühlen mit einer Gießkanne Wasser auf ein Beet voller Unkraut vergleicht: beides führe nur dazu, meint er, daß das ganze Zeug noch größer und widerlicher werde. Wie viele Eltern fürchtet er, die Gefühle von Angst und Traurigkeit könnten überhandnehmen und das ganze Leben bestimmen. Das aber wünscht er weder sich noch seiner geliebten Tochter.

Zur Nichtbeachtung von Gefühlen neigende Eltern wie Robert habe ich bei meinen Studien wie auch im Alltagsleben oft beobachtet. Ein durch die Medien sehr bekannt gewordenes Beispiel der jüngeren Vergangenheit ist die Mutter der siebenjährigen Jessica Dubroff, die im April 1996 mit ihrer einmotorigen Cessna abstürzte bei dem Versuch, als jüngste Pilotin aller Zeiten die Vereinigten Staaten zu überqueren. Nach Presseberichten hatte Jessicas Mutter ihrer Tochter verboten, negative Ausdrücke wie »Angst«, »Furcht« und »traurig« zu benutzen. »Kinder sind furchtlos«, erklärte sie vor der Presse. »Das ist ihr natürlicher Zustand, bis die Erwachsenen ihnen Angst einpflanzen.« Nach dem tödlichen Unfall ihrer Tochter erklärte sie Reportern des *Time Magazine*: »Ich weiß, was die Leute jetzt sehen wollen. Tränen. Aber die werde ich ihnen nicht bieten. Gefühle sind unnatürlich. Sie haben etwas Unwahres an sich.«

Ob Jessica oder ihr Fluglehrer das Steuer bedienten, als das Flugzeug in Wyoming in eine Gewitterfront hineinstartete, wird man vielleicht nie feststellen können. Doch wenn man dem Kind erlaubt hätte, Angst auszudrücken – eine Emotion, die erfahrene Piloten davon abhielt, angesichts desselben

Gewitters zu starten –, hätten die Erwachsenen um Jessica innegehalten und ihre Handlungen überdacht. Und vielleicht wäre die Tragödie dann vermieden worden.

Sich negativen Gefühlen zu verschließen ist ein Verhaltensmuster, das viele Eltern dieser Kategorie schon in der Kindheit erwerben. Manche sind wie Jim in Familien aufgewachsen, die zu Gewalt neigen. Jim erinnert sich heute noch daran, wie seine Eltern sich vor dreißig Jahren stritten und wie er und seine Geschwister in verschiedene Zimmer flüchteten, wo sie jeder für sich versuchten, mit der Situation fertig zu werden. Sie durften nie über die Probleme ihrer Eltern oder über ihre eigenen Gefühle sprechen, denn hätten sie dies getan, so hätten sie womöglich die Wut des Vaters noch mehr angestachelt. Jetzt, da Jim verheiratet ist und eigene Kinder hat, duckt und versteckt er sich weiterhin, wenn sich ein Konflikt oder ein emotionaler Schmerz ankündigt. Er findet es sogar schwer, mit seinem sechsjährigen Sohn über die Probleme zu reden, die dieser mit einem anderen Jungen hat, der ihn auf dem Schulhof tyrannisiert. Jim würde seinem Sohn gern näherkommen, seine Probleme anhören und ihm bei der Lösung helfen, doch hat er in dieser Hinsicht wenig Erfahrung. Als Folge lenkt er das Gespräch nur selten auf solche Themen, während sein Sohn das Unbehagen des Vaters spürt und sie ebensowenig anspricht.

Auch von Not leidenden oder gleichgültigen Eltern erzogene Erwachsene haben Probleme, mit den Gefühlen ihrer Kinder umzugehen. Da sie sich schon in der Kindheit an eine helfende, rettende Rolle gewöhnt haben, übernehmen sie eine zu starke persönliche Verantwortung und versuchen, jedes Leid des Kindes aufzufangen und jede Ungerechtigkeit geradezurücken. Dies aber ist eine übermenschliche Aufgabe, die die Betreffenden bald überfordert, woraufhin sie nicht mehr einschätzen können, was ihre Kinder wirklich brauchen. Eine der von uns befragten Mütter etwa war perplex und bekümmert ob ihrer Unfähigkeit, ihr Vorschulkind zu trösten, als es seinen Lieblingstraktor kaputtgemacht hatte. Da sie das Spielzeug nicht reparieren – und die kindliche Welt damit wieder heil machen – konnte, wußte sie nicht, wie sie ihrem Sohn in seiner Traurigkeit beistehen sollte. Das einzige, was sie aus seinem Gefühl herauslas, war die Aufforderung, sie sollte die Welt wieder kitten. Sein Bedürfnis nach Trost und Verständnis erkannte sie nicht.

Mit der Zeit beginnen die Eltern dann, jeden mit Trauer oder Angst verbundenen Gefühlsausbruch als unmöglich zu erfüllende Forderung anzusehen. Angesichts ihrer Frustration oder des Gefühls, manipuliert zu werden, reagieren sie so, daß sie den Kummer ihrer Kinder nicht mehr beachten oder ihn bagatellisieren. Sie versuchen, das Problem auf eine erträgliche Größe zu schrumpfen, damit sie es einkapseln, weglegen und vergessen können.

»Wenn Jeremy zu mir kommt und mir erzählt, daß einer seiner Freunde ihm sein Spielzeug weggenommen hat, sage ich bloß: ›Mach dir keine Sorgen, er bringt es schon zurück‹«, erklärt Tom, einer unserer Interviewpartner. »Und wenn er sagt: ›Der Junge da hat mich geschlagen‹, so erkläre ich ihm: ›Das hat er bestimmt nicht böse gemeint.‹ Ich will ihm beibringen, solche Sachen hinzunehmen und einfach weiterzumachen.«

Jeremys Mutter Mariann stellt fest, daß sie eine ähnliche Haltung einnimmt, wenn ihr Sohn traurig ist. »Ich gebe ihm einfach ein Eis, um ihn aufzumuntern; dann kann er die ganze Sache vergessen«, meint sie. Sie äußert damit einen unter Eltern dieser Kategorie weitverbreiteten Glauben: Kinder sollten eigentlich nicht traurig sein, und wenn sie es doch sind, ist irgend etwas mit dem Kind oder mit seinen Eltern psychologisch gesehen nicht in Ordnung. »Wenn Jeremy traurig ist, werde ich auch traurig, denn man möchte doch gern, daß die eigenen Kinder glücklich sind und gut mit allem zurechtkommen«, sagt Mariann. »Ich kann es einfach nicht ertragen, wenn er durcheinander ist. Er soll stets glücklich sein.«

Weil solche Eltern Lachen und gute Laune positiver bewerten als gedrücktere Stimmungen, werden viele von ihnen zu wahren Meistern, wenn es darum geht, die negativen Emotionen ihrer Kinder »aufzuhellen«. So versuchen sie vielleicht, ein trauriges Kind zu kitzeln oder seiner Wut scherzhaft zu begegnen. Ob ihre Kommentare freundlich vorgetragen werden (»Jetzt lach doch mal wieder!«) oder demütigend (»Ach, Willie, sei doch kein Baby!«), das Kind vernimmt ein und dieselbe Botschaft: »Du schätzt diese Situation völlig falsch ein. Dein Urteilsvermögen hat versagt. Du kannst deinem Herzen nicht vertrauen.«

Viele Eltern, die die Gefühle ihrer Kinder bagatellisieren oder abtun, fühlen sich dazu berechtigt, weil ihre Sprößlinge schließlich »bloß Kinder« seien. Um ihre Gleichgültigkeit rational zu begründen, berufen sie sich darauf, der kindliche Kummer wegen des zu Bruch gegangenen Spielzeugs oder der Spielplatzrangelei sei »geringfügig«, besonders wenn man ihn mit dem Sorgenpaket der Erwachsenen vergleicht, also mit Dingen wie Arbeitslosigkeit, Ehescheidung oder Staatsverschuldung. Außerdem, so argumentieren sie, können Kinder irrational sein. Danach gefragt, wie er mit der Traurigkeit seiner Tochter umgehe, antwortet ein erstaunter Vater gar nichts. »Wir reden doch über eine Vierjährige«, erwidert er. Ihre Trauer sei oft darauf zurückzuführen, »daß sie nicht versteht, wie es im Leben zugeht«, und deshalb seiner Meinung nach nicht weiter wichtig. »Ihre Reaktionen sind nicht wie die von Erwachsenen«, erklärt er.

Bei all dem will ich nicht sagen, daß es zur Nichtbeachtung von Gefühlen neigenden Eltern an Sensibilität mangelt. Im Gegenteil ist es oft so, daß sie sehr tiefe Gefühle für ihre Kinder hegen und einfach aus dem natürlichen elterlichen Bedürfnis heraus handeln, ihre Nachkommen zu beschützen. Vielleicht glauben sie, negative Emotionen seien auf irgendeine Art »giftig«, und wollen ihre Kinder vor deren schädlichem Einfluß bewahren.

Das führt auch zu der Meinung, es sei ungesund, zu lange auf Gefühle einzugehen. Wenn diese Eltern sich überhaupt darauf einlassen, gemeinsam mit ihren Kindern an einer Problemlösung zu arbeiten, so konzentrieren sie sich nicht auf die Emotion an sich, sondern darauf, sie zu »überwinden«.

Sarah beispielsweise hat sich Sorgen wegen der Reaktion ihrer vierjährigen Tochter auf den Tod ihres Meerschweinchens gemacht. »Ich hab' schlichtweg Angst davor gehabt, mich einfach hinzusetzen und mit Becky über die ganzen Gefühle zu reden, denn das hätte sie vielleicht noch mehr verstört«, erklärt sie. Statt dessen hat Sarah die Sache heruntergespielt. »›Das macht doch nichts‹, hab' ich ihr gesagt. ›So was passiert einfach, weißt du? Dein Meerschweinchen war eben schon ziemlich alt. Wir besorgen dir ein neues.‹« Die Unannehmlichkeit, sich mit Beckys Trauer zu beschäftigen, hat Sarah sich durch ihre lässige Reaktion vielleicht erspart, doch hat sie ihrer Tochter wahrscheinlich nicht zu dem Gefühl verholfen, verstanden und getröstet zu werden. Im Gegenteil – Becky mag sich gefragt haben: »Warum fühle ich mich denn eigentlich so elend, wenn das alles nicht so wichtig ist? Ich glaube, ich bin bloß ein großes Baby.«

Manche zu dieser Kategorie gehörenden Eltern scheinen schließlich die Gefühle ihrer Kinder deshalb zu leugnen oder zu ignorieren, weil sie Angst haben, Gefühlsäußerungen führten unvermeidlich dazu, daß man die Beherrschung verliert. Oft vergleichen solche Eltern negative Emotionen mit Begriffen wie Feuer, Sprengstoff oder Sturm. »Er neigt zu Kurzschlußhandlungen.« »Sie ist einfach explodiert.« »Dann ist er rausgestürmt.«

Es handelt sich um Eltern, die man als Kinder wenig dabei unterstützt hat, zu erproben, wie man seine Gefühle in den Griff bekommt. Nun, da sie erwachsen sind, führt das dazu, daß sie in einer melancholischen Stimmung gleich fürchten, in eine endlose Depression zu verfallen. Sind sie hingegen wütend, so fürchten sie, das rechte Maß zu verlieren und jemanden zu verletzen. Barbara beispielsweise fühlt sich schuldig, wenn sie in Gegenwart ihres Mannes und ihrer Kinder Gefühlsausbrüche hat. Sie glaubt, es sei »selbstsüchtig« und gefährlich, Wut auszudrücken, »so wie diese Mörderbienen«.

Und außerdem, erklärt sie, führe ihre Wut am Ende doch zu nichts: »Ich werde bloß unheimlich laut, und ... dann sind sie böse auf mich.«

Vor dem Hintergrund dieser wenig schmeichelhaften Einschätzung ihrer eigenen Wut bedient Barbara sich ihres Humors, um die Ausbrüche ihrer Tochter abzubiegen. »Wenn Nicole wütend wird, versuche ich einfach zu lächeln«, sagt sie. »Es kommt vor, daß Nicole sich total lächerlich benimmt, und das sage ich ihr dann auch. Ich sage einfach: ›Jetzt mach mal Pause‹ oder ›Schau doch nicht so bös'.‹« Ob Nicole die Situation für spaßig hält oder nicht, scheint Barbara im Grunde nicht zu interessieren; das wütende Kind bringt sie einfach zum Lachen. »Sie ist doch noch so klein und bekommt so ein furchtbar rotes Gesicht«, sagt Barbara. »Dann sieht sie wie ein kleines Püppchen aus und ich denke: ›Ist das nicht lustig?‹«

Barbara versucht außerdem alles in ihrer Macht Stehende, um Nicoles Aufmerksamkeit von negativen Gefühlen abzulenken. Sie erinnert sich an einen Tag, an dem Nicole wütend auf ihren Bruder und dessen Freunde war, weil diese sie nicht mitspielen ließen. »Da hab' ich sie auf meinen Schoß gesetzt und ein kleines Spiel mit ihr gespielt«, erklärt Barbara stolz. Sie habe auf Nicoles rote Wollstrumpfhosen gezeigt und gefragt: »Was ist denn mit deinen Beinen passiert? Die sind ja ganz rot und fusselig geworden!« In diesem Fall hat die Stichelei Nicole zum Kichern gebracht. Das Kind spürte wohl die warmherzige Zuwendung seiner Mutter, so daß es seine Wut vergaß und sich anderen Dingen zuwandte. Barbara ist der Meinung, sie habe den Vorfall erfolgreich abgewickelt: »Ich mache solche Sachen absichtlich, weil ich gelernt habe, daß das eine wirklich gute Methode ist, mit Nicole umzugehen«, erklärt sie. Entgangen ist ihr in diesem Fall jedoch die Gelegenheit, mit ihrer Tochter über Gefühle wie Eifersucht und Ausgeschlossensein zu sprechen, Empathie für Nicole zu zeigen und ihr zu helfen, ihre Gefühle zu benennen. Vielleicht hätte sie ihr sogar Hinweise geben können, wie der Konflikt mit ihrem Bruder zu lösen wäre. Statt dessen hat Nicole die Botschaft empfangen, daß ihre Wut nicht sehr wichtig ist: Am besten schluckt man so was runter und schaut woanders hin.

Mißbilligung:
Verhaltensbeispiele

Zur Mißbilligung neigende Eltern sind der soeben beschriebenen Kategorie in vieler Hinsicht verwandt, doch gibt es ein paar Unterschiede: Sie sind auffallend kritisch und zeigen wenig Empathie, wenn sie die emotionalen Erfahrungen ihrer Kinder beschreiben. Sie ignorieren, leugnen und bagatellisieren die negativen Emotionen ihrer Kinder nicht nur, sie lehnen sie sogar ab. Als Folge werden ihre Kinder oft ermahnt, ausgescholten oder bestraft, wenn sie Traurigkeit, Wut oder Angst zeigen.

Statt den Versuch zu unternehmen, die kindlichen Gefühle zu verstehen, neigen die Eltern dieser Kategorie dazu, sich auf das die Gefühle begleitende Verhalten zu konzentrieren. Stampft ein Kind wütend mit dem Fuß auf, so mag seine Mutter es wegen seines ungezogenen, schlimmen Benehmens züchtigen, ohne daß sie sich jemals Gedanken darüber macht, warum das Kind überhaupt so wütend geworden ist. Ein Vater wiederum schilt seinen Sohn wegen dessen dummer Angewohnheit, beim Schlafengehen zu weinen, ohne je auf den Zusammenhang zwischen den Tränen des Kindes und seiner Angst vor der Dunkelheit einzugehen.

Solche Eltern fällen gern Urteile über die emotionalen Erfahrungen ihrer Kinder, wobei sie mildernde Umstände einräumen, bevor sie sich entscheiden, ob eine bestimmte Situation Trost, Kritik oder in manchen Fällen auch Strafe erfordert. Joe erklärt dieses Verhalten so: »Wenn Timmy wirklich aus gutem Grund in einer schlechten Stimmung ist, also wenn er zum Beispiel seine Mama vermißt, weil sie abends ausgegangen ist, kann ich das schon verstehen. Ich hab' dann Mitgefühl und versuche, ihn aufzumuntern. Vielleicht umarme ich ihn oder so, werfe ihn in die Luft, versuche halt, ihn aus dieser Stimmung zu reißen.« Ist Timmy jedoch aus einem Grund durcheinander, der seinem Vater nicht behagt – »Sagen wir mal, ich habe ihm gesagt, er soll jetzt seinen Mittagsschlaf halten oder so« –, dann reagiert Joe schroff. »Da ist er bloß traurig, weil er ungezogen sein will; also achte ich nicht weiter auf ihn oder sag' ihm, er soll sich zusammennehmen.« Joe rechtfertigt diese Unterscheidung als eine Art Disziplin. »Timmy muß einfach lernen, so was nicht zu tun [aus dem falschen Grund traurig zu werden], deshalb erkläre ich ihm: ›Hör mal, es bringt dir nichts, so rumzuhängen.‹«

Viele Eltern dieser Kategorie betrachten die Tränen ihrer Kinder als eine Form der Manipulation, und das stört sie. So sagt eine Mutter: »Wenn meine Tochter weint und schmollt, will sie damit immer die Aufmerksamkeit auf sich ziehen.« Wenn man das Weinen oder die Wutanfälle von Kindern so interpretiert, arten emotional kritische Situationen in Machtkämpfe aus. Ausgangspunkt ist die folgende elterliche Einschätzung: »Mein Kind weint, weil es etwas von mir will, und wenn ich es ihm nicht gebe, dann habe ich mit weiterem Heulen, mehr Wutanfällen und mehr Schmollen zu rechnen.« Fühlen sich die Eltern aber derart in die Enge getrieben oder erpreßt, so reagieren sie mit Ärger und Bestrafung.

Wie viele zur Nichtbeachtung neigende Eltern fürchten auch die Eltern dieser Kategorie emotional geladene Situationen, weil sie Angst haben, die Kontrolle über ihre Gefühle aufzugeben. »Ich bin nicht gern wütend, weil ich das Gefühl habe, dann meine Selbstkontrolle zu verlieren«, meint Jean, die Mutter des fünfjährigen Cameron. Mit einem rebellischen Kind konfrontiert, fühlen solche Eltern sich auf Gefühle und Verhaltensweisen zutreiben, deren Wirkung auf ihre eigene Persönlichkeit sie mißtrauen. Unter diesen Umständen können sie sich gerechtfertigt fühlen, ihre Kinder zu bestrafen, weil diese sie »wütend gemacht« haben. So erklärt Jean: »Wenn Cameron zu schreien anfängt, sage ich bloß: ›Das will ich absolut nicht hören!‹ Und wenn er dann doch weitermacht, bekommt er eins auf den Hintern.«

Linda wiederum ist mit einem zu Wutausbrüchen neigenden Mann verheiratet und fürchtet, ihr vierjähriger Sohn Ross werde später »ganz wie sein Vater« werden. Da sie ihn um jeden Preis vor diesem Schicksal bewahren will, reagiert sie selbst gewalttätig. Wenn Ross sich aufregt, »tritt und brüllt er, deshalb schlage ich ihn, um ihn zu beruhigen«, erklärt sie. »Vielleicht ist das nicht richtig, aber ich will wirklich nicht, daß er ein schlechtes Naturell entwickelt.«

Ähnlich ist das Verhalten mancher Eltern, die ihre Kinder wegen deren Gefühlsäußerungen schelten oder bestrafen, weil sie sie »abhärten« wollen. Jungen, die Angst oder Traurigkeit zeigen, sind solcher Behandlung in besonderem Maße ausgesetzt, wenn ihre Väter glauben, das Leben sei kein Zuckerlecken, weshalb ihre Söhne lernen sollten, keine »Schwächlinge« oder »Heulsusen« zu sein.

In den extremsten Fällen wollen manche Eltern ihren Kindern offensichtlich unbedingt beibringen, überhaupt keine negativen Gefühle zu zeigen. »Katy ist also traurig«, bemerkt ein Vater sarkastisch über seine Tochter. »Was soll ich dann tun? Sie hinterm Ohr kitzeln? Ich glaube nicht, daß so etwas angebracht ist. Ich glaube, jeder muß mit seinen eigenen Problemen fertig werden.« Ist Richard, wie wir diesen Vater nennen wollen, mit seiner wütenden Tochter konfrontiert, so vergilt er Gleiches mit Gleichem: wird sie zornig, so wird er es auch. Wenn Katy »ausflippt«, reagiert Richard, indem er ihr »eins auf den Hintern gibt« oder ihr »eine Kopfnuß verabreicht«.

So eine grundsätzliche Mißbilligung und derart schroffe Reaktionen haben wir selbst unter dieser Kategorie von Eltern natürlich nur selten angetroffen. Üblicher war es, daß die Eltern sich nur unter bestimmten Umständen mißbilligend verhielten. Manche Eltern scheinen beispielsweise negative Emotionen zu tolerieren, solange ihr Auftreten auf einen für sie

akzeptablen Zeitraum begrenzt bleibt. Einer der von uns befragten Väter hat sich tatsächlich einen geistigen Wecker fa-
briziert. Er erklärt, er ertrage die Launen seines Sohnes so
lange, »bis dieser Wecker klingelt«. Dann »ist es Zeit, Jason
zur Räson zu bringen«, indem er ihm seine Strafe verkündet,
die im allgemeinen darin besteht, ihn allein in ein Zimmer zu
stecken.

Manche Eltern lehnen es ab, daß ihre Kinder Erfahrungen
mit negativen Emotionen – besonders mit Traurigkeit – machen, weil sie das als »Energieverschwendung« betrachten.
Ein Vater, der sich als »nüchterner Realist« beschreibt, mißbilligt die Traurigkeit seines Kindes, weil dieses dann nur
seine Zeit vergeude und »überhaupt nichts Konstruktives«
tue.

Wieder andere Eltern halten Traurigkeit für ein wertvolles
und kostbares Gut und meinen, wenn man sein Kontingent an
Tränen für belanglose Dinge vergeude, hätte man keine mehr
für den wichtigen Kummer im Leben. Ob solche Eltern die
Traurigkeit an der vergossenen Tränenmenge messen oder an
der weinend verbrachten Zeit, das Problem bleibt dasselbe:
Kinder, die etwas vergeuden. »Ich erkläre Charley, er soll sich
seine Trauer für wichtige Dinge wie einen toten Hund aufspa-
ren«, meint Greg. »Wenn man ein Spielzeug verliert oder eine
Seite in einem Buch zerreißt, braucht man doch keine Zeit damit zu verschwenden, darüber traurig zu sein. Aber der Tod
eines Haustiers – das ist doch wirklich was, weshalb man
trauern darf.«

Bestimmen solche Vorstellungen das Familienleben, so ist
leicht zu erklären, warum ein Kind bestraft wird, weil es seine
Traurigkeit für »belanglose Sachen« verschwendet. Wurden
die Eltern in ihrer eigenen Kindheit vernachlässigt, so betrachten sie die Traurigkeit ihrer Kinder mit noch größerer
Wahrscheinlichkeit als einen Luxus, den nur emotional privi-
legierte Menschen sich leisten können. Karen etwa wurde von
ihren Eltern verlassen und von einer Reihe von Verwandten
aufgezogen. Als Kind jedes emotionalen Trostes beraubt, zeigt

Karen nun eine geringe Toleranzschwelle für die »düsteren Stimmungen« ihrer Tochter.

Zwischen der Tendenz zur Nichtbeachtung und jener zur Mißbilligung besteht beträchtliche Übereinstimmung. So kann es sein, daß Eltern an einem Tag der einen Kategorie zugerechnet werden können, am nächsten Tag aber eher das Verhalten der anderen aufweisen.

Auch die Kinder beider Elterntypen weisen viele Gemeinsamkeiten auf. Unsere Studien haben ergeben, daß die Kinder beider Gruppen Probleme damit haben, ihrem eigenen Urteil zu vertrauen. Da sie immer wieder gehört haben, ihre Emotionen seien unangemessen oder wertlos, wachsen sie mit dem Gefühl auf, mit ihrem Innenleben sei grundlegend etwas nicht in Ordnung, eben weil sie diese Emotionen haben. Darunter leidet auch ihr Selbstwertgefühl. Sie haben größere Schwierigkeiten damit, ihre Gefühle in den Griff zu bekommen und ihre Probleme selbst zu lösen. Ihre Konzentrationsfähigkeit ist schlechter als die anderer Kinder; sie tun sich schwerer im Lernen und im Umgang mit Altersgenossen.

Darüber hinaus ist anzunehmen, daß Kinder, die wegen ihres Gefühlsausdrucks gescholten, isoliert, geschlagen oder sonstwie bestraft werden, die sie tief beeindruckende Botschaft empfangen, emotionale Nähe sei eine äußerst riskante Sache, da sie zu Erniedrigung, Verlassenheit, Schmerz und Züchtigung führen kann. Hätten wir einen Maßstab, um die emotionale Intelligenz zu messen, so würden diese Kinder leider ziemlich schlecht abschneiden.

Die bittere Ironie dieser Ergebnisse ist, daß Eltern, die die Emotionen ihrer Kinder ignorieren oder mißbilligen, dies normalerweise aus Sorge um ihr Wohlergehen tun. Bei dem Versuch, ihre Kinder vor emotionalem Schmerz zu schützen, vermeiden oder beenden sie Situationen, die zu Tränen oder Wutausbrüchen führen könnten. Um starke Männer heranzuziehen, strafen sie ihre Söhne, wenn diese Angst oder Kummer ausdrücken. Um warmherzige Frauen heranzuziehen, ermuntern sie ihre Töchter, ihre Wut hinunterzuschlucken und die andere Wange hinzuhalten. Doch am Ende erreichen all diese Strategien das Gegenteil. Denn wenn man Kindern keine Chance gibt, ihre Emotionen zu erfahren und erfolgreich mit ihnen umzugehen, wachsen sie auf, ohne auf die Anforderungen des Lebens vorbereitet zu sein.

Laisser-faire:
Verhaltensbeispiele

Anders als die zur Nichtbeachtung oder zur Mißbilligung kindlicher Gefühle neigenden Eltern akzeptierten manche unserer Probanden die Emotionen ihrer Kinder durchaus. Sie waren sogar darauf bedacht, alle geäußerten Gefühle bedingungslos hinzunehmen.

Ich bezeichne diesen Erziehungsstil als *Laisser-faire*. Die Eltern dieser Kategorie sind voller Empathie für ihre Kinder und vermitteln ihnen, daß all ihre Krisen aus der Sicht von Mutti und Vati schon in Ordnung sind.

Leider scheinen diese Eltern aber oft wenig befähigt oder auch unwillig, ihren Kindern Hinweise zu vermitteln, wie man mit unangenehmen Gefühlen umgehen kann. Sie meinen, in die kindliche Gefühlswelt nicht eingreifen zu dürfen und neigen dazu, Wut und Traurigkeit als ein Ventil zum Dampfablassen zu betrachten: Laß dein Kind nur seine Emotionen ausdrücken, dann ist deine elterliche Aufgabe schon erfüllt.

Die Eltern dieser Kategorie scheinen wenig Bewußtsein für die Möglichkeiten zu haben, anhand derer sie ihren Kindern helfen könnten, aus emotionalen Erfahrungen zu lernen. Sie bringen ihren Kindern nicht bei, wie man Probleme lösen kann; viele haben auch große Schwierigkeiten, dem kindlichen Verhalten Grenzen zu setzen. Man könnte diese Eltern auch als übertrieben nachgiebig bezeichnen, denn im Namen bedingungsloser Akzeptanz lassen sie ihren Kindern unangemessene und/oder unbeschränkte Gefühlsausbrüche durchgehen. So wird ein wütendes Kind aggressiv und verletzt andere durch seine Worte oder Handlungen; ein trauriges Kind weint untröstlich, ohne jegliches Bewußtsein, wie es sich beruhigen und trösten könnte. Während solche negativen Ausbrüche aus der Perspektive der Eltern akzeptabel sein mögen, können sie bei einem kleinen Kind, das wesentlich weniger Lebenserfahrung hat, Angst und die Vorstellung auslösen, in ein schwarzes Loch peinigender Gefühle zu geraten, ohne zu wissen, wie es dort wieder hinausgelangen kann.

Unsere Studien haben gezeigt, daß viele zum Laisser-faire neigende Eltern unsicher sind, was sie ihren Kindern über den Bereich der Gefühle vermitteln sollen. Manche erklären, sie hätten darüber wenig nachgedacht; andere äußern ein vages Gefühl, daß sie ihren Kinder »ein wenig mehr« beibringen wollten. In jedem Fall scheinen sie durchaus ratlos bezüglich dessen, was Eltern ihren Kindern über bedingungslose Liebe hinaus bieten könnten.

Louann zum Beispiel ist wirklich besorgt um ihren Sohn Toby, wenn ein anderes Kind gemein zu ihm ist. »Er ist dann ganz verstört, und das tut mir auch weh«, sagt sie. Doch wenn man sie fragt, wie sie auf die Situation reagiert, kann sie nur hinzufügen: »Ich versuche, ihm klarzumachen, daß ich ihn lieb habe, egal, was auch geschieht, und daß er unser ein und alles ist.« Nun ist es sicher gut, daß Toby solche Bestätigung erhält, doch dürfte sie ihm wenig dabei nützen, die Beziehung zu seinem Spielkameraden wieder in Ordnung zu bringen.

Wie im Falle der beiden ersten Kategorien kann auch der Erziehungsstil der zum Laisser-faire neigenden Gruppe aus den Erfahrungen der eigenen Kindheit herrühren. Sally etwa, deren Vater sie oft geschlagen hat, durfte als Kind nie ihre Wut und ihre Enttäuschung äußern. »Ich will meinen Kindern vermitteln, daß sie brüllen und schreien können, soviel sie wollen«, erklärt sie. »Sie sollen wissen, daß es in Ordnung ist, zu sagen: ›Man hat auf mir rumgetrampelt, und das gefällt mir nicht.‹«

Dennoch gesteht Sally ein, daß sie in ihrer Mutterrolle oft frustriert wird und daß ihre Geduld nachläßt. »Wenn Rachel was Falsches macht, würde ich ihr gern erklären: ›Das war aber keine sehr gute Idee; vielleicht sollten wir mal was anderes probieren.‹« Statt dessen stellt sie oft fest, daß sie Rachel »anschreit und anbrüllt« und sie manchmal sogar schlägt. »Ich hab' den Eindruck, daß ich einfach am Ende meiner Möglichkeiten bin, und dann ist das das einzige, was funktioniert«, klagt sie.

Amy, eine andere Mutter, erinnert sich daran, daß sie als Kind unter starker Melancholie gelitten hat. Heute vermutet sie, daß diese Erfahrung eine ausgewachsene Depression gewesen ist. »Ich glaube, das Ganze ist aus Furcht entstanden«, erklärt sie, »und vielleicht war es die Furcht davor, überhaupt Gefühle zu haben.« Abgesehen von diesen Überlegungen kann sich Amy nicht daran erinnern, daß jemals ein Erwachsener bereit gewesen war, mit ihr über ihre Gefühle zu reden. Statt dessen hat sie nur die Aufforderung vernommen, ihre Stimmung zu ändern. »Man hat mir immer gesagt, ich soll doch fröhlich sein, und das hab' ich einfach gehaßt.« Als Folge hat sie gelernt, ihre Traurigkeit zu verbergen und sich zurückzuziehen. Später hat sie sich zu einer begeisterten Läuferin entwickelt und sich mit ihrem einsamen Training über ihre Depressionen hinweggeholfen.

Jetzt, da Amy selbst zwei Kinder hat, ist sie sich bewußt, daß einer ihrer Söhne dieselbe immer wiederkehrende Traurigkeit erfährt. Sie ist voller Empathie: »Alex beschreibt es als ein komisches Gefühl, und genauso hab' ich mich als Kind auch gefühlt.« Entschlossen, Alex nicht zur Fröhlichkeit aufzufordern, wenn er sich schlecht fühlt, erklärt sie ihm: »Ich weiß, wie du dich fühlst, denn mir ist es auch so gegangen.«

Trotzdem fällt es Amy schwer, bei Alex zu bleiben, wenn er verzweifelt ist. Nach ihrer Reaktion auf seine Traurigkeit gefragt, sagt sie: »Ich gehe laufen.« Damit entzieht sie sich und setzt ihren Sohn derselben mißlichen Lage aus, in der sie sich selbst als Kind befunden hat. Alex ist seiner Furcht und Angst ausgeliefert; seine Mutter ist nicht da, um ihm emotionale Unterstützung anzubieten.

Hier ist erkennbar, warum das Verhalten solch verständnisvoller Eltern keine positive Wirkung hat, da sie ihrem Kind keine Hilfestellung geben. Weil ihnen diese nicht zuteil wird, lernen die Kinder nicht, ihre Emotionen in den Griff zu bekommen. So fehlt ihnen oft die Fähigkeit, sich zu beruhigen, wenn sie wütend, traurig oder verstört sind; dies wiederum erschwert es ihnen, sich zu konzentrieren und neue Fertigkeiten zu erlernen. Als Folge dessen zeigen diese Kinder weniger gute schulische Leistungen. Sie haben es auch schwerer, kommunikative Signale aufzufangen, was dazu führen kann, daß sie Probleme haben, Freundschaften zu knüpfen und aufrechtzuerhalten.

Wieder ist die Ironie der Situation offensichtlich. Mit ihrer alles akzeptierenden Haltung wollen die zum Laisser-faire neigenden Eltern ihren Kindern jede Gelegenheit zum Glücklichsein vermitteln. Doch weil sie ihre Kinder nicht anleiten, wie man mit schwierigen Emotionen umgehen kann, geraten diese in eine ähnliche Lage wie die Kinder von zur Mißbilligung oder Nichtbeachtung neigenden Eltern: Es mangelt ihnen an emotionaler Intelligenz, derer sie in ihrem zukünftigen Leben bedürfen.

Emotionstraining:
Verhaltensbeispiele

In mancher Weise unterscheiden sich Eltern, die sich im Sinne des Emotionstrainings verhalten, nicht allzusehr von der vorhergehenden Kategorie. Beide Gruppen scheinen die Gefühle ihrer Kinder bedingungslos zu akzeptieren; in beiden Fällen wird nicht versucht, die kindlichen Gefühle zu ignorieren oder zu leugnen. Und beiden kommt es nicht in den Sinn, ihre Kinder wegen ihrer Gefühlsäußerungen herabzusetzen oder lächerlich zu machen.

Der entscheidende Unterschied zwischen den beiden Gruppen ist jedoch, daß die Emotionstrainer ihre Kinder auf der Reise in die Welt der Emotionen bei der Hand nehmen. Sie gehen über das bloße Akzeptieren der kindlichen Gefühle hinaus, indem sie unangebrachtem Benehmen Grenzen setzen und ihren Kindern vermitteln, wie sie ihre Gefühle regulieren, geeignete Ventile entdecken und Probleme lösen können.

Unsere Untersuchungen haben erwiesen, daß die Eltern dieser Kategorie ein stark entwickeltes Bewußtsein besitzen, was ihre eigenen Gefühle und die ihrer Angehörigen angeht. Darüber hinaus erkennen sie, daß alle Emotionen und damit auch jene, die wir gemeinhin als negativ bezeichnen, eine nützliche Funktion im Leben haben können. So berichtet eine Mutter, die Wut auf bürokratischen Stumpfsinn motiviere sie, Beschwerdebriefe zu verfassen; ein Vater erklärt, daß ihr Zorn seiner Frau den kreativen Anstoß gebe, im Haushalt etwas zu verändern.

Selbst melancholische Stimmungen werden in einem positiven Licht gesehen. »Wenn ich merke, daß ich traurig bin, dann heißt das, daß ich kürzertreten und darüber nachdenken muß, was in meinem Leben vor sich geht und was darin fehlt«, meint Dan. Dieses Konzept überträgt Dan auch auf die Beziehung zu seiner Tochter. Statt Jennifers Gefühle zu mißbilligen oder zu versuchen, sie rasch wieder zu beschwichtigen, betrachtet er ihre Traurigkeit als Gelegenheit, ihr nahe zu sein. »Das sind Zeiten, in denen ich sie einfach umarmen kann, in denen ich mit ihr rede und sie mir sagt, was sie auf dem Herzen hat.« Sobald Vater und Tochter auf derselben Wellenlänge sind, ergibt sich für Jennifer auch eine Gelegenheit, mehr über die Welt der Gefühle und über das Beziehungsgeflecht zu erfahren, in dem sie sich befindet. »In neunzig Prozent der Fälle weiß sie eigentlich nicht richtig, woher ihre Gefühle kommen«, sagt Dan. »Deshalb helfe ich ihr, ihre Gefühle zu identifizieren ... Und dann reden wir darüber, was sie beim nächsten Mal tun könnte und wie man mit der einen oder anderen Situation umgeht.«

Viele Eltern dieser Kategorie sehen ihr positives Verhältnis zum emotionalen Leben ihrer Kinder als Hinweis darauf, daß Eltern und Kind dieselben Werte teilen. So erzählt eine Mutter, wie sie sich freute, als ihrer fünfjährigen Tochter bei einer traurigen Fernsehsendung Tränen in die Augen traten. »Ich war so froh, weil ich das Gefühl bekam, daß sie ein gutes Herz hat, daß sie nicht nur an sich selbst denkt, sondern auch Verständnis für andere Menschen hat.«

Eine andere Mutter berichtet, wie stolz – aber auch überrascht – sie war, als ihre vierjährige Tochter ihr eines Tages nach einer barschen Zurechtweisung im gleichen Ton entgegnete: »Ich mag nicht, wie du mit mir sprichst, Mami. Es tut mir weh, wenn du so einen Ton hast.« Sobald die Mutter sich von ihrer Überraschung erholt hatte, bewunderte sie das Selbstbewußtsein ihrer Tochter und war froh, daß das kleine Mädchen seinen Zorn benutzen konnte, um sich Respekt zu verschaffen.

Vielleicht haben solche Eltern mehr Geduld mit ihren wütenden, traurigen oder ängstlichen Kindern, weil sie in den negativen kindlichen Emotionen einen Wert sehen. Sie scheinen bereit zu sein, einem weinenden oder gereizten Kind Zeit zu widmen, sich seine Sorgen anzuhören, Mitgefühl zu zeigen, es seinen Zorn ausdrücken oder es sich einfach »ausheulen« zu lassen.

Wenn sie ihrem aufgelösten Sohn Ben zugehört hat, versucht Margaret oft, ihm ihr Mitgefühl zu zeigen, indem sie ihm von ihrer eigenen Kindheit erzählt: »Er mag diese Geschichten, weil sie ihn lehren, daß es in Ordnung ist, seinen Gefühlen Raum zu lassen.«

Jack wiederum erklärt, er bemühe sich bewußt, sich auf die Perspektive seines Sohnes Tyler einzulassen, besonders wenn dieser wegen einer Auseinandersetzung mit ihm selbst durcheinander ist.«Höre ich wirklich zu, wenn Tyler seinen Standpunkt erklärt, fühlt er sich gleich viel besser, denn dann können wir die Sache auf eine für ihn akzeptable Weise bereinigen. Wir können unsere Meinungsverschiedenheit wie zwei Menschen angehen und nicht wie Herr und Hund.«

Als Emotionstrainer fungierende Eltern bestärken ihre Kinder darin, ehrlich ihre Gefühle zu zeigen.»Ich will meinen Kindern beibringen, daß ihr Zorn sie nicht zu schlechten Menschen macht und daß sie die Person, auf die sie wütend sind, nicht unbedingt hassen«, meint Sandy, Mutter von vier Töchtern.»Und ich will ihnen zeigen, daß aus den Dingen, die sie wütend machen, auch Gutes entstehen kann.«

Gleichzeitig setzt Sandy dem Verhalten ihrer Töchter Grenzen und versucht, ihnen beizubringen, wie sie ihre Wut auf eine nicht destruktive Weise ausdrücken können. Sie wünscht sich, daß ihre Töchter sich ihr Leben lang gute Freundinnen sein können, doch weiß sie, daß das nur möglich ist, wenn sie liebevoll miteinander umgehen und ihre Beziehung positiv entwickeln.»Ich erkläre ihnen, daß es schon in Ordnung ist, auf seine Schwester wütend zu sein, daß das aber nicht heißt, Gemeinheiten seien erlaubt«, berichtet Sandy.»»Eure Familienmitglieder‹, sage ich ihnen, ›sind die Leute, an die ihr euch wenden könnt, was immer auch geschieht. Deshalb müßt ihr immer ein gutes Verhältnis zueinander bewahren.‹«

Eine solche Einstellung ist typisch für die Eltern dieser Kategorie, die alle Gefühle akzeptieren können, aber nicht jedes Verhalten. Wenn ihre Kinder also in Verhaltensweisen verfallen, die für sie selbst, für andere oder für ihre Beziehung zu anderen schädlich sein könnten, beenden diese Eltern das entsprechende Benehmen rasch und weisen ihre Kinder auf eine weniger schädliche Handlungsweise oder Ausdrucksform hin. Sie bemühen sich nicht um jeden Preis, ihre Kinder von emotional geladenen Situationen abzuschirmen; sie wissen, daß Kinder solcher Erfahrungen bedürfen, um zu lernen, wie man seine Gefühle regulieren kann.

Margaret etwa hat versucht, verschiedene Optionen für

ihren vierjährigen Sohn Ben zu entwickeln, der schon als Säugling ein sehr unstetes Temperament gezeigt hat. Wenn man ihn mit seiner Wut allein läßt, erklärt Margaret, »knirscht er oft mit den Zähnen, brüllt, schmeißt Sachen herum, ärgert seinen kleinen Bruder oder macht Spielsachen kaputt«. Statt zu versuchen, Bens Wutausbrüche abzustellen, was Margaret ohnehin für fruchtlos hält, will sie ihm geeignetere Möglichkeiten vermitteln, seine Gefühle auszudrücken. Wenn sie bemerkt, daß sich Spannung in ihm aufbaut, bringt sie ihn auf Aktivitäten, die eine gewisse physische Erleichterung ermöglichen. So schickt sie ihn nach draußen, um ordentlich herumzurennen, oder in den Keller, wo ein Schlagzeug auf ihn wartet, das sie eigens zu diesem Zweck gekauft hat. Obwohl Margaret sich wegen Bens Disposition Sorgen macht, bemerkt sie auch eine gute Seite seiner trotzigen, hartnäckigen Persönlichkeit. »Er gibt nicht so einfach auf. Wenn er beim Malen ist und ihm das Ergebnis nicht gefällt, macht er einfach weiter, selbst wenn er fünf oder sechs Blätter verbrauchen muß. Wenn er es dann aber geschafft hat, ist sein ganzer Frust einfach weg.«

Obgleich es oft nicht einfach für Eltern ist, aus der Distanz zu beobachten, wie sich ihre Kinder mit Problemen abmühen, fühlen sich die Emotionstrainer nicht verpflichtet, alles zu bereinigen, was im Leben ihrer Kinder nicht nach deren Wunsch verläuft. Sandy beispielsweise erzählt, ihre vier Töchter maulten oft, wenn sie hören müßten, sie könnten nicht alle neues Spielzeug und neue Kleider bekommen. Statt zu versuchen, ihre Kinder zu besänftigen, hört Sandy sich ihre Klagen einfach an und erklärt ihnen, es sei vollkommen normal, ab und zu nicht ganz zufrieden zu sein. »Wenn sie jetzt lernen«, meint sie, »mit kleinen Enttäuschungen umzugehen, dann werden sie wohl auch mit den größeren Enttäuschungen fertig werden, die später auf sie zukommen.«

Auch Maria und Dan wünschen sich, daß ihre Geduld sich später auszahlen wird. »Ich hoffe, daß Jennifer sich in zehn Jahren genug mit solchen Gefühlen beschäftigt hat, um zu wissen, wie sie reagieren muß«, sagt Maria. »Sie wird hoffentlich genug Selbstbewußtsein besitzen, um zu wissen, daß ihre Gefühle richtig sind und wie sie mit ihnen umgehen kann.«

Weil solche Eltern die Bedeutung und den Sinn der in ihrem Leben auftretenden Emotionen schätzen, haben sie keine Angst, vor ihren Kindern Gefühle zu zeigen. Sie können in ihrer Gegenwart weinen, wenn sie traurig sind; sie können die Geduld verlieren und ihren Kindern sagen, warum sie wütend sind. Und weil diese Eltern über Emotionen Bescheid wissen und sich zutrauen, ihre Wut, ihre Traurigkeit und ihre Angst konstruktiv auszudrücken, können sie damit meistens als Vorbild für ihre Kinder dienen. Die elterlichen Gefühlsäußerungen vermitteln dem Kind sogar wichtige Informationen, wie man mit Emotionen umgehen kann. Sieht ein Kind beispielsweise, daß seine Eltern erhitzt debattieren, um ihre Meinungsverschiedenheit anschließend freundschaftlich aus dem Weg zu räumen, so hat es eine wertvolle Lektion über Konfliktlösung und die bleibende Kraft liebevoller Beziehungen gelernt. In gleicher Weise erfährt ein Kind, das die Trauer seiner Eltern nach einer Scheidung oder dem Tod der Großmutter erlebt, sehr viel darüber, wie man mit Kummer und Verzweiflung umgehen kann. Das trifft besonders dann zu, wenn ein Umfeld hilfreicher, liebevoller Erwachsener besteht, die in Zeiten der Trauer Trost und Unterstützung spenden. Dann lernt das Kind, daß gemeinsam erlebte Traurigkeit zu mehr Vertrautheit und Verbundenheit führen kann.

Wenn die Emotionstrainer unter den Eltern ihre Kinder mit Worten oder Handlungen verletzen, was natürlich in allen Familien ab und zu vorkommt, haben sie keine Angst davor, sich dafür zu entschuldigen. In einer angespannten Situation reagieren die Eltern vielleicht gedankenlos und reden ihr Kind mit einem unfreundlichen Ausdruck an oder erheben drohend die Stimme. Bedauern sie solche Verhaltensweisen anschließend, können sie ihren Kindern erklären, es tue ihnen leid, und dann Möglichkeiten erforschen, wie sie aus dem Vorgefallenen lernen können. So kann auch ein solcher Vorfall eine Gelegenheit zu größerer Nähe bringen, besonders wenn Vater oder Mutter bereit sind, ihrem Kind zu erzählen, wie sie sich in dieser Situation gefühlt haben und wie sie in Zukunft besser damit umgehen könnten. Hier geht es darum, dem Kind Möglichkeiten aufzuzeigen, wie man mit unangenehmen Gefühlen wie Schuld, Bedauern oder Traurigkeit umgehen kann.

Besonders gut funktioniert ein emotionales Training, wenn man es mit positiven Formen der Disziplin verbindet, die darauf abzielen, Kinder mit klar definierten Konsequenzen für ihr Fehlverhalten zu konfrontieren. Überhaupt stellen viele Eltern fest, daß die Verhaltensprobleme weniger werden, wenn die Familie sich an den Erziehungsstil des Emotionstrainings gewöhnt hat. Dafür gibt es verschiedene Gründe.

Zum einen reagieren die Eltern dieser Kategorie beständig auf ihre Kinder, auch wenn deren Gefühle noch nicht stark ausgeprägt sind. Anders gesagt, müssen die Emotionen nicht eskalieren, bevor das Kind die Aufmerksamkeit erhält, derer es bedarf. Mit der Zeit entwickeln die Kinder ein deutliches Gespür dafür, daß ihre Eltern sie verstehen, Empathie für sie empfinden und wirklich daran interessiert sind, was in ihrem Leben geschieht. Sie müssen sich nicht aufspielen, um die Aufmerksamkeit ihrer Eltern zu provozieren.

Werden Kinder von Anfang an im Sinne des Emotionstrainings erzogen, so eignen sie sich zweitens gut die Kunst der Selbsttröstung an und können auch unter Streß ruhig bleiben. Schon deshalb sinkt die Wahrscheinlichkeit von auffällig destruktivem Verhalten.

Drittens mißbilligen die elterlichen Emotionstrainer die Gefühle ihrer Kinder nicht, weshalb es grundsätzlich weniger Konfliktpunkte gibt. Anders gesagt, werden Kinder nicht allein deshalb ausgescholten, weil sie aus Enttäuschung weinen oder ihre Wut äußern. Dennoch setzen ihre Eltern Grenzen und vermitteln ihnen klare und konsequente Anhaltspunkte, welches Verhalten angemessen ist und welches nicht. Kennen

Kinder die Regeln und sind sie sich der Konsequenzen klar, wenn sie diese brechen, neigen sie weniger zu schlechtem Benehmen.

Und schließlich stärkt ein solcher Erziehungsstil die emotionale Bindung zwischen Eltern und Kindern, weshalb die Kinder den Wünschen ihrer Eltern offener gegenüberstehen. Sie sehen Mutter und Vater als ihre Vertrauten und Verbündeten; und solche Menschen will man erfreuen, statt sie zu enttäuschen.

Eine Mutter hat uns berichtet, wie dieses Phänomen sich bei ihrer achtjährigen Tochter Laura auswirkte, als diese gelogen hatte. Suzanne hatte unter Lauras Schulsachen einen Zettel mit gehässigen Bemerkungen über ein anderes Kind gefunden. Obwohl er nicht unterschrieben war, handelte es sich ganz offensichtlich um Lauras Handschrift. Als Suzanne ihre Tochter zur Rede stellte, sperrte sich diese und stritt ab, den Zettel geschrieben zu haben. Es war klar, daß sie log. Der Vorfall belastete Suzanne tagelang, da sie spürte, wie ihre Vorstellung einer unschuldigen Tochter und ihr Vertrauen in sie verschwanden. Schließlich wurde ihr klar, daß sie noch einmal mit Laura reden, ihr diesmal aber ihre eigenen Gefühle bezüglich der Situation vermitteln mußte.

»Ich weiß, daß du wegen des Zettels gelogen hast«, sagte Suzanne klar und mit fester Stimme, »und deshalb bin ich sehr enttäuscht und traurig. Ich glaube, du bist ein ehrlicher Mensch, aber jetzt weiß ich, daß du lügst. Jetzt will ich dir folgendes sagen: Wenn du bereit bist, mir die Wahrheit zu erzählen, will ich dich gern anhören und dir verzeihen.«

Zwei Minuten herrscht Schweigen, dann traten Tränen in Lauras Augen. »Ich hab' wegen des Zettels gelogen, Mama«, schluchzte sie. Als das heraus war, umarmte Suzanne sie, worauf die beiden ein langes Gespräch über den Inhalt des Zettels führten, über das Mädchen, an das er gerichtet war, und über Möglichkeiten, wie Laura mit diesem Mädchen wieder zurechtkommen konnte. Dabei erklärte Suzanne ihrer Tochter noch einmal, wie wichtig Ehrlichkeit in ihrer gegenseitigen Beziehung für sie ist. Soweit Suzanne weiß, hat Laura sie seither nicht mehr angelogen.

Wenn Kinder sich ihren Eltern emotional verbunden fühlen und die Eltern mit Hilfe dieser Beziehung ihre Kinder dabei anleiten, ihre Gefühle in den Griff zu bekommen und Probleme zu lösen, geschieht viel Gutes. Wie bereits ausgeführt, zeigen unsere Studien, daß emotional trainierte Kinder bezüglich ihrer schulischen Leistungen, ihrer Gesundheit und ihrer Beziehung zu Altersgenossen ungewöhnlich gut abschneiden. Sie haben weniger Verhaltensprobleme und sind besser in der Lage, sich von verstörenden Erfahrungen zu erholen. Mit ihrer emotionalen Intelligenz sind sie für die Gefahren und Herausforderungen gewappnet, die vor ihnen liegen.

DRITTES KAPITEL

Die fünf Schritte des
Emotionstrainings

Ich erinnere mich gut an den Tag, an dem ich entdeckte, wie sich ein emotionales Training bei Moriah, meiner eigenen Tochter, auswirkte. Sie war damals zwei Jahre alt; wir saßen im Flugzeug, auf der Rückkehr von einem Besuch bei Verwandten. Gelangweilt, müde und schlecht gelaunt, verlangte Moriah nach Zebra, ihrem liebsten Stofftier und Knuddelobjekt. Leider hatten wir das abgegriffene Tierchen unbedachterweise in einen längst eingecheckten Koffer gesteckt.

»Es tut mir leid, Schatz, aber wir können Zebra jetzt nicht holen. Es ist in dem großen Koffer irgendwo anders im Flugzeug«, erklärte ich.

»Ich will Zebra«, jammerte Moriah herzzerreißend.

»Ich weiß, Schatz. Aber Zebra ist nicht hier. Es ist im Gepäckraum im Bauch des Flugzeugs, und Papa kann es nicht holen, bevor wir aussteigen. Es tut mir leid.«

»Ich will Zebra! Ich will Zebra!« schluchzte sie von neuem. Dann begann sie zu weinen und verrenkte sich in ihrem Kindersitz, um vergeblich nach einer auf dem Boden stehenden Tasche zu grapschen, aus der ich zuvor Süßigkeiten geholt hatte.

»Ich weiß, daß du Zebra willst«, sagte ich, während mein Blutdruck merklich im Steigen begriffen war. »Es ist aber nicht in der Tasche da. Es ist einfach nicht hier, und das kann ich nicht ändern. Weißt du was, wir lesen das Buch über Ernie«, meinte ich und suchte nach einem ihrer liebsten Bilderbücher.

»Nein, nicht Ernie«, heulte Moriah wütend auf. »Ich will Zebra. Hol es *jetzt*!«

Inzwischen gaben mir die Blicke der anderen Passagiere,

der Flugbegleiterinnen und meiner auf der anderen Seite des Ganges sitzenden Frau deutlich zu verstehen, daß ich etwas unternehmen mußte. Moriahs Gesicht war puterrot vor Wut, und ich konnte mir gut vorstellen, wie frustriert sie sich fühlen mußte. War ich nicht das wundersame Wesen, das auf Bestellung ein Marmeladenbrot herbeizaubern konnte? Das durch einen Druck auf die Fernbedienung riesige lila Dinosaurier zum Erscheinen brachte? Warum wollte ich ihr also ihr Lieblingsspielzeug vorenthalten? Verstand ich denn nicht, wie dringend sie es brauchte?

Ich fühlte mich elend. Und dann dämmerte mir, daß ich zwar Zebra nicht besorgen, Moriah aber den nächstbesten Ersatz anbieten konnte: den Trost ihres Vaters.

»Du möchtest Zebra jetzt gleich haben«, sagte ich.

»Ja«, erwiderte sie traurig.

»Und du bist zornig, weil wir es dir nicht holen können.«

»Ja.«

»Du möchtest Zebra wirklich jetzt *sofort* haben«, wiederholte ich. Moriah sah mich neugierig, ja beinahe überrascht an.

»Ja«, murmelte sie. »Ich will es jetzt.«

»Du bist müde, und wenn du an Zebra schnuppern und mit ihm kuscheln könntest, wäre das wirklich schön für dich. Ich fände es auch toll, wenn Zebra hier wäre und du mit ihm spielen könntest. Noch schöner wär's vielleicht, wenn wir einfach aufstehen und ein großes weiches Bett mit all deinen Tieren und Kissen suchen könnten, um uns da draufzulegen.«

»Ja«, meinte sie.

»Wir können Zebra jetzt nicht holen, weil es woanders im Flugzeug ist«, fuhr ich fort. »Deshalb bist du enttäuscht.«

»Ja«, sagte sie seufzend.

»Das tut mir wirklich leid«, schloß ich und sah, wie sich Moriahs Gesicht entspannte. Sie legte den Kopf an die Lehne ihres Kindersitzes, um sich noch ein paarmal leise zu beklagen. Doch sie wurde sichtlich ruhiger. Innerhalb weniger Minuten war sie eingeschlafen.

Obwohl Moriah erst zwei Jahre alt war, wußte sie genau, was sie wollte – ihr Zebra. Sobald sie merkte, daß ich das Tierchen nicht besorgen konnte, interessierte sie sich weder für meine Entschuldigungen noch für meine Erklärungs- und Ablenkungsversuche. Mein Verständnis hingegen war eine ganz andere Sache. Sobald sie feststellte, daß ich ihre Gefühle nachvollziehen konnte, schien sie sich besser zu fühlen. Für mich war es ein eindrucksvoller Beweis für die Kraft der Empathie.

Empathie:
Die Basis des Emotionstrainings

Stellen Sie sich einen Augenblick vor, wie es wäre, in einem Elternhaus ohne Empathie aufzuwachsen. Denken Sie es sich als einen Ort, an dem Ihre Eltern von Ihnen erwarten, immer fröhlich, glücklich und ruhig zu sein. Es ist ein Heim, in dem Traurigkeit oder Zorn als Zeichen des Versagens angesehen werden oder als Vorboten einer möglichen Katastrophe. Ihre Eltern werden sofort nervös, wenn sie an Ihnen eine Ihrer »düsteren Stimmungen« feststellen. Sie erklären Ihnen, sie hätten es lieber, wenn Sie zufrieden und optimistisch seien, die »gute Seite« aller Dinge betonten, sich nie beklagten und nie über irgend etwas oder irgend jemand Böses sagten. Sie aber sind noch ein Kind und nehmen an, daß Ihre Eltern recht haben. Eine schlechte Stimmung ist ein Zeichen für ein schlimmes Kind. Also tun Sie Ihr Bestes, um den elterlichen Erwartungen nachzukommen.

Leider passieren jedoch ständig Dinge in Ihrem Leben, die es Ihnen fast unmöglich machen, die fröhliche Fassade aufrechtzuerhalten. Ihre kleine Schwester krabbelt in Ihr Zimmer und verwüstet Ihre Sammlung mit Comic-Heften. In der Schule haben Sie Probleme, weil etwas vorgefallen ist, wofür Sie gar nichts können, aber Ihr bester Freund oder Ihre beste Freundin schieben alles auf Sie. Jedes Jahr nehmen Sie an einem schulischen Wettbewerb teil, und jedes Jahr geht ausgerechnet Ihr Projekt total daneben. Und dann kommt dieser furchtbare Sommerurlaub, den Mutti und Vati monatelang angekündigt haben. Er entpuppt sich als eine einzige, endlose Autofahrt, bei der Mutti über die »phantastische« Landschaft schwärmt, während Vati unablässig über »faszinierende« historische Sehenswürdigkeiten doziert.

Nun sollen all diese Dinge Sie nicht weiter belasten. Wenn Sie Ihre kleine Schwester als dumme Kuh bezeichnen, mahnt Ihre Mutter: »Das meinst du doch wohl nicht ernst!« Sie reden über den Vorfall in der Schule, und Ihr Vater kommentiert: »Irgendwas mußt du ja gemacht haben, wenn dein Lehrer sich so aufregt.« Der mißlungene Wettbewerb? »Denk einfach nicht mehr dran. Nächstes Jahr wird's bestimmt besser klappen.« Und die Urlaubsreise? Die sollte man lieber gar nicht erwähnen: »Wo dein Papa und ich doch so viel Geld ausgegeben haben, damit ihr Kinder mal was seht …«

Nach einer Weile lernen Sie also, den Mund zu halten. Wenn Sie Kummer aus der Schule mit nach Hause bringen, gehen Sie einfach in Ihr Zimmer und machen ein fröhliches Gesicht. Bringt ja nicht viel, Mutti und Vati zu belästigen. Die hassen Probleme.

Beim Abendessen fragt Ihr Vater: »Wie war's heute in der Schule?«

»Schön«, erwidern Sie mit halbherzigem Lächeln.

»Prima«, meint er. »Gib mir mal die Butter.«

Und was lernen Sie, wenn Sie in einer solchen Scheinwelt aufwachsen? Nun, zuerst bekommen Sie mit, daß Sie überhaupt nicht wie Ihre Eltern sind, denn die scheinen all Ihre schlimmen und gefährlichen Gefühle nicht zu teilen. Sie lernen, daß Sie gerade wegen dieser Gefühle ein Problem darstellen. Ihre Traurigkeit ist wie eine Fliege in der Suppe. Ihr Zorn ist peinlich für die ganze Familie. Ihre Ängste sind ein Hindernis für das familiäre Wohlergehen. Denn die familiäre Welt wäre wahrscheinlich vollkommen, wenn es Sie und Ihre Emotionen nicht gäbe.

Mit der Zeit lernen Sie, daß es nicht sehr sinnvoll ist, mit Ihren Eltern über Ihr wahres Innenleben zu reden. Das macht Sie zwar einsam. Doch Sie lernen auch, daß alle sehr gut miteinander auskommen, solange Sie Fröhlichkeit vortäuschen.

So etwas kann natürlich verwirrend sein, besonders wenn Sie älter werden und zunehmend mehr Beweise dafür entdekken, daß das Leben manchmal wirklich kein Zuckerschlecken ist. Zum Geburtstag bekommen Sie genau das Spielzeug nicht, das Sie sich so sehr gewünscht haben. Ihre beste Freundin findet eine neue beste Freundin, und Sie stehen plötzlich allein auf dem Pausenhof. Sie bekommen Zahnspangen. Ihre Lieblingsoma stirbt.

Trotzdem wird von Ihnen erwartet, all diese unangenehmen Gefühle einfach nicht zu verspüren, weshalb Sie das Versteckspiel zur wahren Meisterschaft entwickeln. Noch besser ist es freilich, wenn Sie das Möglichste tun, um überhaupt nichts zu fühlen. Sie lernen, Situationen zu vermeiden, die zu Konflikten, Wut und Schmerz führen können. Anders gesagt, Sie gehen intimen menschlichen Beziehungen aus dem Weg.

Die eigenen Emotionen zu leugnen ist nicht immer einfach, aber durchaus möglich. So lernen Sie, sich abzulenken und zu zerstreuen. Manchmal hilft Essen über unangenehme Gefühle hinweg. Auch Fernsehen und Videospiele sind hervorragend geeignet, um Sie von Ihren Problemen abzulenken. Außerdem brauchen Sie bloß noch ein paar Jahre zu warten, dann sind Sie alt genug, um an ein paar wirklich wirksame Ablenkungen heranzukommen. In der Zwischenzeit tun Sie Ihr Möglichstes, um den Schein zu wahren, Ihre Familie bei Laune zu halten und darauf zu achten, daß alles unter Kontrolle bleibt.

Und wenn die Situation ganz anders wäre? Wenn Sie in einem Elternhaus aufwachsen, in dem das wichtigste familiäre Ziel nicht Fröhlichkeit, sondern empathisches Verstehen ist? Stellen Sie sich einmal vor, Ihre Eltern fragten: »Wie geht's dir heute?«, weil sie wirklich die Wahrheit hören wollen. Dann würden Sie sich vielleicht nicht gezwungen fühlen, jedes Mal eine positiv klingende Antwort zu geben, denn Sie wüßten, daß Ihre Eltern damit umgehen könnten, wenn Sie erwiderten: »Heute hab' ich einen schlimmen Tag gehabt.« Denn diese Antwort würde nicht dazu führen, daß Ihre Eltern vorschnelle Schlüsse ziehen oder annehmen würden, jedes Problem sei eine Katastrophe, die sie in Ordnung bringen müßten. Sie würden einfach zuhören, was Sie noch dazu zu sagen hätten und ihr Bestes tun, Sie zu verstehen und Ihnen zu helfen.

Wenn Sie zum Beispiel erzählen, Sie hätten mit Ihrem besten Schulfreund gestritten, erkundigt sich Ihre Mutter vielleicht, wie es dazu gekommen sei, wie Sie sich dabei gefühlt haben und ob sie Ihnen helfen solle, eine Lösung zu finden. Ist ein Mißverständnis zwischen Ihnen und Ihrem Lehrer entstanden, beziehen Ihre Eltern nicht automatisch den Standpunkt des Lehrers; sie hören genau zu, wenn Sie den Vorfall schildern, und glauben Ihnen, weil sie darauf vertrauen, daß Sie die Wahrheit sagen. Ist Ihr Wettbewerbsprojekt gescheitert, so erzählt Ihr Vater, daß er als Junge einmal dieselbe Erfahrung gemacht hat: Er weiß, wie er sich gefühlt hat, als er nervös vor der Klasse stand, während das verdammte Ding sich einfach nicht bewegte. Und wenn Ihre Schwester Ihre Comic-Hefte ruiniert hat, umarmt Ihre Mutter Sie und sagt: »Ich weiß schon, warum du so zornig bist. Die Hefte waren sehr wichtig für dich. Schließlich hast du sie jahrelang gesammelt.«

Wahrscheinlich würden Sie sich dann nicht so einsam fühlen. Sie würden spüren, daß Ihre Eltern für Sie da sind, was auch geschehen mag. Sie wüßten, daß Sie sich an sie um Hilfe wenden könnten, weil sie verstehen, was in Ihrem Inneren geschieht.

In ihrer einfachsten Gestalt ist Empathie die Fähigkeit, zu fühlen, was ein anderer Mensch fühlt. Sind wir empathische Eltern, so können wir uns in die Lage unserer weinenden Kinder hineinversetzen und ihren Schmerz nachempfinden. Wenn wir sehen, wie unsere Kinder vor Wut mit dem Fuß aufstampfen, können wir ihre Enttäuschung und ihren Zorn spüren.

Wenn wir es schaffen, unseren Kindern dieses intime emotionale Verständnis zu vermitteln, so bestätigen wir ihre Erfahrung und unterstützen einen Lernprozeß, an dessen Ende sie sich selbst beruhigen können. Unsere Fähigkeit zur Empathie läßt uns gewissermaßen mit der Strömung schwimmen. Welche Felsen oder Stromschnellen auch in der Beziehung zu unseren Kindern vor uns liegen, wir bleiben in der Mitte des Flusses. Selbst wenn die Strömung extrem trügerisch wird, wie es in und nach der Pubertät oft der Fall ist, können wir unseren Kindern helfen, Hindernisse und Risiken zu umschiffen und ihren eigenen Weg zu finden.

Warum aber kann Empathie so wirksam sein? Ich glaube, das liegt daran, daß sie Kindern ermöglicht, ihre Eltern als Verbündete zu betrachten.

Stellen wir uns einmal vor, wie der achtjährige William niedergeschlagen ins Wohnzimmer kommt, weil die Nachbarskinder nicht mit ihm spielen wollten. Sein Vater Bob aber läßt seine Zeitung gerade lange genug sinken, um zu verkünden: »Nicht schon wieder! William, du bist jetzt ein großer Junge und kein Baby mehr. Reg dich doch nicht jedes Mal so auf, wenn dir jemand die kalte Schulter zeigt. Vergiß es doch einfach. Ruf einen von deinen Schulkameraden an. Lies ein Buch. Oder sieh ein bißchen fern.«

Weil Kinder der Einschätzung ihrer Eltern normalerweise vertrauen, denkt William wahrscheinlich: »Papa hat recht. Ich benehme mich wie ein Baby. Das wird es wohl auch sein, weshalb die Nachbarsjungen nicht mit mir spielen wollen. Ich möchte bloß wissen, was mit mir los ist. Warum kann ich das Ganze nicht einfach vergessen, wie Papa sagt? Ich bin so ein Waschlappen. Niemand will mein Freund sein.«

Nun stellen wir uns einmal vor, wie William sich fühlte, hätte sein Vater anders reagiert, als er ins Wohnzimmer kam. Was passiert, wenn Bob seine Zeitung beiseite legt, seinen Sohn anschaut und sagt: »Du siehst irgendwie traurig aus, William. Sag mir doch mal, was los ist.«

Und wenn Bob zuhört – wenn er *wirklich* mit offenem Herzen zuhört –, wird William vielleicht anschließend anders von sich selbst denken. Der Dialog aber könnte sich folgendermaßen fortsetzen:

William: »Tom und Patrick lassen mich nicht mitspielen.«
Bob: »Das hat dich wohl verletzt.«
William: »Hat es auch. Außerdem bin ich wütend.«
Bob: »Das merke ich.«
William: »Es gibt überhaupt keinen Grund, warum ich nicht mitspielen soll.«
Bob: »Hast du mit ihnen darüber gesprochen?«
William: »Nee. Will ich auch nicht.«
Bob: »Was willst du dann machen?«
William: »Weiß nicht. Vielleicht vergess' ich's einfach.«
Bob: »Hältst du das für eine gute Idee?«
William: »Ja, weil morgen überlegen sie sich's wahrscheinlich anders. Vielleicht ruf' ich jemanden aus meiner Klasse an oder geh' was lesen. Oder ich schau' ein bißchen fern.«

Der Unterschied liegt hier natürlich in der Empathie. In beiden Szenen ist Bob wegen der Gefühle seines Sohnes betroffen. Vielleicht macht er sich schon seit langem Sorgen, daß William zu sensibel reagiert, wenn seine Spielkameraden ihn ausschließen, und wünscht sich einen widerstandsfähigeren Sohn. In der ersten Szene begeht Bob jedoch den gängigen Fehler, daß er seine eigenen Ziele in den Vordergrund rückt. Statt Mitgefühl zu zeigen, kritisiert er, hält einen kleinen Vortrag, gibt unerwünschte Ratschläge. Als Folge bewirken seine wohlgemeinten Bemühungen das Gegenteil. Am Ende fühlt sich William noch verletzter, noch mißverstandener und noch mehr wie ein Waschlappen als zuvor.

In der zweiten Szene nimmt sich Bob hingegen die Zeit, seinem Sohn zuzuhören, und macht ihm begreiflich, daß er seine Erfahrung versteht. Das hilft William, er fühlt sich besser und empfindet mehr Selbstbewußtsein. Am Ende kommt William auf dieselben Lösungen, die auch sein Vater hätte vorschlagen können. Doch ist nun der Junge der Herr seiner Lösungen, hat tatsächlich an Widerstandsfähigkeit gewonnen und dabei auch seine Selbstachtung gewahrt.

So also funktioniert Empathie. Wenn wir uns bemühen, die Erfahrungen unserer Kinder zu verstehen, fühlen sie sich unterstützt. Sie wissen, wir sind auf ihrer Seite. Wenn wir sie nicht kritisieren, ihre Gefühle nicht ignorieren und nicht versuchen, sie von ihren Zielen abzulenken, gewähren sie uns Zugang zu ihrer Welt. Sie erzählen uns, wie sie sich fühlen. Sie tragen ihre Meinungen vor. Ihre Motivation erscheint uns weniger geheimnisvoll, was zu weiterem Verständnis führt. Unsere Kinder beginnen, uns zu vertrauen. Wenn dann doch Konflikte entstehen, besitzen wir eine gemeinsame Basis, um die Probleme einvernehmlich zu lösen. Vielleicht riskieren es unsere Kinder sogar, gemeinsam mit uns nach Lösungen zu suchen. Und womöglich kommt der Tag, an dem sie bereit sind, sich tatsächlich unsere Vorschläge anzuhören!

Wenn Sie nun das Gefühl bekommen haben, Empathie sei eine einfache Sache, dann ist das durchaus beabsichtigt. Empathie ist ganz einfach die Fähigkeit, sich in die Lage des Kindes zu versetzen und entsprechend zu reagieren. Doch nur weil hinter der Empathie ein so einfaches Konzept steht, bedeutet das noch lange nicht, daß sie immer einfach anzuwenden wäre.

Auf den folgenden Seiten werden Sie einiges über die fünf Schritte des Emotionstrainings lesen. Es geht dabei um typische Verhaltensweisen, die Eltern anwenden, um Empathie in die Beziehung zu ihren Kindern einzubringen und deren emotionale Intelligenz zu stärken. Wie schon im ersten Kapitel erwähnt, beinhalten diese Schritte,

1. sich der Gefühle des Kindes bewußt zu werden,
2. Gefühlsäußerungen als eine Gelegenheit zu begreifen, dem Kind nahe zu sein und ihm etwas zu vermitteln,
3. mitfühlend zuzuhören und die kindlichen Gefühle zu bestätigen,

4. dem Kind zu helfen, seine Gefühle zu artikulieren, und
5. Grenzen zu setzen, dem Kind aber gleichzeitig zu helfen, das akute Problem zu lösen.

Im vierten Kapitel wird es dann um einige zusätzliche Strategien des Emotionstrainings gehen und um häufig auftretende Situationen, in denen das Emotionstraining keine Anwendung finden sollte. – Zunächst werden Sie übrigens gebeten, zwei Tests durchzuarbeiten. Der eine beurteilt Ihr emotionales Bewußtsein, der andere Ihre Fertigkeiten als Emotionstrainer.

Erster Schritt:
Werden Sie sich der Emotionen
des Kindes bewußt

Unsere Studien haben gezeigt, daß Eltern, die den Empfindungen ihrer Kinder nachspüren wollen, sich zunächst ihrer eigenen Emotionen und dann der ihrer Kinder bewußt werden müssen. Was aber bedeutet »emotionales Bewußtsein«? Soll man der Umwelt seine Gefühle ständig auf dem Präsentierteller servieren? Verletzlich werden? Dinge über sich selbst offenbaren, die man lieber verbergen wollte? Wenn das so wäre, so würde sich mancher von Natur aus reservierte oder gleichmütige Vater fragen, was aus dem unterkühlten Männerbild werden soll, daß er seit seiner Pubertät gepflegt hat. Erwartet man jetzt plötzlich von ihm, daß er bei Zeichentrickfilmen in Tränen ausbricht oder beim Schulfest andere Väter umarmt? Auch manche Mutter, die sich ständig darum bemüht, auch in Streßsituationen geduldig und freundlich zu sein, könnte sich Sorgen machen. Was geschieht, wenn man sich auf Gefühle wie Unmut oder Zorn einläßt? Soll man seinen Kindern gegenüber meckern, sich beklagen oder gar toben? Gehen dann nicht ihre Zuneigung und Loyalität verloren?

Tatsächlich haben wir festgestellt, daß Eltern durchaus emotional bewußt – und damit zum Emotionstrainer geeignet – sein können, ohne außergewöhnlich gefühlsbetont zu sein oder dazu zu neigen, die Beherrschung zu verlieren. Emotionales Bewußtsein bedeutet einfach, daß man seine eigenen Emotionen wahrnimmt, in der Lage ist, seine Gefühle einzuordnen, und eine Antenne für die Emotionen anderer Menschen zu entwickeln.

Geschlechtsspezifische Faktoren und das emotionale Bewußtsein

Wie leicht ein Mensch sich tut, seine Emotionen auszudrücken, wird teilweise von kulturellen Faktoren beeinflußt. Vergleichende Studien haben gezeigt, daß etwa Italiener und Lateinamerikaner nach außen leidenschaftlicher und ausdrucksstärker auftreten, während die Japaner und Skandinavier gehemmter und gleichmütiger scheinen. Diese kulturellen Einflüsse haben allerdings nichts damit zu tun, ob eine Person Gefühle empfindet. Wenn ein Mensch Zuneigung, Wut oder Traurigkeit nicht offen ausdrückt, bedeutet das nicht, daß er diese Gefühle in seinem Inneren nicht verspürt. Es heißt auch nicht, daß er unfähig ist, entsprechende Emotionen seiner Umwelt wahrzunehmen und darauf zu reagieren. Auf jeden Fall haben Menschen aller Kulturkreise die Fähigkeit, Sensibilität für die Gefühle ihrer Kinder zu entwickeln.

Amerikanische Männer wachsen in einer Kultur auf, die ihnen bedeutet, möglichst wenig Emotionen zu zeigen. Doch im Gegensatz zu dem gängigen Klischee vom Mann als gefühllosem, weder der Emotionen seiner Partnerin noch der seiner Kinder bewußtem Kerl hält die psychologische Forschung eine andere Botschaft bereit. Wir und andere Teams haben herausgearbeitet, daß Männer und Frauen Emotionen zwar unterschiedlich ausdrücken, die Angehörigen beider Geschlechter Gefühle aber weitgehend ähnlich empfinden.

Um herauszufinden, ob das eine Geschlecht mehr Empathie empfindet als das andere, haben wir Paare auf Video aufgenommen, die über ein konfliktträchtiges Thema in ihrer Ehe debattierten.[25] Im Anschluß daran baten wir jeden Ehepartner, die Aufzeichnung anzusehen und uns zu berichten, wie er beziehungsweise sie sich während des Gesprächs gefühlt hatte. Um ihre Reaktionen einzuordnen, nutzten die Probanden eine Drehscheibe, die emotionale Zustände in negativ und positiv unterteilte. Sahen sie Passagen, in denen sie sich ihrer Erinnerung nach beispielsweise traurig oder zornig gefühlt hatten, drehten sie die Scheibe auf »negativ«, sahen sie Passagen, die sie mit Zufriedenheit verbanden, drehten sie sie auf »positiv«. Dann wurde das Band noch einmal abgespielt, wobei die Probanden diesmal bewerten sollten, wie sich ihrer Meinung nach ihr Ehepartner während desselben Gesprächs gefühlt hatte.

Durch den Vergleich der beiden Kurven konnten wir bestimmen, wie genau jeder der beiden Partner die emotionale Erfahrung des anderen nachvollziehen konnte. Erstaunlicherweise stellte sich heraus, daß die Männer dieselbe Begabung besaßen, den jeweils wechselnden Gefühlszustand ihrer Partnerin zu erkennen, wie umgekehrt. Und als wir Unbeteiligte aufforderten, das aufgezeichnete Gespräch zu beurteilen, zeigte sich, daß diese Männer und Frauen dieselben Fähigkeiten besaßen, die emotionalen Reaktionen der ihnen unbekannten Probanden zu bewerten. Die Versuche brachten eine weitere interessante Tatsache zutage: Menschen, die sich besonders gut auf die Emotionen anderer einstellen können, weisen auch identische körperliche Reaktionen auf. Beschleunigt sich beispielsweise der Puls einer der gefilmten Personen, weil sie zornig oder wütend ist, läßt sich auch bei den besonders empathischen Beobachtern eine erhöhte Herzfrequenz feststellen. Dabei kommt es nicht darauf an, ob die Beobachter männlich oder weiblich sind; mitfühlende Probanden beiderlei Geschlechts zeigen dieselben empathischen Körperreaktionen.

Wenn Männer ebenso wie Frauen Empathie zeigen und auf Emotionen reagieren können, warum herrscht dann allgemein die Vorstellung, Männer seien gefühllos? Die Antwort ist einfach. Obwohl Männer und Frauen ähnliche emotionale Erfahrungen machen, neigen Männer dazu, ihre Emotionen zu verbergen. Wir haben festgestellt, daß unsere weiblichen Probanden ihre Gefühle wesentlich freier in Form von Worten, Mimik und Gestik ausdrückten. Männer hielten sich im allgemeinen mehr zurück, vertuschten oder relativierten ihre Gefühle.

Eine Erklärung für diese Verhaltensweise ist, daß die Gesellschaft von Männern Härte erwartet und daß diese wissen, welche Konsequenzen es für sie hat, wenn sie die Beherrschung verlieren. Manche Männer entwickeln ein derart verzerrtes Verständnis von männlichen Schutzmechanismen, daß sie sich vollständig von jeglicher bewußten emotionalen Erfahrung abschirmen. Ich vermute jedoch, daß diese Extremfälle einen relativ kleinen Teil der männlichen Bevölkerung ausmachen, vielleicht weniger als zehn Prozent.

Obwohl die Tendenz, sich Emotionen nur widerstrebend zu stellen, wichtige Konsequenzen für die familiären Beziehungen eines Mannes hat, müssen die betreffenden Männer nicht zwangsläufig schlechte Emotionstrainer sein. Nachweislich besitzen die meisten Männer die nötigen Voraussetzungen: Sie sind sich ihrer Gefühle bewußt; sie besitzen die Gabe, kindliche Emotionen zu erkennen und darauf zu reagieren; sie sind der Empathie fähig. Für die meisten Männer bedeutet das emotionale Bewußtwerden nicht den Erwerb neuer Fertigkeiten – es geht nur darum, etwas bereits Vorhandenes zuzulassen.

Das Gefühl, die Beherrschung zu verlieren

Gefühle zuzulassen kann auch für jene Eltern ein Problem sein, die Angst davor haben, daß negative Emotionen wie Wut, Traurigkeit oder Angst unkontrolliert aus ihnen hervorbrechen könnten. Solche Eltern vermeiden es, sich etwa ihren Zorn bewußt zu machen, denn sie fürchten, daß dabei womöglich etwas außer Kontrolle gerät. Dabei kann es um die Angst gehen, den eigenen Kindern fremd zu werden oder darum, daß die Kinder sich das emotionale Verhalten der Eltern aneignen und selbst die Beherrschung verlieren könnten. Manchmal fürchten solche Eltern auch, ihre Kinder physisch oder psychisch zu verletzen.

Nach unseren Forschungsergebnissen weisen Eltern, die meinen, eine bestimmte Emotion nicht kontrollieren oder beherrschen zu können, eine oder mehrere der folgenden Eigenschaften auf:

- Sie erfahren die jeweilige Emotion (Zorn, Traurigkeit oder Angst) häufig.
- Sie meinen, sie zu stark zu durchleben.
- Sie haben Schwierigkeiten, sich nach einer intensiven Gefühlserfahrung wieder zu beruhigen.
- Beim Auftreten der Emotion geraten sie durcheinander und haben Probleme, ihr Verhalten zu koordinieren.
- Sie mißbilligen ihr eigenes Verhalten in der betreffenden Situation.
- Sie sind beständig auf der Hut vor dem betreffenden Gefühl.
- Sie stellen fest, daß sie sich gelassen (ruhig, verständnisvoll, mitfühlend) geben, doch ist dies nur gespielt.
- Sie glauben, das betreffende Gefühl sei destruktiv, vielleicht sogar unmoralisch.
- Sie spüren, daß sie angesichts der Emotion Hilfe benötigen.

Solche Mütter und Väter begegnen ihrer Angst vor dem Verlust von Kontrolle vielleicht dadurch, daß sie »perfekte Eltern« sind und ihre Emotionen vor ihren Kindern geheimhalten. Dieselben Eltern können dagegen viel Wut an ihrem Partner auslassen und damit ein Gefühl ausleben, das wahrscheinlich auch die Kinder beobachten. Indem sie versuchen, ihre Wut zu verbergen, ignorieren oder bagatellisieren sie häufig die emotionalen Zustände ihrer Kinder. Und da sie ihre Emotionen zu verbergen versuchen, laufen solche Eltern fatalerweise Gefahr, Kinder heranzuziehen, die viel schlechter mit ihren unangenehmen Gefühlen umgehen können, als wenn schon ihre Eltern gelernt hätten, ihre Gefühle in angemessener Weise zum Ausdruck zu bringen. Das liegt daran, daß diese Kinder in einer emotionalen Distanz zu ihren Eltern aufwachsen und daß sie auf ein Vorbild verzichten müssen, das ihnen zeigen könnte, wie man wirksam mit schwierigen Emotionen umgehen kann.

Ein Beispiel für diese Gruppe ist Sophie, die ich bei einer meiner Elterngruppen kennenlernte. In einem Alkoholikerhaushalt aufgewachsen, litt sie unter dem bei solchen Menschen üblichen geringen Selbstwertgefühl. Zutiefst religiös, war Sophie zu dem Schluß gelangt, sie könne sich nur von ihrem Elternhaus lösen und eine gute Mutter werden, wenn sie sich einer Art Märtyrertum und grenzenloser Freundlichkeit hingäbe. Die beständige Selbstverleugnung brachte sie jedoch oft in die Lage, daß sie gegen Gefühle von Unmut und Frustration ankämpfen mußte. Sobald sich diese Emotionen zeigten, versuchte sie die zu unterdrücken, indem sie sich selbstsüchtig schalt. Dennoch schaffte sie es nie, die »selbstsüchtigen« Gefühle vollständig auszuschalten. Unter Streß neigte sie manchmal dazu, »aus der Haut zu fahren«, ungewöhnlich schroff gegenüber ihren Kindern zu werden und irrationale Strafen zu verhängen. »Mir war schon klar, daß meine Wutausbrüche schlecht für sie waren«, berichtet sie, »aber ich wußte nicht, was ich dagegen tun sollte. Es war, als hätte ich zwei Gangarten, eine nette und eine gemeine, aber keine Kontrolle über den Schalthebel.«

Erst als Sophies Sohn in der Schule wegen seiner eigenen Wutausbrüche in Schwierigkeiten geriet, wandte sie sich an eine Therapeutin. Bald begann sie zu erkennen, auf welche Weise ihre Einstellung gegenüber Emotionen ihren Kindern im Grunde schadete. Da sie ihre Gefühle grundsätzlich leugnete, hatte sie ihren Kindern kein Beispiel dafür vermittelt, wie man mit jenen negativen Emotionen umgehen kann, die ganz natürlich im Familienleben auftreten – Gefühle wie Zorn, Unmut oder Neid. Freilich war es für sie nicht einfach, ihre Verhaltensweise zu ändern. Sie mußte lernen, sich bewußt Gedanken und Gefühlen zuzuwenden, die sie zuvor für ichbezogen und narzißtisch gehalten hatte, ja sogar für »sündhaft«. Doch als Resultat dieses Prozesses kann sie nun auf ihre eigenen Bedürfnisse eingehen, ohne davon überwältigt zu werden und die Geduld zu verlieren. Allmählich beginnt sie auch zu erkennen, wie der Kontakt zu ihren eigenen negativen Gefühlen ihr helfen könnte, ein besseres Leitbild für ihre Kinder abzugeben, wenn diese Wut, Traurigkeit oder Angst verspüren. »Es ist wie mit den Sicherheitsmaßnahmen, die sie im Flugzeug demonstrieren«, erklärt sie. »Zuerst muß man die eigene Sauerstoffmaske aufsetzen, bevor man seinem Kind helfen kann.«

Was können unter der Angst vor Kontrollverlust leidende Eltern tun, um im emotionalen Bereich selbstbewußter mit ihren Kindern kommunizieren zu können? Zunächst einmal sollte man sich klar machen, daß Ärger durchaus angebracht ist, wenn Kinder etwas tun, das einen zur Weißglut treibt. Die Schlüsselrolle spielt die Weise, in der man seine Gefühle ausdrückt, ohne die Eltern-Kind-Beziehung zu belasten. Wenn Sie das schaffen, so demonstrieren Sie zwei Dinge: Es ist möglich, starke Gefühle zu äußern und mit ihnen umzugehen, und: Das Verhalten Ihres Kindes bedeutet Ihnen wirklich etwas. Sie können also Ihren Zorn benutzen, um Leidenschaft und Ehrlichkeit zu demonstrieren, solange Sie auf eine respektvolle Kommunikation achten. Unsere Studien haben gezeigt, daß es am besten ist, Sarkasmus, Verachtung und abwertende Kommentare im Umgang mit Kindern zu unterlassen, denn all dies führt zu einer Schwächung der kindlichen Selbstachtung. Außerdem ist es wichtig, sich auf die Handlungen des Kindes zu beziehen und nicht auf seinen Charakter. Bringen Sie Ihre Kommentare also auf den Punkt, und erklären Sie Ihrem Kind, was seine Handlungen aus Ihrer Sicht bewirken.

Hilfreich ist es auch, sich der verschiedenen Stufen der eigenen Erregung bewußt zu sein. Stellen Sie fest, daß Sie zwar zornig sind, aber dennoch rational mit Ihrem Kind sprechen und einen Zugang zu ihm finden können, so fahren Sie fort. Sagen Sie Ihrem Kind, an was Sie denken, hören Sie sich seine Entgegnung an, reden Sie weiter. Sind Sie dagegen so zornig, daß Sie nicht mehr klar denken können, klinken Sie sich aus dem Geschehen aus und kommen Sie später wieder darauf zurück, wenn sich Ihre Erregung gelegt hat. Eltern sollten sich auch zurückziehen, wenn sie bemerken, daß sie nahe daran sind, destruktive Dinge zu tun oder zu sagen, also das Kind zu schlagen oder zu beleidigen. Körperliche Züchtigung (siehe Seite 139 f.), Sarkasmus, Drohungen, abwertende sowie verächtliche Bemerkungen sollten absolut unterbleiben. Statt Kinder zu schlagen oder ihnen verletzende Kommentare entgegenzuschleudern, sollten Mütter oder Väter ein wenig Luft holen und versprechen, später auf den Streitpunkt zurückzukommen, wenn sie wieder gelassener sind.

Spüren Sie eine echte Gefahr, daß Sie Ihr Kind physisch oder psychisch verletzen könnten, so sollten Sie therapeutische Unterstützung in Anspruch nehmen. Elternberatungsstellen, die Telefonseelsorge oder ähnliche Institutionen können Ihnen weiterhelfen.

Wer Angst davor hat, die Beherrschung zu verlieren, sollte aber auch an die heilende Kraft der Vergebung denken. Alle Eltern machen von Zeit zu Zeit Fehler, indem sie die Geduld verlieren und gegenüber ihren Kindern Dinge sagen oder tun, die sie später bereuen. Ungefähr ab dem fünften Lebensjahr sind Kinder in der Lage, ein »Es tut mir leid« zu verstehen. Versäumen Sie also nicht die Gelegenheit, auf einen Vorfall zurückzukommen und ihn zurechtzurücken, wenn Sie Reue verspüren. Erklären Sie Ihrem Kind, wie Sie sich während der mißlungenen Interaktion gefühlt haben und wie danach. So können Sie Ihrem Kind ein positives Beispiel sein, wie man mit den Gefühlen des Bedauerns und des Kummers umgeht. Vielleicht kann Ihr Kind Ihnen sogar dabei helfen, nach Lösungen zu suchen, wie Sie beide zukünftige Mißverständnisse und Konflikte vermeiden können.

Vergessen Sie nie, daß Kinder sich immer nach der Nähe und Wärme ihrer Eltern sehnen. Es ist in ihrem eigenen Interesse, die Beziehung wieder zu kitten. Sie geben ihren Eltern eine Menge zweiter Chancen. Denken Sie auch daran, daß Vergebung keine Einbahnstraße ist. Sie funktioniert am besten in Familien, in denen Kinder ab und zu miserabler Laune sein dürfen und in denen auch die Eltern ihren Kindern von ganzem Herzen vergeben.

Es kann ein ganzes Leben lang dauern, ein emotionales Bewußtsein aufzubauen, doch können Eltern die positiven Ergebnisse neuer Einsichten unmittelbar beobachten. Eine Mutter, die sich endlich erlaubt, auch einmal wütend zu werden, ist viel eher in der Lage, ihrem Sohn dasselbe Gefühl zu gestatten. Und wenn ein Vater seine eigene Traurigkeit akzeptieren kann, so ist er wesentlich besser dazu prädestiniert, auf die Traurigkeit seines Sohnes oder seiner Tochter einzugehen.

TEST:
Emotionales Bewußtsein

Der folgende Test soll Ihnen helfen, Ihr eigenes Gefühlsleben zu betrachten. Sie können herausfinden, inwieweit Sie es sich erlauben, Wut/Zorn und Traurigkeit zu durchleben und wie Sie Emotionen allgemein gegenüberstehen. Hier geht es nicht darum, richtige oder falsche Antworten zu finden; vielmehr wird Ihnen die Auswertung am Ende des Tests helfen, das Niveau Ihres emotionalen Bewußtseins einzuschätzen. Wenn Sie diesen Aspekt Ihrer Persönlichkeit besser verstehen, kann Ihnen dies Einsichten vermitteln, warum Sie auf eine bestimmte Weise auf die Emotionen Ihrer Umwelt und besonders die Ihres Kindes reagieren.

Wut

Lassen Sie zuerst Ihre jüngere Vergangenheit Revue passieren, also etwa die letzten paar Wochen Ihres Lebens. Denken Sie an die Dinge, die Sie als belastend empfinden und die Sie dazu bringen, sich frustriert, verärgert oder wütend zu fühlen. Denken Sie auch an jene Menschen in Ihrer Umgebung, die auf Sie selbst mit Ungeduld, Frustration, Wut oder Verärgerung zu reagieren scheinen. Spüren Sie den Gedanken, Bildern und Grundgefühlen nach, die Sie im Kontakt mit diesen wütenden, belastenden Emotionen in anderen und in sich selbst entwickeln. Lesen Sie nun jede der folgenden Aussagen, die alle von Teilnehmern unserer Untersuchungen stammen. Kreuzen Sie dann die Antwort an, die am ehesten zutrifft.

R = Richtig   **F = Falsch**   **WN = Weiß nicht**

1. Ich spüre viele verschiedene Arten von Wut.   R̶   F   WN

2. Ich bin entweder ruhig oder wütend, dazwischen liegt nicht viel.   R   F̶   WN

3. Man sieht mir die kleinste Verärgerung an.   R   F̶   WN

4. Schon lange, bevor ich wütend werde, bemerke ich an mir eine üble oder mürrische Stimmung.   R̶   F   WN

5. Ich sehe schon an den kleinsten Anzeichen, wenn jemand wütend ist.   R̶   F   WN

6. Wut ist schädlich.   R   F   **WN**

7. Wenn ich wütend werde,
   kommt es mir vor, als würde
   ich an etwas kauen, es mit
   verkrampftem Kiefer packen,
   es zerbeißen und zermalmen.   R   F   **WN**

8. Ich spüre körperliche Anzeichen
   für aufsteigende Wut.   R   F   **WN**

9. Gefühle sind eine Privatsache.
   Ich versuche, sie nicht auszu-
   drücken.   R   F   **WN**

10. Wenn ich wütend bin, wird mir
    sehr heiß.   R   F   **WN**

11. Mein Gefühl von Wut entspricht
    einem Dampfkochtopf, dessen
    Druck sich erhöht.   R   F   **WN**

12. Wenn ich wütend werde, lasse ich
    Dampf ab, und der Druck
    verschwindet.   R   F   **WN**

13. Wenn ich wütend werde, nimmt
    der Druck ständig zu, ohne
    ein Ventil zu finden.   R   F   **WN**

14. Wenn ich wütend werde, fühle ich
    mich nahe daran, die Beherr-
    schung zu verlieren.   R   F   **WN**

15. Wenn ich wütend werde, sagt
    das meiner Umwelt, daß sie mit
    mir nicht so umspringen kann.   R   F   **WN**

16. Wut ist meine Art, ernst und
    streng zu werden.   R   F   **WN**

17. Wut verschafft mir Energie; sie motiviert mich, Probleme anzugehen und nicht von ihnen überrollt zu werden.   R   F   WN

18. Ich unterdrücke meine Wut und halte sie in meinem Inneren verborgen.   R   F   WN

19. Es bringt Unheil, seine Wut zu unterdrücken.   R   F   WN

20. Ich halte Wut für natürlich; sie ist wie ein Räuspern, um den Hals frei zu bekommen.   R   F   WN

21. Ich empfinde Wut, als stehe etwas in Flammen, als wolle gleich etwas explodieren.   R   F   WN

22. Wut kann den Menschen wie ein Feuer verzehren.   R   F   WN

23. Ich lasse meine Wut einfach ausklingen, bis sie weg ist.   R   F   WN

24. Ich finde Wut destruktiv.   R   F   WN

25. Ich finde Wut unzivilisiert.   R   F   WN

26. Ich empfinde Wut wie ein Ertrinken.   R   F   WN

27. Meiner Ansicht nach besteht kein großer Unterschied zwischen Wut und Aggression.   R   F   WN

28. Ich finde, die Wut eines Kindes ist schlecht und sollte bestraft werden.   R   F   WN

29. Die durch Wut entstehende
    Energie muß irgendwo hin.
    Dann kann man sie genauso-
    gut ausdrücken.   R̶   F   WN

30. Wut liefert Antrieb und
    Energie.   R̶   F   WN

31. Ich finde, Wut und Verletztsein
    gehören zusammen. Bin ich
    wütend, so liegt das daran,
    daß mich jemand verletzt hat.   R̶   F   WN

32. Ich finde, Wut und Angst ge-
    hören zusammen. Wenn ich
    wütend bin, so ist tief in mir
    eine Unsicherheit verborgen.   R̶   F   WN

33. Wird man wütend, so versetzt
    man sich in eine Position,
    in der man Macht verspürt;
    man fühlt, daß man sich für
    sich selbst stark macht.   R̶   F   WN

34. Wut besteht hauptsächlich
    aus Ungeduld.   R   F   W̶N̶

35. Ich gehe mit meiner Wut um,
    indem ich einfach Zeit ver-
    streichen lasse.   R   F   W̶N̶

36. Wut bedeutet für mich Hilf-
    losigkeit und Frustration.   R   F   W̶N̶

37. Ich halte meine Wut unter
    Verschluß.   R   F̶   WN

38. Es ist peinlich für andere
    Menschen, jemanden wütend
    zu sehen.   R   F̶   WN

39. Wut ist akzeptabel, solange
    sie unter Kontrolle bleibt. ~~R~~   F   **WN**

40. Wenn jemand wütend wird,
    so kommt mir das so vor,
    als lade er Unrat auf seine
    Umwelt ab.   R   ~~F~~   **WN**

41. Ein Wutgefühl loszuwerden
    ist, wie etwas sehr Unange-
    nehmes aus meinem Körper
    zu stoßen.   ~~R~~   F   **WN**

42. Ich finde Gefühlsausbrüche
    peinlich.   R   ~~F~~   **WN**

43. Wenn ein Mensch wirklich
    gesund ist, so empfindet er
    keine Wut.   R   ~~F~~   **WN**

44. Wut weist auf Betroffen-
    heit oder Anteilnahme
    hin.   ~~R~~   F   **WN**

Traurigkeit

Denken Sie jetzt an nicht allzuweit zurückliegende Zeiten, in
denen Sie sich traurig, niedergeschlagen oder mutlos gefühlt
haben. Denken Sie auch an Menschen in Ihrer Umgebung, die
Gefühle von Traurigkeit, Niedergeschlagenheit oder Melancholie ausgedrückt haben. Welche Gedanken, Bilder und grundlegende Gefühle kommen Ihnen in den Sinn, wenn Sie an das
eigene Erleben dieser traurigen Emotionen und das bei anderen denken? Lesen Sie jede der folgenden Aussagen über
Traurigkeit und kreuzen Sie die Antwort an, die Ihre Reaktion
am besten beschreibt.

1. Im großen und ganzen würde
   ich sagen, daß Traurigkeit
   schädlich ist.   R   F   WN

2. Traurigkeit ist wie eine Krankheit; sie zu überwinden ist,
   als erhole man sich von
   dieser Krankheit.   R   F   WN

3. Wenn ich traurig bin,
   will ich allein sein.   R   F   WN

4. Ich verspüre viele verschie-
   dene Arten von Traurigkeit.   R   F   WN

5. Ich bemerke, wenn ich
   auch nur ein ganz klein
   wenig traurig bin.   R   F   WN

6. Ich kann spüren, wenn
   andere Menschen auch nur
   ein ganz klein wenig
   traurig sind.   R   F   WN

7. Mein Körper signalisiert
   mir laut und deutlich, daß
   ich einen traurigen Tag
   haben werde.   R   F   WN

8. Ich betrachte Traurigkeit
   als produktiv. Sie sagt
   einem, wenn man kürzer
   treten soll.   R   F   WN

9. Ich finde, Traurigkeit ist
   gut für uns. Sie kann uns
   sagen, was in unserem
   Leben fehlt.   R   F   WN

10. Traurigkeit ist ein natürlicher Teil des Gefühls
von Verlust und Kummer.  F WN

11. Traurigkeit ist akzeptabel,
wenn sie rasch vorbeigeht. R F WN

12. Sich um Traurigkeit zu
kümmern ist ein Reini-
gungsprozeß. R F WN

13. Traurigkeit ist nutzlos. R F WN

14. So etwas wie »sich richtig
schön ausweinen«
gibt es nicht. R F WN

15. Traurigkeit ist etwas, was
man nicht für belanglose
Dinge vergeuden sollte. R F WN

16. Traurigkeit tritt aus gutem
Grund auf. R F WN

17. Traurigkeit bedeutet
Schwäche. R F WN

18. Traurigkeit bedeutet die
Fähigkeit, Gefühle und
Empathie zu empfinden. R F WN

19. Traurigkeit bedeutet, sich
hilflos und/oder hoffnungs-
los zu fühlen. R F WN

20. Es ist nutzlos, mit anderen
Menschen zu reden, wenn
man sich traurig fühlt. R F WN

21. Ich weine mich manch-
mal aus. R F WN

22. Wenn ich traurig bin,
    bekomme ich Angst.   R   ~~F~~   WN

23. Zeigt man seiner Umwelt,
    daß man traurig ist, so hat
    man die Kontrolle über
    sich verloren.   R   ~~F~~   WN

24. Wenn man die Kontrolle
    darüber behält, so kann
    Traurigkeit ein Vergnü-
    gen sein.   R   ~~F~~   WN

25. Es ist am besten, anderen
    Menschen seine Traurig-
    keit nicht zu zeigen.   R   ~~F~~   WN

26. Traurigkeit ist, als würde
    man verletzt.   ~~R~~   F   WN

27. Traurige Menschen sollten
    allein sein, wie unter
    Quarantäne.   R   ~~F~~   WN

28. Sich fröhlich zu geben
    ist ein Gegengift für die
    Traurigkeit.   R   ~~F~~   WN

29. Ein Gefühlszustand kann
    mit genügend Bedacht in
    einen anderen verwandelt
    werden.   ~~R~~   F   WN

30. Ich versuche, meine Trau-
    rigkeit rasch hinter mich
    zu bringen.   R   ~~F~~   WN

31. Traurigkeit bringt einen
    zum Nachdenken.   ~~R~~   F   WN

32. Die Traurigkeit eines Kindes weist auf einen negativen Charakterzug hin.

R ~~F~~ WN

33. Es ist am besten, auf die Traurigkeit eines Kindes überhaupt nicht zu reagieren.

R ~~F~~ WN

34. Wenn ich traurig bin, verspüre ich manchmal Selbstverachtung.

R ~~F~~ WN

35. Meiner Ansicht nach sind Emotionen immer vorhanden; sie sind ein Teil des Lebens.

~~R~~ F WN

36. Sich in der Gewalt zu haben bedeutet, optimistisch und positiv zu sein, nicht traurig.

R ~~F~~ WN

37. Gefühle sind eine private, keine öffentliche Angelegenheit.

R ~~F~~ WN

38. Gibt man sich im Umgang mit Kindern seinen Gefühlen hin, kann man die Beherrschung verlieren und ausfallend werden.

R F ~~WN~~

39. Es ist am besten, wenn man nicht zu lange bei unangenehmen Emotionen verweilt; man sollte die guten Seiten des Lebens betonen.

R ~~F~~ WN

40. Um eine unangenehme Emotion zu überwinden, muß man einfach seine alltäglichen Aufgaben erfüllen wie gewohnt.

R ~~F~~ WN

Auswertung

Sich ihrer Wut und Traurigkeit bewußte Menschen sprechen differenziert über diese Emotionen. Sie können sie leicht an sich und anderen entdecken. Die Erfahrung dieser Gefühle ist für sie mit einer Vielzahl von Nuancen verbunden; und sie erlauben diesen Emotionen, ein Teil ihres Lebens zu sein. Solche Menschen werden geringfügige und weniger intensive Äußerungen von Wut oder Traurigkeit an ihren Kindern eher erkennen und auf sie reagieren als Menschen mit einem weniger stark entwickelten emotionalen Bewußtsein.

Ist es möglich, sich einer der beiden Emotionen sehr bewußt zu sein, der anderen dagegen weniger? Durchaus. Bewußtsein ist nicht eindimensional und kann sich im Verlauf der Zeit ändern.

Wut:
Zählen Sie zusammen, wie oft Sie bei den Aussagen der untenstehenden Liste 1 mit »richtig« geantwortet haben; ziehen Sie von diesem Ergebnis dann ab, wie oft Sie bei den Aussagen der Liste 2 mit »richtig« geantwortet haben. Je höher das Gesamtresultat, desto größer ist Ihr Bewußtsein bezüglich des Gefühls der Wut.
Liste 1
1, 3, 4, 5, 7, 8, 10, 11, 12, 15, 16, 17, 19, 20, 29, 30, 31, 32, 33, 44.

Liste 2
2, 6, 9, 13, 14, 18, 21, 22, 23, 24, 25, 26, 27, 28, 34, 35, 36, 37, 38, 39, 40, 41, 42, 43.
Haben Sie mehr als zehn Mal mit »weiß nicht« geantwortet, dann sollten Sie vielleicht daran arbeiten, sich der Wut in sich selbst und in anderen bewußter zu werden.

Traurigkeit:
Zählen Sie zusammen, wie oft Sie bei den Aussagen der

untenstehenden Liste 1 mit »richtig« geantwortet haben; ziehen Sie von diesem Ergebnis dann ab, wie oft Sie bei den Aussagen der Liste 2 mit »richtig« geantwortet haben. Je höher das Gesamtresultat, desto größer ist Ihr Bewußtsein bezüglich des Gefühls der Traurigkeit.

Liste 1

4, 5, 6, 7, 8, 9, 10, 12, 16, 18, 21, 24, 25, 31, 35.

M - 5 x 6

Liste 2

1, 2, 3, 11, 13, 14, 15, 17, 19, 20, 22, 23, 26, 27, 28, 29, 30, 32, 33, 34, 36, 37, 38, 39, 40.

Haben Sie mehr als zehn Mal mit »weiß nicht« geantwortet, dann sollten Sie vielleicht daran arbeiten, sich der Traurigkeit in sich selbst und in anderen bewußter zu werden.

Methoden zur Entwicklung eines emotionalen Bewußtseins

Nachdem Sie den obigen Test absolviert haben, möchten Sie vielleicht ein stärkeres Bewußtsein für Ihr eigenes Gefühlsleben entwickeln. Bewährte Methoden, sich auf seine Emotionen einzulassen, sind etwa Meditation, Gebet, das Führen eines Tagebuchs und künstlerische Ausdrucksweisen wie Musizieren oder Zeichnen. Denken Sie daran, daß der Aufbau eines stärkeren emotionalen Bewußtseins ein gewisses Maß an Alleinsein erfordert und damit etwas, über das vielbeschäftigte moderne Eltern oft kaum verfügen. Wenn Sie sich jedoch bewußt machen, daß die allein verbrachte Zeit Ihnen helfen kann, eine bessere Mutter oder ein besserer Vater zu werden, erscheint diese Idee vielleicht nicht mehr ganz so abwegig. Paare können sich etwa dabei abwechseln, am frühen Morgen allein spazierenzugehen oder ab und an zu einem Wochenendseminar zu verschwinden. Alleinerziehende finden vielleicht jemand mit ähnlichen Interessen, mit dem sie sich bei der gemeinsamen Kinderbetreuung abwechseln können.

Eine ausgezeichnete Methode, sich nach und nach seiner Gefühle bewußter zu werden, ist das Führen eines Emotionstagebuchs. Unten finden Sie ein Beispiel für eine wöchentliche Checkliste, mit der Sie einem breiten Spektrum von Gefühlen nachspüren können, sobald diese entstehen. Zusätzlich zu einer solchen Liste könnten Sie vielleicht ein kurzgefaßtes Tagebuch führen und Ihre Gedanken über die auftretenden Gefühle notieren. Das kann Ihnen helfen, sich der Vorfälle oder Gedanken, die Ihre Emotionen auslösen, wie auch Ihrer Reaktionen darauf bewußter zu werden. Erinnern Sie sich zum Beispiel an das letzte Mal, als Sie geweint oder die Geduld verloren haben? Was war der Auslöser? Wie haben Sie sich dabei gefühlt? Waren Sie nachher erleichtert oder beschämt? Waren sich andere Ihrer Gefühle bewußt? Haben Sie mit jemandem über den Vorfall gesprochen? Diese und andere Aspekte kann man in ein Emotionstagebuch eintragen, aber auch, wie man auf die Emotionen anderer Menschen und besonders auf die seiner Kinder reagiert. Man kann sich etwa vornehmen, jedesmal, wenn man sein Kind als wütend, traurig oder ängstlich erfährt, ein paar Notizen über die eigene Reaktion aufzuzeichnen.

Auch für Menschen, die Angst oder Unsicherheit bezüglich ihrer emotionalen Reaktionen empfinden, kann ein Emotionstagebuch hilfreich sein. Der Prozeß, eine Emotion zu benennen und darüber zu schreiben, kann nämlich dazu dienen, das betreffende Gefühl zu definieren und einzugrenzen. Bislang mysteriös und unkontrollierbar erscheinende Emotionen erhalten plötzlich einen Rahmen und Grenzen. Als Folge kann man besser mit seinen Gefühlen umgehen und empfindet sie nicht mehr als so erschreckend.

Wenn Sie an Ihrem Emotionstagebuch arbeiten, achten Sie auf die Art der Gedanken, Bilder und Worte, die Ihre Gefühle hervorrufen. Suchen Sie in der Bildersprache, die Sie zur Beschreibung Ihrer Gefühle verwenden, nach möglichen Erkenntnissen. Finden Sie beispielsweise Ihre Wut oder die Ihres Kindes zerstörerisch oder explosiv und daher furchteinflößend? Oder neigen Sie eher dazu, sie als kraftvoll, reinigend und belebend zu empfinden? Was sagen Ihnen diese Ausdrücke über Ihre Bereitschaft, die in Ihrem Leben auftretenden negativen Emotionen zu akzeptieren und mit ihnen umzugehen? Bemerken Sie Einstellungen oder Wahrnehmungsweisen bezüglich des emotionalen Bereichs, die Sie verändern wollen?

KALENDERWOCHE:

Emotion:	Montag	Dienstag	Mittwoch	Donnerstag	Freitag	Samstag	Sonntag
Glück							
Zuneigung							
Interesse							
Erregung							
Stolz							
Verlangen							
Liebe							
Geliebtsein							
Dankbarkeit							
Streß							
Verletztsein							
Traurigkeit							
Irritation							
Wut/Zorn							
Mitleid							
Ekel							
Schuld							
Neid							
Bedauern							
Scham							

Über das Erkennen kindlicher
Emotionen

Eltern, die sich ihrer eigenen Emotionen bewußt sind, können ihr Einfühlungsvermögen dazu benutzen, um sich auf die Gefühle ihrer Kinder einzustellen, ganz gleich, wie subtil oder intensiv diese sein mögen. Aus der Tatsache, daß jemand ein einfühlsamer, emotional bewußter Mensch ist, folgt jedoch nicht automatisch, daß er es immer einfach findet, die Gefühle der eigenen Kinder zu verstehen. Kinder drücken ihre Emotionen oft indirekt und auf eine Weise aus, die Erwachsenen rätselhaft erscheint. Lauschen wir jedoch aufmerksam und mit offenem Herzen, so können wir oft die Botschaften entschlüsseln, die Kinder unbewußt in ihren Interaktionen, ihrem Spiel und ihrem alltäglichen Verhalten verbergen.

David, der an einer meiner Elterngruppen teilnimmt, hat einmal berichtet, wie ein Erlebnis mit seiner siebenjährigen Tochter ihm geholfen hat, den Ursprung ihres Zorns ebenso zu entdecken wie ihre Bedürfnisse. Carly war den ganzen Tag in düsterer Stimmung gewesen, stritt ständig mit ihrem vierjährigen Bruder und beklagte sich über eine Vielzahl eingebildeter Beleidigungen, darunter das klassische:»Jimmy schaut mich schon wieder an!« Immer stellte Carly ihren Bruder als Übeltäter hin, obgleich dieser nichts Falsches zu tun schien. Als David seine Tochter fragte, warum sie so wütend auf ihren unschuldigen Bruder sei, führte dies nur zu Schweigen und Tränen. Je mehr er in sie drang, desto abwehrender wurde Carly.

Am Abend ging David in Carlys Zimmer, um ihr dabei zu helfen, sich bettfertig zu machen. Sie schmollte schon wieder. David öffnete die Kommode, um ihren Schlafanzug herauszuholen und fand nur ein einziges sauberes Exemplar, ein abgetragenes, zu klein gewordenes Ding mit Füßen. »Meinst du, daß der noch paßt?« fragte er mit mattem Lächeln, während er ihn hochhielt. Dann holte er eine Schere, und Vater und Tochter schnitten gemeinsam die Füße vom Schlafanzug, damit Carly ihn tragen konnte. »Ich kann kaum glauben, wie schnell du wächst«, sagte David. »Du bist schon so ein großes Mädchen.«

Fünf Minuten später kam Carly dann in die Küche, wo die Familie noch eine Kleinigkeit aß. »Sie war auf einmal ein ganz anderes Kind«, erinnerte sich David. Sie war gesprächig und gutgelaunt und schaffte es sogar, Jimmy mit einem Scherz zu erheitern.

»Während der Sache mit dem Schlafanzug muß etwas passiert sein, aber ich bin nicht sicher, was«, erklärte David den anderen Eltern. Nachdem die Gruppe über die Angelegenheit gesprochen hatte, wurde sie ihm klarer. Als ernsthaftes, sensibles Kind war Carly immer neidisch auf den charmanten, freundlichen Jimmy gewesen. Und aus irgendeinem Grund hatte sie wohl gerade an jenem Tag einer Bestätigung ihrer ganz eigenen Position in der Familie gebraucht. Vielleicht wollte sie spüren, daß David sie auf eine Weise lieb hatte, die sich von seinen Gefühlen für Jimmy unterschied. Die liebevolle Bestätigung ihres Vaters, daß sie schnell größer wurde, mochte genau das Richtige gewesen sein.

Mit diesem Beispiel will ich sagen, daß Kinder – wie alle Menschen – Gründe für ihre Emotionen haben, ob sie diese Gründe artikulieren können oder nicht. Wenn wir feststellen, daß unsere Kinder wegen eines scheinbar bedeutungslosen Vorfalls wütend oder gereizt werden, kann es hilfreich sein, zurückzutreten und das Gesamtbild ihres täglichen Lebens zu betrachten. Eine Dreijährige kann nicht verkünden: »Tut mir leid, daß ich in letzter Zeit so muffig bin, Mama; ich hab' eine Menge Streß, seit ich in den neuen Kindergarten gekommen bin.« Und ein Achtjähriger wird wahrscheinlich nicht erklären: »Mir zieht's den Magen zusammen, wenn du und Papa wegen Geld streitet.« Aber genau das ist vielleicht sein Gefühl.

Hinweise auf die Gefühle von Kindern im achten Lebensjahr und darunter geben häufig Phantasiespiele. Selbstentwickelte Szenen mit verschiedenen Figuren und Requisiten erlauben Kindern, eine Vielzahl von Emotionen gefahrlos auszuprobieren. Meine Tochter Moriah hat im Alter von vier Jahren etwa ihre Barbiepuppe entsprechend instrumentalisiert. Als sie in der Badewanne mit ihr spielte, erklärte sie mir: »Barbie hat richtig Angst, wenn du dich aufregst.« Auf ihre Art regte sie so ein wichtiges Gespräch zwischen uns beiden an, in dem es darum ging, was mich wütend machte, warum meine Stimme dann lauter wurde und wie sie sich dann fühlte. Dankbar für die Gelegenheit, das Thema besprechen zu können, versicherte ich Barbie (und meiner Tochter), daß ich sie nicht einschüchtern wolle und daß mein gelegentlicher Zorn nicht heiße, ich liebte sie nicht. Weil Moriah die Rolle ihrer Barbie einnahm, sprach ich direkt zu ihrer Puppe und tröstete sie. Ich nehme an, daß Moriah dadurch leichter über die Gefühle sprechen konnte, die sie angesichts meines Zorns empfand.

Nicht alle kindlichen Botschaften sind so leicht zu entschlüsseln. Doch ist es durchaus üblich, daß Kinder ihre Ängste im Spiel ausdrücken, mit Themen wie Verlassenheit, Krankheit, Verletzung und Tod. Ist es da verwunderlich, wenn sie gern vorgeben, die Stärke und Wunderkraft der *Power Rangers* oder anderer Fernsehhelden zu haben? Aufmerksame Eltern wiederum können aus den spielerisch geäußerten Ängsten wichtige Informationen gewinnen, um später beschwichtigend darauf zurückzukommen.

Auf emotionale Schwierigkeiten hinweisen können auch Erscheinungen wie Eßsucht, Appetitverlust, Alpträume, Kopf- und Bauchschmerzen. Oder es stellt sich heraus, daß seit einiger Zeit saubere Kinder nachts plötzlich doch wieder das Bett nässen.

Vermuten Sie, daß Ihr Kind Gefühle der Traurigkeit, der Wut oder der Angst verspürt, so ist es hilfreich, sich in seine Rolle zu versetzen und die Welt aus seinem Blickwinkel zu betrachten. Das kann anspruchsvoller sein, als es sich anhört, besonders, wenn Sie in Betracht ziehen, wieviel mehr Lebenserfahrung Sie besitzen. Wenn beispielsweise ein Haustier stirbt, so wissen Sie als Erwachsener genau, daß der Kummer mit der Zeit vergeht. Erlebt ein Kind dieses Gefühl jedoch zum ersten Mal, so kann es wesentlich stärker von seiner Intensität überwältigt werden. Diese Erfahrungsunterschiede können Sie zwar nicht beseitigen, doch ist es möglich, daran zu denken, daß Ihr Kind das Leben aus einer viel frischeren, weniger abgeklärten und deshalb verletzlicheren Perspektive betrachtet.

Spüren Sie, wie Ihr Herz sich Ihrem Kind öffnet, und wissen Sie, daß Sie die Gefühle Ihres Kindes teilen, so erfahren Sie Empathie, die Grundlage des Emotionstrainings. Können Sie mit Ihrem Kind bei der entsprechenden Emotion verweilen – auch wenn diese gelegentlich schwierig oder unangenehm sein mag –, dann sind Sie bereit für den nächsten Schritt. Dabei geht es darum, das Auftreten einer Emotion als eine Gelegenheit zu erkennen, Vertrauen zu bilden und Hilfestellungen zu geben.

Zweiter Schritt: Erkennen Sie das Auftreten von Emotionen als Gelegenheit zu Nähe und Unterweisung

Ich habe einmal gehört, das chinesische Schriftzeichen für »Gelegenheit« schließe das Zeichen für »Krise« ein. Und nirgendwo ist die Verbindung dieser beiden Begriffe passender als bei unserer Rolle als Eltern. Ob die Krise ein geplatzter Luftballon, eine schlechte Mathematiknote oder die Treulosigkeit eines Freundes ist – solche negativen Erfahrungen können zu einer wunderbaren Gelegenheit werden, Empathie zu beweisen, Nähe zu unseren Kindern aufzubauen und ihnen Möglichkeiten aufzuzeigen, wie sie mit ihren Gefühlen umgehen können.

Wenn sie die unangenehmen Emotionen ihrer Kinder als Gelegenheit erkennen, ihnen näherzukommen und etwas beizubringen, fühlen sich viele Eltern erleichtert und befreit. Sie sehen die Wut ihrer Kinder nicht mehr als Angriff auf ihre Autorität; kindliche Ängste sind kein Indiz für elterliche Inkompetenz mehr. Und Traurigkeit ist plötzlich mehr als eine weitere Angelegenheit, die man in Ordnung bringen muß.

Um auf eine Aussage eines emotional erfahrenen Vaters aus unserer Studie zurückzukommen, braucht ein Kind seine Eltern dann am dringendsten, wenn es traurig, wütend oder ängstlich ist. Wenn wir es schaffen, ein erregtes Kind zu beruhigen und zu trösten, trägt das dazu bei, daß wir uns wirklich als Mutter oder Vater fühlen. Und wenn wir die Emotionen unserer Kinder anerkennen, helfen wir ihnen auch dabei zu lernen, sich selbst zu beruhigen, was ihnen ihr ganzes Leben von Nutzen sein wird.

Zwar versuchen manche Eltern, negative kindliche Gefühle zu ignorieren, in der Hoffnung, daß diese sich von selbst in Luft auflösen werden, doch funktioniert der Gefühlshaushalt nur selten so. Vielmehr verschwinden negative Gefühle dann, wenn die Kinder über sie sprechen und sie benennen können, und wenn sie sich verstanden fühlen. Deshalb ist es sinnvoll, schon auf schwächer ausgeprägte Emotionen einzugehen, bevor sie sich zu einer echten Krise auswachsen. Ist etwa Ihre fünfjährige Tochter wegen eines bevorstehenden Zahnarztbesuchs unruhig, so ist es besser, auf ihre Angst schon am Vortag einzugehen, als zu warten, bis das Kind im Behandlungsstuhl sitzt und einen regelrechten Anfall bekommt. Und ist Ihr zwölfjähriger Sohn neidisch, weil sein bester Freund auf gerade der Position in der Fußballmannschaft spielen darf, die er selbst angestrebt hat, ist es besser, wenn er seine Gefühle mit Ihnen besprechen kann, als wenn es zu einem Streit der beiden Freunde kommt.

Geht man auf schwach ausgeprägte Gefühle ein, bevor sie eskalieren, ergibt sich auch die Gelegenheit, in der Familie Fertigkeiten wie Zuhören und Problembewältigung zu üben, solange der Einsatz niedrig ist. Zeigen die Eltern Interesse und Anteilnahme an einem ramponierten Spielzeug oder einem kleinen Kratzer, werden diese Erfahrungen zu Bausteinen. Ihr Kind lernt, daß Sie sein Verbündeter sind, während Sie gemeinsam einen Modus der Zusammenarbeit entwickeln. Und wenn dann tatsächlich eine große Krise eintritt, sind Sie alle darauf vorbereitet und können ihr gemeinsam entgegentreten.

Dritter Schritt: Hören Sie dem Kind mitfühlend zu und bestätigen Sie seine Gefühle

Wenn Sie erkennen, daß bestimmte Situationen eine Gelegenheit bieten, größere Nähe herzustellen und Methoden zur Problemlösung zu vermitteln, sind Sie bereit für den vielleicht wichtigsten Schritt des Emotionstrainings: das mitfühlende Zuhören.

Hier geht es um wesentlich mehr, als mit den Ohren Informationen aufzufangen. Mütter und Väter, die mit Empathie zuhören, setzen auch ihre Augen ein, um auf physische Signale zu achten, die auf kindliche Emotionen hindeuten. Sie setzen ihre Imagination ein, um die Situation aus dem Blickwinkel des Kindes zu betrachten. Sie setzen ihre Worte ein, um auf beruhigende, Kritik vermeidende Weise wiederzugeben, was sie hören, und um ihren Kindern bei der Benennung ihrer Emotionen zu helfen. Am wichtigsten ist aber, daß sie ihr Herz einsetzen, um zu fühlen, was ihre Kinder fühlen.

Wollen Sie sich auf die Emotionen Ihres Kindes einstellen, so müssen Sie auf seine Körpersprache, seinen Gesichtsausdruck, seine Gesten achten. Bestimmt ist es Ihnen nicht neu, wie es die Stirn runzelt, die Zähne zusammenbeißt, nervös mit dem Fuß tappt. Wie können Sie aus all dem auf seinen Gefühlszustand schließen? Denken Sie daran, daß Ihr Kind auch *Ihre* Körpersprache lesen kann. Wollen Sie entspannt und aufmerksam mit ihm sprechen, so sollten Sie eine Haltung einnehmen, die das auch ausdrückt. Begeben Sie sich auf seine Augenhöhe, atmen Sie tief durch, entspannen und konzentrieren Sie sich. Ihre Achtsamkeit wird Ihrem Kind mitteilen, daß Sie seinen Kummer ernst nehmen und bereit sind, sich eine Zeitlang damit zu befassen.

Wenn Ihr Kind seine Gefühle offenbart, geben Sie wieder, was Sie hören und bemerken. Das bestätigt Ihrem Kind, daß Sie aufmerksam zuhören und seine Gefühle für berechtigt halten. Hier ist ein Beispiel: Als mit der Post ein Geburtstagsgeschenk für Nicky eintrifft, reagiert sein vierjähriger Bruder mit Empörung. »Das ist unfair!« protestiert Kyle. Üblicherweise würde der Vater der beiden Jungen erklären, das werde sich mit der Zeit ausgleichen: »Wenn dein Geburtstag ist, schickt Oma dir bestimmt auch ein Geschenk«, heißt es dann.

Nun erklärt diese Aussage die Situation zwar auf logische Weise, doch ignoriert sie vollkommen, wie Kyle sich gerade fühlt. Und zu Kyles Eifersucht wegen des Geschenks kommt wahrscheinlich noch seine Wut, daß sein Vater seine schwierige Situation nicht versteht.

Stellen wir uns einmal vor, wie Kyle sich hingegen fühlen würde, wenn sein Vater auf seinen Wutanfall mit einer einfachen Beobachtung reagiert: »Du hättest wohl auch gern was von Oma bekommen. Da bist du bestimmt ein bißchen eifersüchtig.« Ja, stimmt, würde Kyle wohl denken. Obwohl es Nickys Geburtstag ist und mich das nicht jucken sollte, bin ich eifersüchtig. Papa versteht mich. Und schon ist Kyle eher bereit, sich die Erklärung anzuhören, daß sich mit der Zeit alles ausgleicht.

Eine Teilnehmerin unserer Elterngruppen erzählte von einer ähnlichen Erfahrung. Eines Tages kam ihre Tochter aus der Schule und verkündete: »Keiner mag mich.«

»Es war wirklich schwer, ihr nicht die Tatsachen vorzuhalten«, erinnerte sich die Mutter. »Ich weiß ja, wie beliebt sie in der Schule ist. Aber als ich zugehört und mich in sie hineinversetzt habe, statt ihr zu widersprechen, war die Krise sofort vorbei. Ich merke allmählich, es hilft eigentlich gar nicht, logisch zu reagieren, wenn sie über ihre Gefühle spricht. Es ist besser, einfach zuzuhören.«

Der folgende Dialog ist ein weiteres Beispiel mitfühlenden Zuhörens. Er lehnt sich an ein Gespräch an, das eine Mutter aus einer unserer Elterngruppen mit ihrer neunjährigen Tochter Megan führte. Achten Sie darauf, daß es der Mutter zuerst darum geht, die kindlichen Gefühle zu bestätigen.

Megan: Ich will morgen nicht in die Schule gehen.

Mutter: Nein? Das ist komisch. Sonst gehst du doch gern zur Schule. Hast du vielleicht wegen irgend etwas Kummer?

Megan: Irgendwie schon.

Mutter: Was macht dir denn Kummer?

Megan: Weiß nicht.

Mutter: Dir macht irgendwas Kummer, aber du bist nicht sicher, was es ist.

Megan: Ja.

Mutter: Ich hab' schon gemerkt, daß du ein bißchen durcheinander bist.

Megan (beginnt zu weinen): Ja. Vielleicht ist es wegen Dawn und Patty.

Mutter: Ist heute in der Schule was mit Dawn und Patty passiert?

Megan: Ja. In der Pause haben sie mich einfach nicht angeschaut.

Mutter: Und das hat dir weh getan.

Megan: Ja.

Mutter: Vielleicht willst du morgen nicht in die Schule gehen, weil du dir Sorgen machst, Dawn und Patty könnten in der Pause wieder nicht mit dir reden.

Megan: Jedesmal, wenn ich zu ihnen gegangen bin, sind sie einfach weggelaufen und haben was anderes gemacht.

Mutter: Ach je. Ich würde mich wirklich elend fühlen, wenn meine Freundinnen so was mit mir machen würden.

Megan: Es war auch schlimm. Ich hab' fast geweint.

Mutter: Ach, Schatz (umarmt sie). Es tut mir so leid, daß so was passiert ist. Du mußt wirklich sehr traurig und wütend sein, weil sie dich so behandelt haben.

Megan: Bin ich auch. Ich weiß gar nicht, was ich morgen tun soll. Ich will nicht in die Schule gehen.

Mutter: Weil du nicht willst, daß deine Freundinnen dir wieder weh tun.

Megan: Ja, und ich spiele doch immer bloß mit ihnen. Alle anderen haben ihre eigenen Freundinnen.

Im weiteren Verlauf des Gesprächs erzählte Megan ihrer Mutter Einzelheiten über das Verhalten der beiden Schulkameradinnen. Wie die Mutter berichtete, war sie mehrfach in Versuchung, ihrer Tochter Anweisungen zu geben. »Mach dir keine Sorgen«, wollte sie etwa sagen. »Morgen werden Dawn und Patty bestimmt wieder mit dir spielen.« Oder: »Vergiß die beiden doch einfach. Such dir neue Freundinnen.«

Die Mutter widerstand dieser Versuchung jedoch, weil sie ihr Verständnis demonstrieren und Megan ermöglichen wollte, eigene Antworten zu finden.

Ich halte das für eine gute Reaktion. Hätte Megans Mutter ihrer Tochter erklärt, sie solle sich keine Sorgen machen, oder hätte sie auf eine allzu simple Lösung verwiesen, so wäre der Eindruck entstanden, daß sie die Probleme ihrer Tochter für klein hielt. Statt dessen fand Megan in ihrer Mutter eine Vertraute und fühlte sich getröstet. Nach weiteren Minuten, in denen sie zugehört und überdacht hatte, was Megan ihr berichtete, begann ihre Mutter, Möglichkeiten aufzuzeigen, wie man mit solch einer Situation umgehen könnte. Und weil Megan wußte, daß ihre Mutter ihr Dilemma verstand, war sie für ihren Rat empfänglich. Im folgenden das Ende des Gesprächs:

Megan: Ich weiß einfach nicht, was ich machen soll.

Mutter: Soll ich dir dabei helfen, dir was auszudenken?

Megan: Ja.

Mutter: Du könntest mit Dawn und Patty darüber reden, wie du dich fühlst, wenn sie dich nicht beachten.

Megan: Ich glaube nicht, daß ich das kann. Da würde ich mich bestimmt schämen.

Mutter: Ja, das kann ich mir schon vorstellen. Da müßtest du schon sehr mutig sein. Meine Güte, ich weiß auch nicht recht. Laß uns mal nachdenken. (Eine Zeitlang streichelt die Mutter nur den Rücken ihrer Tochter.)

Mutter: Vielleicht kannst du einfach abwarten und schauen, was passiert. Du weißt ja, wie Dawn ist. Am einen Tag ist sie wirklich gemein, und am nächsten wieder ganz anders. Vielleicht ist sie morgen wieder deine Freundin.

Megan: Und wenn nicht?

Mutter: Ich weiß nicht recht. Fällt dir vielleicht was ein?

Megan: Nee.

Mutter: Willst du vielleicht mit jemand anders spielen?

Megan: Nee.

Mutter: Was spielen denn die anderen in der Pause?

Megan: Bloß Kickball.

Mutter: Spielst du gern Kickball?

Megan: Ich hab's noch nie gespielt.

Mutter: Ach so.

Megan: Krista spielt es immer.

Mutter: Ist das nicht deine Freundin aus der Jugendgruppe?

Megan: Doch.

Mutter: Ich hab' dich mit Krista bei der Gruppe gesehen, und ihr scheint ganz gut miteinander auszukommen. Vielleicht kannst du sie fragen, ob sie's dir beibringt.

Megan: Vielleicht.

Mutter: Gut. Das wäre ja was, das du tun kannst.

Megan: Ja, das klappt vielleicht. Aber wenn nicht?

Mutter: Du machst dir wohl immer noch Sorgen. Hast du vielleicht Angst, daß gar niemand da ist, mit dem du spielen kannst, und daß du nicht weißt, was du allein tun sollst?

Megan: Ja.

Mutter: Fällt dir vielleicht was Schönes ein, was du ganz allein spielen kannst?

Megan: Meinst du Seilhüpfen?

Mutter: Ja, Seilhüpfen.

Megan: Dann kann ich ja auf jeden Fall mein Seil mitnehmen.

Mutter: Ja. Und wenn du nicht mit Dawn und Patty spielst oder wenn das mit dem Kickball nicht klappt, kannst du seilhüpfen.

Megan: Ja, das kann ich machen.

Mutter: Wie wär's, wenn du jetzt gleich dein Hüpfseil in den Ranzen tust, damit du es nicht vergißt?

Megan: Okay. Darf ich dann Krista anrufen und fragen, ob sie morgen nach der Schule zu uns kommt?

Mutter: Das ist eine tolle Idee.

Indem sie Empathie zeigte, sich Zeit nahm und Megan die Gelegenheit gab, ihre eigenen Schlüsse zu ziehen, konnte die Mutter ihre Tochter zu mehreren möglichen Lösungen zu führen.

Wenn Sie mit Ihrem Kind über Gefühle sprechen, achten Sie darauf, daß der Austausch einfacher Beobachtungen normalerweise besser geeignet ist, ein Gespräch in Gang zu bringen, als bohrende Fragen. Auf die Frage: »Warum bist du denn traurig?« mag Ihr Kind keine Antwort wissen. In seinem Alter verfügt es noch nicht über den Schatz (oder die Last) vieler bedacht erlebter Jahre, weshalb es vielleicht einfach nicht weiß, was es antworten soll. Vielleicht ist es traurig, weil seine Eltern gestritten haben, vielleicht übermüdet, vielleicht macht es sich Sorgen wegen eines Schülerkonzerts. Ob es das ausdrücken kann oder nicht, ist eine andere Sache. Und selbst wenn es eine Antwort findet, meint es vielleicht, sie sei nicht angemessen, um das entsprechende Gefühl zu rechtfertigen. Unter diesen Umständen kann Nachfragen zu einer Verkrampfung führen, so daß es besser ist, einfach wiederzugeben, was man bemerkt. »Du schaust heute ein bißchen müde aus«, könnte man sagen, oder: »Mir ist aufgefallen, daß du die Stirn gerunzelt hast, als ich das Konzert erwähnt habe.« Dann wartet man auf die Reaktion.

Man sollte Fragen vermeiden, auf die man bereits die Antwort weiß. Eine Fragestellung wie »Wann bist du gestern nacht nach Hause gekommen?« oder »Wer hat die Lampe kaputtgemacht?« schaffen eine Atmosphäre des Mißtrauens und der Voreingenommenheit – als erwarte man eine Lüge des Kindes. Da ist es besser, solche Gespräche mit offen vorgebrachten Beobachtungen zu beginnen, also: »Ich hab' gesehen, daß du die Lampe kaputtgemacht hast, und das finde ich gar nicht gut« oder »Du bist gestern nacht erst nach eins zurückgekommen, und das geht einfach nicht.«

Um wirkungsvoll Verständnis zu demonstrieren, kann man schließlich auch von eigenen Erfahrungen berichten. Nehmen wir einmal den kleinen Kyle, der sich wegen des Geburtstagsgeschenks seines Bruders aufregt. Sein Vater könnte etwa sagen: »Ich war als Kind auch eifersüchtig, wenn Tante Mary ein Geschenk bekommen hat.« Seine Gefühle, wüßte Kyle dann, sind so wichtig, daß selbst sein Vater sie einmal empfunden hat. Und da er sich verstanden fühlt, kann er die tröstende Bemerkung akzeptieren, daß er an seinem Geburtstag bestimmt auch etwas von seiner Großmutter bekommen wird.

Vierter Schritt:
Helfen Sie dem Kind, seine Gefühle
in Worte zu fassen

Ein unkomplizierter, aber außerordentlich wichtiger Schritt des Emotionstrainings ist, den Kindern bei der Benennung ihrer Emotionen zu helfen. Im obigen Beispiel hilft Kyles Vater seinem Sohn, seine unangenehmen Gefühle als Eifersucht zu identifizieren. Megans Mutter wiederum hat ihrer Tochter verschiedene Begriffe angeboten, um ihr Problem zu definieren, darunter »Kummer«, »Sorgen«, »weh tun«, »wütend«, »traurig« und »Angst«. Läßt man solche Begriffe einfließen, so kann das den Kindern helfen, ein unbestimmbares, bedrohliches, unangenehmes Gefühl in etwas Benennbares zu verwandeln, in etwas, das Grenzen hat und ein normaler Teil des Alltags ist. Wut, Traurigkeit und Angst werden zu Erfahrungen, die jeder macht und mit denen jeder umgehen kann.

Die Benennung von Emotionen geht Hand in Hand mit dem Gefühl der Empathie. »Du bist sehr traurig, nicht?«, sagt eine Mutter angesichts ihres weinenden Kindes, und schon fühlt sich dieses nicht nur verstanden, es verfügt auch über einen Begriff, um sein intensives Gefühl zu benennen.

Untersuchungen haben erwiesen, daß die Benennung von Emotionen eine beruhigende Wirkung auf die Nerven haben kann und Kindern hilft, sich rascher von verstörenden Vorfällen zu erholen. Obgleich es nicht klar ist, wie das geschieht, habe ich folgende These entwickelt: Sprechen wir über ein Gefühl, während wir es erleben, so wird die linke Gehirnhälfte aktiviert, in der Sprache und Logik beheimatet sind. Das kann dem Kind helfen, sich zu konzentrieren und zu beruhigen. Schafft man es aber, einem Kind zu vermitteln, wie es sich selbst trösten und beruhigen kann, so sind die positiven Folgen enorm. Wie bereits erwähnt, sind bei Kindern, die sich schon zu einem frühen Zeitpunkt selbst beruhigen können, mehrere Anzeichen für emotionale Intelligenz zu beobachten: Sie können sich meist überdurchschnittlich gut konzentrieren, haben bessere Beziehungen zu ihren Altersgenossen, leisten in der Schule mehr und sind gesünder.

Ich würde Eltern also raten, ihren Kindern dabei zu helfen, ihre Gefühle mit Worten zu verbinden. Das heißt nicht, daß man Kindern erklärt, wie sie sich fühlen sollten. Es geht einfach darum, ihnen bei der Entwicklung eines Wortschatzes zu helfen, mit dem sie ihre Emotionen ausdrücken können.

Je präziser Kinder ihre Gefühle in Worten ausdrücken können, desto besser. Versuchen Sie also, ihnen zu helfen, den Nagel auf den Kopf zu treffen. Ist Ihr Sohn beispielsweise zornig, so kann er sich auch enttäuscht, wütend, verwirrt, betrogen oder eifersüchtig fühlen. Und ist Ihre Tochter traurig, so fühlt sie sich vielleicht auch verletzt, ausgeschlossen, eifersüchtig, leer und schwermütig.

Behalten Sie im Hinterkopf, daß der Mensch oft gemischte Gefühle durchlebt, was an sich schon auf manche Kinder verstörend wirkt. Fährt ein Kind etwa ins Schullandheim, so ist es vielleicht gleichzeitig stolz auf seine Unabhängigkeit und ängstlich, weil es Heimweh haben könnte. »Alle anderen freuen sich auf die Fahrt, bloß ich habe Angst«, mag es denken. »Was ist nur los mit mir?«

In solchen Situationen können die Eltern helfen, indem sie das Kind anleiten, seiner emotionalen Bandbreite nachzuspüren, und indem sie ihm versichern, es sei oft ganz normal, zur gleichen Zeit zwei ganz verschiedene Gefühle zu haben.

Fünfter Schritt: Setzen Sie Grenzen, während Sie dem Kind helfen, das akute Problem zu lösen

Haben Sie Zeit aufgewendet, um Ihrem Kind zuzuhören und ihm zu helfen, seine Emotionen zu benennen und zu begreifen, werden Sie sich wahrscheinlich ganz automatisch in den Prozeß der Problemlösung hineingezogen fühlen. Auch dieser Prozeß kann bis zu fünf Schritte umfassen:

1. Grenzen zu setzen
2. Ziele zu identifizieren
3. über mögliche Lösungen nachzudenken
4. vorgeschlagene Lösungen auf der Basis individueller Wertvorstellungen zu prüfen
5. Ihrem Kind zu helfen, eine Lösung auszuwählen.

Auf den ersten Blick mag dieser Prozeß recht umständlich erscheinen, doch mit der Zeit läuft er automatisch ab und kann normalerweise rasch bewältigt werden. Das ist überhaupt die beste Art und Weise, mit Kindern Probleme zu lösen: rasch, aber oft.

Sie können Ihr Kind zu den verschiedenen Schritten hinführen. Seien Sie aber nicht überrascht, wenn es mit zunehmender Erfahrung die Sache selbst in die Hand nimmt und anfängt, schwierige Probleme allein zu lösen.

Setzen Sie Grenzen

Besonders kleine Kinder beginnen meist dann damit, selbst Probleme zu lösen, wenn Mutter oder Vater zuvor einem unangemessenen Verhalten Grenzen setzen. Betrachten wir das folgende Beispiel: Die Mutter beobachtet, daß ihr Kind enttäuscht ist und sein negatives Gefühl auf inakzeptable Weise ausdrückt, indem es einen Spielgefährten schlägt, ein Spielzeug zerstört oder jemanden beschimpft. Nachdem die Mutter die Emotion hinter diesem Verhalten bestätigt und ihrem Kind geholfen hat, sie zu benennen, kann sie dem Kind klarmachen, daß bestimmte Verhaltensweisen weder angemessen noch hinnehmbar sind. Im Anschluß daran wäre das Kind anzuleiten, sich geeignetere Methoden auszudenken, wie man mit negativen Gefühlen umgeht.

»Du bist wütend, daß Danny dir das Auto weggenommen hat«, wird die Mutter etwa sagen. »Das wäre ich auch. Aber es ist nicht in Ordnung, daß du ihn schlägst. Was könntest du statt dessen tun?« Oder: »Es ist schon in Ordnung, daß du eifersüchtig auf deine Schwester bist, weil sie es vor dir auf den Vordersitz geschafft hat, aber es geht überhaupt nicht, daß du sie deshalb so böse anredest. Fällt dir was anderes ein, wie du mit so was umgehen kannst?«

Ginott hat bemerkt, wie wichtig es für Kinder ist, zu verstehen, daß nicht ihre *Gefühle* ein Problem darstellen, sondern ihr *unangemessenes Benehmen*. Alle Gefühle und alle Wünsche sind akzeptabel, aber nicht alle Verhaltensweisen. Daher müssen die Eltern bestimmten Handlungen Grenzen setzen, aber nicht den kindlichen Wünschen.

Das wird sofort verständlich, wenn man sich klarmacht, daß es für Kinder nicht leicht ist, ihre Gefühle bezüglich einer

Situation zu ändern. Emotionen wie Traurigkeit, Angst oder Zorn verschwinden nicht einfach, weil Vater oder Mutter erklären: »Hör auf zu weinen!« oder »So brauchst du dich doch nicht zu fühlen.« Erklären wir einem Kind, wie es sich fühlen *soll*, so bewirkt das nur, daß es dem mißtraut, was es *tatsächlich* fühlt. Dies aber führt zu Selbstzweifeln und dem Verlust der Selbstachtung. Erklären wir dem Kind jedoch, daß es ein Recht auf seine Gefühle hat und daß es nur darum geht, sie auf bessere Art und Weise *auszudrücken*, bleiben Persönlichkeit und Selbstachtung unangetastet. Außerdem weiß das Kind dann einen verständnisvollen Erwachsenen auf seiner Seite, der ihm helfen kann, von einem Gefühl des Überwältigtseins zum Aufspüren einer Lösung zu gelangen.

Welchen Verhaltensweisen sollten Eltern also Grenzen setzen? Auf diese Frage hielt Ginott keine prompten Antworten bereit, und zwar aus gutem Grund: Die Eltern sollten Regeln für ihre Kinder aufstellen, die ihren individuellen Wertmaßstäben entsprechen. Allerdings hat Ginott einige Richtlinien bezüglich der Toleranz von Eltern aufgestellt, wobei seine Grundlage die Erkenntnis bildet, »daß Kinder kindlich sind«. Akzeptieren sollte man etwa, »daß das frische Hemd eines richtigen Jungen nicht lange sauber bleibt, daß Hüpfen und Springen für das Kind viel normalere Gangarten sind als Spazierengehen, daß ein Baum zum Klettern da ist und ein Spiegel, um davor Grimassen zu schneiden«. Solche Verhaltensweisen zu erlauben, »führt zum Vertrauen und zur zunehmenden Fähigkeit, Gefühle und Gedanken auszudrücken«. Zu große Toleranz hingegen bedeutet, nicht wünschenswerte Handlungen wie destruktives Verhalten zu akzeptieren. Sie ist abzulehnen, denn sie »führt zu Unruhe und gesteigertem Verlangen nach Vorrechten, die nicht gewährt werden können«.[26]

Ginott schlägt ein Regelsystem vor, das auf drei »Zonen« des Verhaltens basiert – einer grünen, gelben und roten Zone.

Die grüne Zone umfaßt sanktioniertes und erwünschtes Verhalten. Dieses entspricht unseren Vorstellungen, weshalb wir es jederzeit gutheißen.

In der gelben Zone befinden sich unerwünschte Verhaltensweisen, die zwar nicht gutgeheißen, jedoch aus zwei bestimmten Gründen toleriert werden. Zum einen geht es nach Ginott um »Nachsicht für Lernende«. Ein vierjähriges Kind ist einfach nicht dazu in der Lage, während eines ganzen Gottesdienstbesuchs stillzusitzen, doch erwartet man, daß es mit der Zeit Fortschritte machen wird. Der andere ist »Nachsicht in schwierigen Zeiten«.[27] Beispiele wären ein Fünfjähriger, der während einer Erkältung Wutausbrüche hat, oder ein Mädchen, das während der Scheidung ihrer Eltern die Autorität ihrer Mutter in Frage stellt. Wenn Sie solche Verhaltensweisen nicht gutheißen, so sollten Sie das Ihren Kindern auch mitteilen. Wollen Sie sie dennoch dulden, so können Sie Ihrem Kind klarmachen, das dies aufgrund der besonderen Umstände geschieht.

Bei der roten Zone geht es um Betragen, das auf keinen Fall toleriert werden kann. Hierzu gehören Verhaltensweisen, die das Wohlergehen Ihres Kindes oder anderer Menschen gefährden, Straftaten und Verhalten, das Sie für unmoralisch oder ethisch und sozial unannehmbar halten.

Wenn man Grenzen für unangemessenes Betragen setzt, sollte man dem Kind klarmachen, welches die Folgen sind, wenn es Regeln einhält oder sie bricht. Reaktionen auf gutes Verhalten können Aufmerksamkeit, Lob, Vergünstigungen oder eine Belohnung sein. Unerwünschtes Verhalten könnte etwa mit dem Entzug von Aufmerksamkeit, gestrichenen Vergünstigungen und ausbleibender Belohnung sanktioniert werden. Kinder reagieren auf dieses System am besten, wenn die Konsequenzen durchgängig, gerecht und auf ihr falsches Verhalten bezogen sind.

Eine beliebte Methode, auf unangemessenes Verhalten bei kleinen Kindern im Alter von ungefähr drei bis acht Jahren zu reagieren, ist die sogenannte Auszeit. Korrekt angewendet, geht es darum, die Kinder kurzfristig von positiven Interaktionen mit ihren gleichaltrigen wie auch erwachsenen Bezugspersonen auszuschließen. Geschieht dies tatsächlich auf korrekte Weise, so kann es Kindern eine wirksame Hilfe sein, ihr Fehlverhalten zu beenden, sich zu beruhigen und auf positivere Weise neu zu beginnen. Leider wird diese Auszeit von zu vielen Eltern und Betreuern falsch angewendet. Sie verbinden die angeordnete Isolation mit schroffen Aussagen und Gesten, wodurch sich die Kinder abgelehnt und erniedrigt fühlen. Aus solchen negativ geladenen Konsequenzen entsteht wenig Gutes. Wenn Eltern sich dieser Methode bedienen wollen, so rate ich ihnen dringend, dies mit Feingefühl zu tun.[28]

Eine in amerikanischen Familien weitverbreitete Konsequenz unangemessenen Verhaltens ist die körperliche Züchtigung. Eine 1990 durchgeführte Umfrage unter amerikanischen Studenten ergab, daß 93 Prozent als Kinder geschlagen wurden. 10,6 Prozent berichteten von so schweren Übergriffen, daß sie Striemen oder blaue Flecken davontrugen.[29] Während Prügel in den Vereinigten Staaten offenbar sehr verbreitet sind, gilt das nicht unbedingt für den Rest der Welt. Beispielsweise erklärten nur 11 Prozent der befragten schwedischen Eltern, ihre Kinder zu schlagen, was vielfach auf das allgemein geringere Auftreten von Gewalt in ihrem Land zurückgeführt wird.[30] (Nach einer Umfrage schlagen 66 Prozent der deutschen Eltern ihre Kinder gelegentlich oder regelmäßig.)

Viele Eltern, die ihre Kinder schlagen, tun dies nach eigener Aussage, um Gehorsam zu erzwingen. Tatsächlich machen viele Kinder, was man ihnen sagt, wenn sie so körperlichem Schmerz entgehen. Leider funktioniert die Androhung von Prügeln kurzfristig nur allzu gut: Das unangemessene Benehmen wird sofort beendet, oft ohne jede Diskussion und ohne die Gelegenheit, dem Kind Selbstbeherrschung und Lösungsmethoden zu vermitteln. Langfristig wiederum zeigt körperliche Züchtigung eventuell gar keine Wirkung. Vielmehr erreicht sie oft das Gegenteil, weil das Kind das Gefühl entwickelt, machtlos zu sein und unfair behandelt zu werden, weshalb es wütend auf seine Eltern wird. Nach einer Tracht

Prügel denken Kinder eher an Rache als daran, sich zu ändern. Das Gefühl erlittener Erniedrigung kann dazu führen, daß sie ihr Fehlverhalten leugnen oder auf Mittel und Wege sinnen, sich das nächste Mal nicht erwischen zu lassen.

Wer prügelt, lebt damit auch vor, daß Aggression eine geeignete Methode ist, um seine Ziele zu erreichen. Nachweislich neigen geschlagene Kinder eher als andere dazu, ihre Spielgefährten zu schlagen, besonders wenn diese kleiner und schwächer sind. Dazu kommt ein möglicher Langzeiteffekt. Es gibt Hinweise auf einen Zusammenhang zwischen der Schwere der körperlichen Züchtigung und dem Aggressionspotential der geschlagenen Kinder. Als Jugendliche neigen sie eher dazu, ihre Eltern zu schlagen; als Erwachsene werden sie sich mit größerer Wahrscheinlichkeit gewalttätig verhalten und Gewalt in ihren Beziehungen tolerieren. Und schließlich zeigen Menschen, die als Kinder geschlagen wurden, eine geringere Neigung, ihren Eltern im Alter beizustehen.

Grundsätzlich hilft es einer Familie mehr, wenn Grenzen gesetzt werden, die den Kindern erlauben, ein Gefühl der Würde, der Selbstachtung und der Stärke zu bewahren. Vermittelt man Kindern verständliche Regeln und ein gewisses Gefühl, daß sie ihr Leben beherrschen können, neigen sie automatisch viel weniger dazu, sich daneben zu benehmen. Lernen sie zudem, ihre negativen Emotionen in den Griff zu bekommen, müssen die Eltern weniger Grenzen setzen und seltener zu Disziplinarmaßnahmen greifen. Und haben sie in Mutter und Vater gerechte, verläßliche Verbündete, so sind Kinder viel offener dafür, mit ihnen gemeinsam an Problemen zu arbeiten.

Identifizieren Sie mögliche Ziele

Haben Mutter oder Vater einem Kind mit Empathie zugehört, sind Gefühle benannt und unangemessenem Verhalten Grenzen gesetzt worden, so ist normalerweise der nächste Schritt, die Ziele zu definieren, mit denen das akute Problem gelöst werden soll. Scheint dies als nächster Schritt nicht logisch, ist es vielleicht einfach zu früh, weil das Kind noch mehr Zeit braucht, um seine Gefühle auszudrücken. Wenn Sie sich in einer solchen Lage wiederfinden, versuchen Sie, sich nicht entmutigen zu lassen. Fahren Sie einfach damit fort, Ihr Kind zum Reden zu ermutigen. Reflektieren Sie, was Sie hören und beobachten. Zeigen Sie Empathie, versuchen Sie, die Dinge zu benennen. Vielleicht hilft es auch, offene Fragen zu stellen wie »Was meinst du wohl, was dich traurig/wütend/ängstlich macht?« oder »Ist das etwas, was heute passiert ist?« Vorsichtig kann man auch eigene Vorschläge machen, um dem Kind bei der Benennung der Ursachen zu helfen. Irgendwann wird Ihr Kind wahrscheinlich doch den Punkt erreichen, an dem ihm klar wird: »Jetzt weiß ich, warum ich mich schlecht fühle und welches Problem diese Gefühle ausgelöst hat. Was soll ich nun mit diesem Problem machen?«

Um ein Ziel zu identifizieren, können Sie Ihr Kind fragen, was es angesichts des betreffenden Problems erreichen will. Häufig ist die Antwort ganz einfach: Es will einen verbogenen Drachen reparieren oder eine verwirrende Mathematikaufgabe lösen. Andere Situationen erfordern eine Klärung. So muß ein Junge nach einem Streit mit seiner Schwester bestimmen, ob es das beste Ziel ist, sich zu rächen, oder nach einem Weg zu suchen, mit dem er zukünftig Konflikte verhindert. Gelegentlich mag es auch so aussehen, als sei gar keine Lösung in Sicht: Der geliebte Hamster des Kindes ist gestorben. Sein bester Freund zieht in eine andere Stadt. Es darf bei der Schulaufführung nicht die Rolle spielen, die es sich sehnlichst gewünscht hat. In solchen Fällen ist das Ziel Ihres Kindes vielleicht einfach, den Verlust akzeptieren zu können oder Trost zu finden.

Versuchen Sie, gemeinsam mit Ihrem Kind Möglichkeiten zu entdecken, wie das akute Problem gelöst werden kann. Elterliche Hinweise können sehr nützlich sein, besonders für kleinere Kinder, die es oft schwer finden, sich alternative Lösungen auszudenken. Doch auch hier ist es wichtig, sich vor Dominanz zu hüten. Wollen Sie wirklich, daß Ihr Kind das Ergebnis sein eigen nennen kann, sollten Sie es ermutigen, eigenständige Vorstellungen zu entwickeln.

Die Art eines solchen *Brainstorming* hängt vor allem vom Alter Ihres Kindes ab. Bevor sie das elfte Lebensjahr erreichen, denken die meisten Kinder noch nicht abstrakt. Deshalb finden sie es oft schwierig, gleichzeitig an mehr als eine Möglichkeit zu denken. Sobald Sie also gemeinsam eine Idee entwickeln, werden Kinder dieses Alters dazu neigen, sie sofort auszuprobieren, ohne weitere Alternativen in Betracht zu ziehen. Ich erinnere mich an ein Gespräch mit meiner damals vierjährigen Tochter Moriah, in dem es um Strategien ging, wie sie mit ihrer Angst vor dem »Monster« umgehen konnte, das sie in einem Alptraum geplagt hatte. »Du könntest vielleicht ein Bild davon malen«, schlug ich vor, worauf sie sofort davonrannte, um ihre Wachsmalstifte zu holen. Weil man solchen Enthusiasmus natürlich nicht unterbinden will, wird man vielleicht nacheinander mehrere Lösungen ausprobieren und dann das Kind entscheiden lassen, welche am wirksamsten war.

Auch Rollen- oder Phantasiespiele stellen eine konkrete und praktische Methode dar, kleineren Kindern alternative Lösungen zu demonstrieren. Mit Puppen oder auch unter Einsatz der eigenen schauspielerischen Talente kann man verschiedene Lösungen eines Problems vorspielen. Weil kleine Kinder oft sehr eindimensional denken, ist es eventuell hilfreich, zwei unterschiedliche Versionen einer Situation darzustellen, und zwar einmal die »richtige« und einmal die

»falsche« Lösung. Streiten sich beispielsweise zwei Puppen um ein Spielzeug, reißt es die eine Puppe der anderen erst einmal weg, ohne zu fragen. In der zweiten Version schlägt sie vor, das Spielzeug abwechselnd zu benutzen.

Ältere Kinder sind in der Lage, an dem erprobten Prozeß des *Brainstorming* teilzunehmen. Dabei versuchen Eltern und Kinder, sich jede denkbare Möglichkeit vorzustellen. Um den Fluß kreativer Vorstellungen zu unterstützen, sollten Sie Ihrem Kind am Anfang sagen, keine Idee sei so dumm, als daß man nicht darüber sprechen könnte. So werden mögliche Optionen nicht schon ausgesiebt, bevor alles auf dem Tisch ist. Will man dem Kind zeigen, daß man den Vorgang wirklich ernst nimmt, kann man auch alle Möglichkeiten notieren, die im Zusammenspiel der Partner entstehen.

Um die kindliche Entwicklung bei diesem Prozeß zu fördern, ist es oft hilfreich, Beziehungen zwischen vergangenen und zukünftigen Erfolgen herzustellen. Erinnern Sie das Kind an ein positives Ergebnis der Vergangenheit, und fordern Sie es anschließend auf, sich bei der Erprobung neuer Wege einen ähnlichen Erfolg vorzustellen.

Kürzlich ergab sich die Gelegenheit, das mit Moriah auszuprobieren: Sie hatte Probleme, ihre Freundschaften in der Vorschule zu koordinieren. Sie war davon so stark belastet, daß sie an diesem Tag nicht in die Vorschule gehen wollte. Statt ihr einen Rat zu geben, entschloß ich mich, sie auf ihre eigenen Ideen hinzuweisen, ihr dabei aber zu helfen, die Situation neu zu beleuchten. Das Gespräch verlief in etwa so:

Moriah: Ich will wegen dem Schwimmen nicht in die Schule. Immer wenn wir uns jemanden fürs Schwimmen aussuchen, will Margaret mit mir zusammen sein, aber ich möchte lieber mit Polly gehen.
Ich: Das scheint ja wirklich eine schwierige Sache zu sein.
Moriah: Ja, das ist wirklich blöd.
Ich: Was könntest du da wohl unternehmen?
Moriah: Weiß nicht. Ich mag Margaret, aber ich hab's einfach

satt, immer mit ihr zu gehen. Vielleicht kann ich Pollys Hand schnappen, bevor Margaret fragt, ob sie mit mir gehen kann.

Ich: Gut. Das wäre schon mal eine Idee. Du müßtest ganz flink sein, aber das kannst du wahrscheinlich schaffen.

An dieser Stelle war ich sehr versucht, meine eigenen Vorschläge einzubringen. Viel besser für Moriahs Entwicklung mußte es aber sein, wenn ich mich zurückhielt und sie einfach nur dabei unterstützte, die Situation auf der Basis ihrer eigenen Perspektive und ihrer Erfahrung zu erforschen. Dies ist die Fortsetzung des Gesprächs:

Ich: Fällt dir noch irgendwas anderes ein?

Moriah: Nee.

Ich: Na schön, reden wir noch ein bißchen drüber. Es geht darum, daß du dich in der Vorschule ärgerst und durcheinander bist. Erinnerst du dich, ob du dich schon mal so gefühlt hast?

Moriah: Irgendwie schon. Damals, als Daniel mich immer an den Haaren gerissen hat.

Ich: Das weiß ich auch noch. Was hast du da eigentlich gemacht?

Moriah: Ich hab' ihm gesagt, er soll aufhören. Sonst würde ich's der Lehrerin sagen.

Ich: Und, hat's geklappt?

Moriah: Ja. Er hat damit aufgehört.

Ich: Kannst du jetzt vielleicht was ähnliches machen?

Moriah: Na ja, vielleicht kann ich mit Margaret reden und ihr sagen, ich will eine Zeitlang beim Schwimmen nicht mit ihr gehen. Ich kann ihr ja sagen, daß ich immer noch ihre Freundin sein will, bloß daß ich auch manchmal mit Polly gehen will.

Ich: Gut. Jetzt hast du zwei Möglichkeiten. Ich hab' doch gewußt, daß dir ein paar gute Sachen einfallen!

Prüfen Sie vorgeschlagene Lösungen
auf der Basis Ihrer individuellen
Wertvorstellungen

Hier handelt es sich darum, jede der aufgetauchten Ideen zu beleuchten und zu entscheiden, welche man anwenden sollte und welche nicht. Fordern Sie Ihr Kind auf, jede Lösung einzeln zu betrachten und sich dabei folgendes zu fragen:
»Ist diese Lösung gerecht?«
»Kann sie klappen? Ist sie ohne Risiko?«
»Wie werde ich mich dann wohl fühlen? Und wie werden sich die anderen fühlen?«

Dieses Verfahren bietet wieder eine Gelegenheit, zusammen mit dem Kind die notwendigen Grenzen bestimmter Verhaltensweisen durchzugehen. Hätte Moriah zum Beispiel vorgeschlagen, am Tag des Schwimmunterrichts einfach zu Hause zu bleiben, hätte ich sie darauf hinweisen können, daß diese Lösung wenig erfolgversprechend wäre, weil sie den Konflikt nur um einen Tag verschoben hätte. Diese Gesprächsphase gibt den Eltern auch Gelegenheit, die familiären Wertvorstellungen zu verstärken. Ich hätte etwa sagen können:»Wir glauben, es ist besser, auf Probleme zuzugehen, als sie einfach zu verstecken, indem man zu Hause bleibt.« Oder ich hätte das Mitgefühl Moriahs verstärken können:»Ich bin froh, daß dir eingefallen ist, Margaret zu sagen, du willst weiter ihre Freundin sein. Ich glaube, es ist wichtig, behutsam mit den Gefühlen einer Freundin umzugehen.«

Helfen Sie Ihrem Kind dabei,
eine Lösung auszuwählen

Wenn Sie und Ihr Kind über die Konsequenzen verschiedener Möglichkeiten nachgedacht haben, fordern Sie es auf, eine oder mehrere Optionen auszuwählen und versuchsweise anzuwenden.

Auch hier geht es darum, das eigenständige Denken der Kinder zu fördern, sie aber gleichzeitig anzuleiten und die eigenen Meinungen zu vermitteln. Haben Sie keine Scheu, Ihrem Kind an dieser Stelle zu erzählen, wie Sie selbst in Ihrer Kindheit mit ähnlichen Problemen umgegangen sind. Was haben Sie aus Ihren Erfahrungen gelernt? Welche Fehler haben Sie gemacht? Auf welche Entscheidungen waren Sie stolz? So vermitteln Sie Ihrem Kind Ihre Werte in einem Kontext, in dem Sie es bei der Lösung eines schwierigen Problems unterstützen. Das aber ist wesentlich effizienter, als einfach abstrakte Ideen vorzutragen, die keinen Bezug zum kindlichen Alltag aufweisen.

Natürlich wollen Sie Ihren Kindern helfen, gute Entscheidungen zu treffen, aber denken Sie auch daran, daß Kinder aus ihren Fehlern lernen. Neigt das Kind zu einer Idee, die nach Ihrer Erfahrung undurchführbar, aber harmlos ist, sollten Sie es vielleicht auf den Versuch ankommen lassen. Scheitert das Ganze, können Sie es immer noch ermutigen, die nächste Lösung auszuprobieren.

Hat Ihr Kind eine Lösung ausgewählt, helfen Sie ihm dabei, einen konkreten Plan zu entwickeln, wie es diese in die Tat umsetzen kann. Haben sich zwei Geschwister etwa darum gestritten, wer in der Küche helfen soll, können Sie einen Plan vorschlagen, nach dem die Pflichten aufgeteilt werden. Fordern Sie die beiden auf, bestimmte Grundregeln aufzustellen, Aufgaben zu definieren und sich über einen zeitlichen Rahmen zu einigen: Jason spült nach dem Abendessen ab, Joshua nach dem Mittagessen; nach einer Woche wechseln die beiden. Dabei sollte von vornherein festgelegt werden, wie man überprüft, ob die Vereinbarung funktioniert. Zum Beispiel können die beiden Jungen absprechen, daß sie eine bestimmte Lösung einen Monat lang ausprobieren, um dann darüber zu sprechen und notwendige Änderungen einzubringen. Das vermittelt Kindern die Vorstellung von flexiblen Lösungen, an denen gefeilt werden kann.

Hat Ihr Kind eine Problemlösung gewählt, die nicht funktioniert, so helfen Sie ihm, den Mißerfolg zu analysieren, um den Prozeß noch einmal von vorne zu beginnen. Dadurch lernt das Kind, daß der Verzicht auf eine Idee nicht das Scheitern sämtlicher Bemühungen bedeuten muß. Weisen Sie darauf hin, daß es sich hier um einen Lernprozeß handelt und daß jede Korrektur es einem positiven Ergebnis näher bringt.

VIERTES KAPITEL

Strategien des Emotionstrainings

Wenn Sie und Ihr Kind den fünf Schritten des Emotionstrainings regelmäßig folgen, werden Sie beide es zunehmend besser beherrschen. Sie beide werden sich der eigenen Gefühle bewußter werden und sich leichter tun, sie auszudrücken. Ihr Kind aber dürfte die Vorzüge einer Beziehung erkennen, in der es sich bei der Lösung von Problemen auf einen Emotionstrainer stützen kann.

Das soll freilich nicht heißen, daß ein emotionales Training sämtliche Wogen glättet. Ihre Familie wird weiterhin auf eine Anzahl Hindernisse stoßen. Manchmal werden Sie sich auf die kindlichen Emotionen einstellen wollen, aus den verschiedensten Gründen aber keine eindeutigen Signale auffangen können. Und manchmal können Sie sagen, was Sie wollen, es scheint unmöglich, Ihrem Kind eine Botschaft zu vermitteln. Dann spüren Sie, daß es in seiner ganz eigenen Welt verloren ist und Sie genausogut gegen die Wand reden könnten.

In diesem Kapitel finden Sie verschiedene Strategien, die sich bei solchen Blockaden gegen das Emotionstraining bewähren können. Sie basieren auf unseren Erfahrungen in Elterngruppen, unserer klinischen Arbeit und unserer Feldforschung. Es folgt eine Beschreibung häufig auftretender Konstellationen, in denen das Emotionstraining selten erfolgversprechend ist. Treten solche Situationen ein, ist es meist am besten, andere Methoden anzuwenden und das Emotionstraining auf später zu verschieben. Am Ende dieses Kapitels findet sich schließlich ein Test, mit dem Sie Ihre Fertigkeiten beim Emotionstraining einschätzen und ausbauen können.

Zusätzliche Strategien

Vermeiden Sie übertriebene Kritik, demütigende Kommentare und Spott

Unsere Untersuchungen weisen deutlich darauf hin, daß die mit solchem Verhalten verbundene Herabsetzung sich destruktiv auf die Kommunikation zwischen Eltern und Kindern und auf die kindliche Selbstachtung auswirkt.

Wir haben verschiedene Versionen dieses Verhaltensmusters beobachtet. So wiederholten die Eltern etwa eine Aussage des Kindes wörtlich, aber mit verächtlichem Unterton. Sagte das Kind:»Daran erinnere ich mich nicht mehr«, so war die spöttische Erwiderung:»Du erinnerst dich nicht mehr daran?« Bei der gemeinsamen Erprobung des Videospiels achteten manche Väter übertrieben auf die Fehler ihrer Kinder und wiesen sie auf jeden Irrtum hin, die Kinder wurden von kritischen Bemerkungen nur so überschüttet. Andere Väter schoben das Kind beiseite und übernahmen selbst das Steuer, wodurch klar wurde, daß sie ihr Kind für unfähig hielten. Über die Emotionen ihrer Kinder befragt, berichteten viele Eltern, sie reagierten auf deren Wutausbrüche, indem sie sie auslachten oder verspotteten.

Als wir diese Familien drei Jahre später wieder trafen, stellten wir fest, daß die Kinder, die von seiten ihrer Eltern ein derart respektloses, verächtliches Verhalten erfahren hatten, zu eben jener Gruppe gehörten, die überdurchschnittlich viele Probleme in der Schule und im Umgang mit Freunden hatte. Es waren jene Kinder, in deren Blutkreislauf mehr Streßhormone festzustellen waren. Ihre Lehrer berichteten von vergleichsweise großen Verhaltensproblemen, ihre Mütter davon, daß sie häufiger krank waren als andere Kinder.

Ein solcher negativer, abwertender Erziehungsstil ist natürlich nicht nur bei Verhaltensstudien zu beobachten. Beständig untergraben wohlmeinende Eltern das Selbstvertrauen ihrer Kinder, indem sie ständig ihr Verhalten korrigieren, sie wegen ihrer Fehler verspotten und sich unnötigerweise einmischen, wenn sich die Kinder an den einfachsten Aufgaben versuchen. Gedankenlos fällen sie ein Urteil über ihre Kinder, von dem sich das kindliche Selbstbild nicht mehr trennen kann: Bobby ist »hyperaktiv«. Karie ist »eine ganz Stille«. Bill ist »faul«. Angie ist »unser kleines Dummerchen«. Häufig ist auch zu beobachten, wie Eltern im Beisein von anderen Erwachsenen auf Kosten ihrer Kinder Witze reißen oder sich über ihre Traurigkeit lustig machen. Da heißt es dann etwa: »Sei doch kein Baby.«

Eltern, die wirklich auf die Gefühle ihrer Kinder achten, neigen natürlich weniger dazu, sie so zu demütigen. Trotzdem haben selbst Eltern, die sich im Sinne des Emotionstrainings verhielten, gelegentlich ungewollt abfällige Bemerkungen gegenüber ihren Kindern geäußert. Deshalb rate ich allen Eltern dringend, sich selbst auf heimtückische Gewohnheiten wie Kritik, Sarkasmus und Herabsetzung zu überprüfen. Achten Sie darauf, daß Sie sich über Ihre Kinder nicht lustig machen. Geben Sie ihnen Raum, wenn sie sich an neuen Fertigkeiten versuchen, auch wenn das bedeutet, ihnen ein paar Fehler zuzugestehen. Vermeiden Sie Charakteretikettierungen, indem Sie sich auf spezifische Verhaltensweisen beziehen, nicht auf die gesamte Persönlichkeit. Sagen Sie: »Bei Großmama klettern wir nicht auf die Möbel« und nicht: »Hör doch auf, so einen Terror zu machen!«

Zwar haben manche Kinder eine ziemlich dicke Haut, aber selbst die ist nicht undurchdringlich. Auf der Suche nach einer eigenen Persönlichkeit richten sich Kinder nach ihren Eltern und neigen dazu, deren Aussagen zu glauben. Wenn Eltern ihre Kinder mit Witzen, übertriebener Kritik oder Bevormundung herabwürdigen, vertrauen diese ihnen nicht mehr. Und ohne Vertrauen geht jede Nähe verloren, man hört sich nur scheinbar zu, und es wird unmöglich, Probleme gemeinsam zu bewältigen.

Bauen Sie Ihr Kind auf
und loben Sie es

Im Verlauf des Videospiel-Experiments haben wir bei emotional trainierten Familien eine erfolgreiche Technik beobachtet, die wir als »Gerüstbau« bezeichnen. Das Verhalten der betreffenden Eltern ist dem der oben beschriebenen, übermäßig kritischen Eltern geradezu entgegengesetzt. Am Anfang geben die Eltern ihren Kindern mit bedächtiger, ruhiger Stimme gerade genug Informationen, um einen Spielbeginn zu ermöglichen. Dann warten sie, bis das Kind etwas Richtiges tut und loben seine Handlung auf spezifische – und nicht etwa globale – Weise. So sagt der Vater etwa: »Gut! Du hast den Knopf genau zum richtigen Zeitpunkt gedrückt.« Solche zielgerichteten Komplimente sind in einer Lernsituation wesentlich effizienter als generelles Lob wie: »Gut! Jetzt hast du's wirklich kapiert!« Nach so einer Bestätigung geben die Eltern meist eine weitere Information. Und am Ende wiederholen sie die ausgeführten Schritte, damit die Kinder das Spiel abschnittsweise erlernen. Wir haben diese Vermittlungsmethode Gerüstbau genannt, weil die Eltern jeden kleinen Erfolg benutzen, um das Vertrauen des Kindes zu bestärken und ihm zu helfen, die nächsthöhere Stufe zu erreichen.

Im Gegensatz zu den übermäßig kritischen Eltern passierte es den Emotionstrainern nur selten, daß sie auf Kritik zurückgriffen, um ihre Kinder zu belehren. Auch mischten sie sich nicht ein, indem sie etwa das Spiel selbst in die Hand nahmen.

Ignorieren Sie Ihre
»elterlichen Zielvorstellungen«

Obgleich emotional aufgeladene Momente eine wunderbare Gelegenheit bieten, Empathie zu zeigen, Nähe herzustellen und Hilfe anzubieten, sind sie oft eine große Herausforderung für jene Eltern, die bestimmte Erziehungsziele erreichen *wollen*. Diese sind meist mit einem bestimmten Problemfeld verbunden, das der betreffende Elternteil als nachteilig für das Wohlergehen des Kindes identifiziert hat. Solche Zielvorstellungen verbinden sich oft mit der Vermittlung positiver Werte wie Mut, Sparsamkeit, Freundlichkeit und Disziplin. Manchmal unterscheiden sie sich auch von Kind zu Kind. So machen sich die Eltern etwa Sorgen, daß eines ihrer Kinder zu selbstbewußt, das andere zu schüchtern ist. Während manche Kinder als träge und undiszipliniert bezeichnet werden, bemängelt man an anderen zu große Ernsthaftigkeit oder den Mangel an Spontaneität und Humor. Wie das Problem im einzelnen auch aussehen mag, führen solche Zielvorstellungen dazu, daß die Eltern ein übertrieben wachsames Auge auf die Verhaltensweisen der Kinder haben und ständig versuchen, deren Eigenart zu ändern. Entstehen dann aber mit den jeweiligen Zielen verbundene Konflikte, halten solche Eltern es für ihre Aufgabe – wenn nicht gar für ihre moralische Verpflichtung –, ihre eigene Perspektive durchzusetzen: »Weil du so vergeßlich bist, hast du schon wieder vergessen, die Katze zu füttern. Das ist grausam.« »Wegen deiner Unbedachtheit hast du dein ganzes Taschengeld für Konzertkarten ausgegeben. Das ist einfach töricht.«

Ich finde es großartig, wenn Eltern ihre Werte mit ihren Kindern teilen wollen, denn ich meine, dies ist ein eminent wichtiger Aspekt der Erziehung. Man sollte sich aber bewußt sein, daß Zielvorstellungen auf sensible Weise vermittelt werden müssen, wenn sie einer engen Beziehung von Eltern und Kindern nicht im Weg stehen sollen. Oft hindern sie Mütter und Väter nämlich daran, ihren Kindern mitfühlend zuzuhören. Falls das geschieht, kann das wohlgemeinte Ziel das Gegenteil bewirken und die elterliche Fähigkeit untergraben, die Entscheidungen des Kindes zu beeinflussen. Nehmen wir folgendes Beispiel: Jean, eine sensible und fürsorgliche Mutter aus einer unserer Elterngruppen, macht sich schon lange Sorgen um die »trübsinnige Einstellung« ihres Sohnes Andrew. Sie meint, der Neunjährige neige dazu, »das Opfer zu spielen«, und ist bekümmert wegen der möglichen Auswirkungen auf seine sozialen Beziehungen. Als sie sich kurz mit Andrew wegen eines Streits des Jungen mit seiner älteren Schwester auseinandersetzt, besteht Jeans Zielvorstellung darin, ihren Sohn dazu zu bringen, mehr Eigenverantwortung für das gute Auskommen mit seiner Schwester zu übernehmen.

»Was ist denn los, Schatz?« ist ihre erste Frage. »Du siehst ziemlich traurig aus.«

»Wenn ich bloß eine nettere Schwester hätte«, erwidert Andrew.

»Ja, bist du denn nett zu ihr?« gibt Jean zurück.

Stellen Sie sich einmal vor, wie Andrew sich nach dieser Frage fühlen muß. Da steht seine Mutter und scheint Interesse daran zu zeigen, wie er sich fühlt. Doch sobald er sich öffnet, reagiert sie mit Kritik. Diese mag wohlgemeint und mild sein, aber Kritik bleibt es doch.

Überlegen wir nun, wie Andrew sich nach der folgenden Reaktion Jeans gefühlt hätte: »Mir ist schon klar, warum du manchmal so denkst.« Diese Aussage hätte Andrew klargemacht, daß sich seine Mutter mit seiner Traurigkeit beschäftigt und da ist, um ihn bei der Verarbeitung seiner Gefühle bezüglich seiner Schwester und bei Lösungsversuchen zu unterstützen. Statt dessen hat Jean ihrem Sohn den Schwarzen Peter zugeschoben, was Andrew mit Sicherheit verschlossener und weniger willens macht, seine Rolle in dem vorangegangenen Streit zu überdenken.

Elterliche Zielvorstellungen können auch dann hinderlich sein, wenn Mutter oder Vater genau wissen, daß ein Kind sich unangemessen verhalten hat, meint die Elternberaterin Alice Ginott-Cohen, früher auch beruflich mit ihrem verstorbenen Ehemann Haim Ginott verbunden. Sie rät allen Eltern, eine Auseinandersetzung über das kindliche Fehlverhalten zurückzustellen, bis die ihm zugrundeliegenden Gefühle angesprochen wurden.

Um zu diesen verborgenen Emotionen vorzudringen, sollte man den folgenden Fragetyp tunlichst vermeiden:»Warum hast du das getan?« Diese Frage klingt nach Anschuldigung oder Kritik, weshalb das Kind eher defensiv reagieren wird, als nützliche Auskunft zu geben. Versuchen Sie statt dessen, Ihr Kind besorgt zu fragen, wie es sich während des Vorfalls gefühlt hat.

Nun ist es gewiß nicht leicht, seine elterlichen Zielvorstellungen angesichts schlechten Verhaltens zu ignorieren, besonders wenn einem die Bußpredigt schon auf der Zunge liegt. Moralisch an ein solches Verhalten heranzugehen, ohne die zugrundeliegenden Gefühle anzusprechen, ist aber meist nicht erfolgversprechend. Es ist so, als legte man ein kühles Tuch auf die fiebrige Stirn eines Kindes, ohne die für das Fieber verantwortliche Infektion zu behandeln.

Betrachten wir folgendes Beispiel: Eine Mutter kommt eine Stunde später als gewohnt zur Kindertagesstätte, um ihren dreijährigen Sohn abzuholen. Der Junge, von seiner Mutter oft als»trotzig« bezeichnet, beginnt tatsächlich zu schmollen. Er weigert sich, seine Jacke anzuziehen und zur Tür zu kommen. Nun kann die Mutter ihren Sohn wegen seines Ungehorsams schelten oder innehalten, über die vorangegangenen Ereignisse nachdenken und zu verstehen versuchen, was der Junge emotional erlebt. Wählt sie die zweite Reaktion, so könnte sie sagen:»Heute war ich später dran als sonst, nicht? Die meisten deiner Freunde sind schon nach Hause gegangen. Hat dir das irgendwie Kummer gemacht?« Werden die Angst- und Spannungsgefühle des Kindes auf diese Weise anerkannt, so fühlt es sich vielleicht plötzlich erleichtert und umarmt seine Mutter. Der Kampf um die Jacke ist vergessen, und bald sind die beiden zur Tür hinaus.

Um eine erfolgreiche Verbindung zu ihrem Sohn herzustellen, hat die Mutter ihre langfristige Zielvorstellung ignorieren müssen, den Jungen weniger»trotzig« und dafür kooperativer zu machen. Nur allzu oft reagieren Eltern auf kindliches Fehlverhalten auf genau entgegengesetzte Art und

Weise. Sie halten nur noch stärker an ihrer Zielvorstellung fest und drücken ihre Betroffenheit so aus, als sei das vorliegende Problem des Kindes auf einen anhaltend negativen Charakterzug zurückzuführen. Die Schuld an diesem Defizit kann wiederum dem Kind zugeschoben werden: Andrew ist zu sensibel. Janet ist zu aggressiv. Bobby ist zu schüchtern. Sarah ist zu oberflächlich. Eine solche Etikettierung stört jedoch jede Empathie. Destruktiv ist dieses Schubladendenken auch deshalb, weil kleine Kinder ihren Eltern leider glauben und versuchen, ihren Vorstellungen zu entsprechen, als handle es sich dabei um göttliche Vorsehung.

In seinen Memoiren erinnert sich Christopher Hallowell an die Versuche seines Vaters, ihm beizubringen, wie man eine Holzkiste baut. »Wenn du keine anständig rechtwinklige Kiste bauen kannst«, hatte sein Vater erklärt, »dann kannst du gar nichts bauen.« Nach vielen Mühen brachte Hallowell tatsächlich eine Kiste zustande, die allerdings eher schief geraten war. Im Rückblick schrieb er: »Jedesmal, wenn mein Vater die Kiste ansah, runzelte er die Stirn und meinte: ›Das ist nicht rechtwinklig. Du wirst nie was wirklich Gutes bauen können, wenn du nicht alles im rechten Winkel hinbekommst.‹ Schließlich gab er seine finstere Miene auf und sagte nie mehr etwas über die Kiste. Jahrelang habe ich darin allerhand Zeug aufbewahrt und jedesmal eine bestimmte Zuneigung zu ihr gespürt, wenn ich den Deckel aufmachte. Im Hintergrund war aber immer gleich die Erinnerung an den mißbilligenden Blick meines Vaters.«[31]

Für den erfolgreichen Schriftsteller Hallowell ist diese traurige Interaktion zu einer bleibenden Erinnerung an die Beziehung zu seinem Vater geworden. Uns kann sie eindrucksvoll daran erinnern, welch starken Eindruck elterliche Kritik bei Kindern hinterlassen kann.

Als Eltern wollen wir natürlich nicht, daß unsere Kinder sich mit dem Bau schiefer Kisten zufriedengeben. Ebensowenig sollen sie träge, zurückgezogen, aggressiv, dumm, feige oder hinterhältig werden. Wir wollen aber auch nicht, daß diese Schwächen zu den Eigenschaften werden, die unsere Kinder sich selbst zuschreiben. Wie aber kann dieses negative Schubladendenken der Eltern vermieden werden? Ganz einfach: indem man eine globale, anhaltende Kritik an den kindlichen Charaktereigenschaften unterläßt. Will man Kinder zurechtweisen, so konzentriert man sich statt dessen auf einen spezifischen Vorfall, der sich soeben in ihrem Leben zugetragen hat. Statt:»Du bist so nachlässig und schlampig« sagt man:»Deine Spielsachen sind im ganzen Zimmer verstreut.« Statt:»Du liest immer so langsam« muß es heißen:»Wenn du jeden Abend eine halbe Stunde liest, wirst du schon schneller werden.« Und aus:»Sei doch nicht so schüchtern« wird:»Wenn du lauter redest, kann die Kellnerin dich besser hören.«

Schaffen Sie eine mentale Karte vom täglichen Leben Ihres Kindes

Nicht immer haben Kinder alle Fertigkeiten, ihre Emotionen auszudrücken. So kann Ihr Kind eines Tages aufgebracht sein, aber nicht in der Lage, Ihnen zu erklären, was es empfindet und warum. Wenn so etwas geschieht, ist es nützlich, möglichst viel über die Menschen, Orte und Ereignisse im Leben des Kindes zu wissen. Dann sind Sie besser darauf vorbereitet, die mögliche Ursache für die auftretenden Gefühle aufzuspüren und Ihrem Kind zu helfen, sie zu benennen. Gleichzeitig erfährt es, daß Sie seine Welt für wichtig halten, was ihm zu größerer Nähe zu Ihnen verhelfen kann.

Ich stelle mir diese Wissensgrundlage gern als eine Art Landkarte vor, die die Eltern bewußt im Hinterkopf behalten. Denkt man über diese Karte nach, so würde man das in etwa so ausdrücken:»Das ist die Welt meines Kindes, und das sind die Menschen, die sie bevölkern. Ich kenne ihre Namen, ihre Gesichter und ihre Persönlichkeiten. Ich weiß, wie mein Kind zu jedem von ihnen steht. Das sind die besten Freunde meines Kindes und das da ist sein Feind. Mein Kind findet diesen Lehrer nett und diesen Trainer lustig, aber vor der Lehrerin da hat es Angst. So sieht seine Schule aus. Ich weiß, wo es sich am liebsten aufhält, und ich weiß, mit welchen Gefahren es sich an diesem Ort auseinanderzusetzen hat. Das ist sein Stundenplan. Diese Fächer interessieren es am meisten, mit denen hat es Probleme.«

Wollen Sie eine solche Karte von der emotionalen Welt Ihres Kindes zeichnen, bedeutet das viel Arbeit und Aufmerksamkeit fürs Detail. Sie müssen eine gewisse Zeit im Kindergarten, in der Schule und bei außerschulischen Aktivitäten verbringen. Sie müssen mit Ihren Kindern reden und deren Freunde und Lehrer kennenlernen. Und wie jede Landkarte muß auch dieser mentale Aufriß regelmäßig überarbeitet werden. Eltern, die sich auf eine solche Karte stützen können, werden jedoch feststellen, daß sie eine Menge Gemeinsamkeit für nützliche Gespräche bietet.

Vermeiden Sie es, gemeinsame Sache mit dem »Feind« zu machen

Wenn Kinder sich ungerecht behandelt fühlen, wenden sie sich oft an ihre Eltern, um Loyalität, Mitgefühl und Unterstützung zu erfahren. Hier bieten sich gute Gelegenheiten zum Emotionstraining, falls die Eltern nicht den Fehler begehen, gemeinsame Sache mit dem »Feind« zu machen. Da ist natürlich eine Herausforderung, besonders wenn die Eltern sich automatisch auf der Seite gerade der Autoritätsfiguren fühlen, auf die ihre Kinder stoßen – also etwa Lehrer, Trainer, Vorgesetzte und die Eltern anderer Kinder.

Stellen wir uns zum Beispiel vor, ein übergewichtiges Mädchen kommt verstört nach Hause, weil ihr Tanzlehrer eine wenig einfühlsame Bemerkung über ihr Gewicht gemacht hat. Hat sich die Mutter erfolglos bemüht, die Eßgewohnheiten ihrer Tochter zu ändern, ist sie vielleicht versucht, dem Lehrer recht zu geben. Das aber vermittelt dem Mädchen wahrscheinlich das Gefühl, die ganze Welt hätte sich gegen sie verschworen. Statt dessen könnte die Mutter mitfühlend sagen: »Es tut mir so leid, daß dir so was passiert ist. Das hat dich bestimmt sehr verletzt.« So etwas kann das Mädchen seiner Mutter näher bringen. Und wenn diese ihre empathische, unterstützende Haltung konstant beibehält, läßt die Tochter es vielleicht mit der Zeit zu, daß die Mutter ihr hilft.

Was aber sollen Sie tun, wenn Sie selbst sich als Feind und Ziel der kindlichen Wut entpuppen? Ich meine, auch in diesen Situationen hilft Empathie, besonders wenn Sie ehrlich zu Ihrer Haltung stehen, denn das bringt Sie aus der Defensive. Ist Ihr Kind beispielsweise wütend, weil Sie ein Fernsehverbot ausgesprochen haben, bis sich seine Noten bessern, können Sie ohne einen Sinneswandel erklären: »Ich verstehe schon, warum du wütend bist. Wäre ich an deiner Stelle, würde es mir genauso gehen.«

Ihre Ehrlichkeit und Offenheit angesichts von Konflikten kann Ihr Kind ermutigen, seine eigenen Gefühle auszudrükken, besonders wenn Sie eine Auseinandersetzung folgendermaßen anregen: »Vielleicht hab' ich ja unrecht, das passiert schon mal. Ich wüßte gern, was du dazu sagst.« Eine derart offene Position finden viele Eltern zwar schwierig, doch zahlt sie sich aus, wenn sie Ihren Kindern hilft, Sie als gerecht und aufnahmebereit zu sehen.

Denken Sie daran, daß solche Gespräche nicht unbedingt auf einen Konsens abzielen, sondern darauf, Verständnis zu vermitteln. Verkündet Ihr Kind mit einem Mal: »Rechenaufgaben sind blöde« oder »Nasenringe sind toll«, fühlen Sie sich vielleicht versucht, mittels einer langen Predigt das Gegenteil zu beweisen. Eine größere Wirkung erzielen Sie aber wahrscheinlich, wenn Ihre Reaktion auf einen Dialog hinführt. Sie können etwa so beginnen: »Rechnen hat mir auch nicht immer gefallen.« Oder so: »Mir gefallen Nasenringe nicht besonders, aber warum magst du sie eigentlich?«

Vergleichen Sie die kindlichen
Erfahrungen mit ähnlichen Situationen
des Erwachsenenlebens

Diese Technik ist hilfreich, wenn Sie Probleme damit haben, Empathie für Ihr Kind zu empfinden. Vielleicht ist es wegen eines Vorfalls verstört, den Sie belanglos oder albern finden: Jemand hat einen Witz über seine Brille gemacht, als es in der Klasse ein Referat gehalten hat; es hat Angst vor seinem ersten Tag im Sommerlager. Da Sie wissen, daß es diese Prüfungen (und viele andere) überleben wird, fühlen Sie sich eventuell versucht, seine Sorgen zu bagatellisieren oder zu ignorieren. So etwas mag Sie selbst zufriedenstellen, hilft Ihrem Kind aber kaum. Womöglich fühlt es sich sogar schlechter, weil es weiß, daß Mutter oder Vater es für albern halten.

Eine Methode, um zu einer teilnahmsvolleren Haltung zu gelangen, ist die Übertragung der kindlichen Situation auf die Erwachsenenwelt. Stellen Sie sich vor, wie Sie sich fühlen würden, wenn ein Kollege bei einer Präsentation etwas über Ihr Erscheinungsbild flüstert. Erinnern Sie sich an Ihre Nervosität am ersten Tag in der neuen Firma.

In ihrem Buch *Hilfe, meine Kinder streiten* geben Adele Faber und Elaine Mazlish Eltern den folgenden Tip, um die Eifersucht eines kleinen Kindes bei der Ankunft eines Babys zu verstehen: Stellen Sie sich vor, Ihr Mann bringt eine neue Geliebte nach Hause und verkündet, Sie alle würden nun glücklich zusammen unter einem Dach leben.[32]

Versuchen Sie nicht,
Ihrem Kind für seine Probleme Ihre
Lösungen aufzuzwingen

Eine der simpelsten Methoden, das Emotionstraining zu torpedieren, ist es, einem traurigen oder wütenden Kind zu erklären, wie Sie das akute Problem lösen würden. Um das zu verstehen, können Sie daran denken, wie sich diese unglückselige Dynamik häufig in Ehen entwickelt. Eine typische Szene sieht etwa so aus: Die Ehefrau kommt aus dem Büro nach Hause, aufgewühlt durch eine Auseinandersetzung mit einer Kollegin. Ihr Mann analysiert das Problem und entwirft in Minutenschnelle eine Plan zu seiner Lösung. Doch anstatt Dankbarkeit für den guten Rat zu zeigen, fühlt sich die Frau nur schlechter. Das liegt daran, daß ihr Partner ihr keinen Hinweis gegeben hat, ob er versteht, wie traurig, wütend und frustriert sie sich fühlt. Er hat nur demonstriert, wie einfach ihr Problem zu lösen ist. Aus ihrer Sicht kann er damit meinen, sie sei nicht allzu intelligent, sonst wäre sie ja selbst auf diese Lösung gekommen.

Stellen wir uns nun einmal vor, wieviel besser die Ehefrau sich fühlen würde, wenn ihr Mann ihr eine Rückenmassage anböte. Beim Massieren hört er einfach zu, während sie das Problem – und ihre damit zusammenhängenden Gefühle – detailliert beschreibt. Ist das geschehen, geht sie dazu über, ihre eigenen Lösungen zu formulieren. Abgesehen davon, daß ihr die Massage gutgetan hat, hat sie schließlich auch soviel Vertrauen zu ihrem Mann gefaßt, daß sie ihn nach seiner Meinung fragen kann. Und nun erhält der Ehemann eine Gelegenheit, seinen Rat vorzubringen und damit vielleicht eine Lösung, die sich seine Frau tatsächlich anhören kann. Statt sich herabgesetzt zu fühlen, fühlt sie sich von ihrem Partner bestärkt und gestützt.

Die Beziehung zwischen Eltern und Kindern funktioniert ähnlich. Die Eltern mögen über den mangelnden Willen ihrer Kinder, ungebetene Ratschläge anzunehmen, frustriert sein, besonders, wenn sie sich auf die vergleichsweise überwältigende Weisheit und Lebenserfahrung berufen, die sie ihren Kindern mitteilen könnten. Aber so lernen Kinder eben normalerweise nicht. Trägt man Lösungsvorschläge vor, bevor man den Kindern Empathie demonstriert hat, so ist das wie der Versuch, ein Haus zu errichten, bevor man ein vernünftiges Fundament geschaffen hat.

Bestärken Sie Ihr Kind,
indem Sie ihm Wahlmöglichkeiten lassen
und seine Wünsche respektieren

Erwachsene vergessen gern, wie machtlos Kinder sich fühlen können. Betrachtet man die Welt jedoch mit ihren Augen, erkennt man rasch, wieviel Wert die Gesellschaft darauf legt, bei Kindern Wohlverhalten und Kooperation zu erreichen. Die meisten kleinen Kinder haben nur sehr wenig Kontrolle über ihren Tagesablauf. Schläfrige Babys werden aus ihrem Bettchen gerissen und zur Tagesmutter gebracht. Ältere Kinder fahren beim Rasseln der Schulglocke zusammen und stellen sich brav in einer Reihe auf. Eltern erfinden Regeln wie: »Kein Nachtisch, bevor der Teller nicht leer ist.« Oder: »In diesem Aufzug wirst du das Haus bestimmt nicht verlassen.« Ganz zu schweigen von dem klassischen: »Weil ich's dir gesagt habe.« Können Sie sich vorstellen, sich Ihrem Partner oder Ihren Freunden gegenüber derart kontrollorientiert zu äußern?

Ich will mit all dem nicht sagen, es sei schlecht, von Kindern Gehorsam und Kooperation zu verlangen. Zugunsten der Sicherheit und Gesundheit von Kindern – und wegen der Nerven ihrer Eltern – geht es oft nicht ohne Gehorsam. Aber es scheint, daß Eltern sich oft überschlagen, um ihren Kindern deren Machtlosigkeit vor Augen zu führen. Das geschieht normalerweise nicht auf bösartige Weise; meist hängt es damit zusammen, daß die Eltern zu angespannt und in Zeitdruck sind. Will die moderne Familie alle Forderungen erfüllen, die man an ihre verfügbare Zeit stellt, müssen die Kinder sich einfach fügen: »Nein, du kannst jetzt nicht mehr malen. Gerade haben wir saubergemacht, und jetzt ist keine Zeit mehr, das noch mal zu machen!« »Nein, wir können jetzt nicht in den Park. Wenn wir anhalten, kommt dein Bruder zu spät zum Fußballtraining.«

Zum Nachteil vieler Kinder bedeutet das große Gewicht, das auf ihre Kooperationsbereitschaft gelegt wird, daß ihre

Wünsche und Präferenzen ständig ignoriert werden. Manche Kinder erhalten nicht einmal die Gelegenheit, auch nur die kleinsten Dinge selbst zu entscheiden – was sie tragen, was sie essen, wie sie ihre Zeit verbringen. Als Folge wachsen viele Kinder auf, ohne ein ausgeprägtes Gefühl für ihre Vorlieben und Abneigungen zu entwickeln. Manche lernen nie, wie man überhaupt Entscheidungen fällt. All dies aber behindert die kindliche Fähigkeit, sich verantwortungsbewußt zu verhalten.

Kinder müssen sich darin üben, Alternativen abzuwägen und Lösungen zu entdecken. Sie müssen erkennen, was geschieht, wenn sie ihr Verhalten im Sinne der ihnen in der Familie vermittelten Werte ausrichten, und was geschieht, wenn sie diese Werte ignorieren. Solche Lektionen sind manchmal schmerzhaft, können ihren Eltern im Rahmen des Emotionstrainings jedoch großartige Gelegenheiten zur Unterweisung bieten.

Je früher ein Kind lernt, seine Vorlieben auszudrücken und eine vernünftige Wahl zu treffen, desto besser. Denn wenn es in die Pubertät kommt und allmählich mit der zunehmenden Freiheit und den damit verbundenen Risiken konfrontiert wird, kann ein unreflektierter Entscheidungsprozeß wesentlich gefährlicher sein.

Kindern Wahlmöglichkeiten zu lassen führt nicht nur zu Verantwortungsbewußtsein, sondern auch zu verstärkter Selbstachtung. Ein Kind, dessen Eltern seine Alternativen ständig einschränken, erhält folgende Botschaft: »Du bist nicht bloß klein; deine Wünsche zählen auch nicht besonders.« Funktioniert das, entwickelt sich vielleicht ein gehorsamer und kooperativer Mensch, der aber sehr wenig Selbstgefühl aufweist.

Will man Kindern Optionen zugestehen und auf ihre Wünsche eingehen, braucht man freilich Zeit und Geduld. Denken Sie noch einmal daran: man hat festgestellt, daß kleine Kinder durchschnittlich drei Forderungen oder Wünsche pro Minute äußern. Nicht alle diese Forderungen verlangen eine

Reaktion, doch viele von ihnen können von den Eltern ohne großen Aufwand erfüllt werden. Ihre Tochter möchte, daß man die Rinde von ihrem Butterbrot abschneidet. Ihr Sohn will noch einmal Ernie und Bert sehen, bevor Sie umschalten. Ihre Tochter will nicht, daß Sie das Eis mit Nüssen kaufen. Ihr Sohn verlangt, daß das Flurlicht an bleiben soll. So erstaunlich das klingt, es kann langfristig bedeutsame Folgen haben, wenn Sie auf solche Wünsche eingehen. Denn das Kind erhält die Botschaft: »Was ich will, ist von Bedeutung; meine Gefühle zählen.« Mit der Zeit können solche Erkenntnisse Bausteine für weitreichendere Aussagen darstellen: »Ich bin ein Kind, das gern Klavier spielt.« Oder: »Ich bin jemand, dem Mathematik Spaß macht.«

Nehmen Sie an den Träumen und Phantasien Ihres Kindes teil

Diese Technik ist wunderbar dazu geeignet, sich auf die Wellenlänge Ihres Kindes einzustellen und ein empathisches Verhalten zu erleichtern. Besonders hilfreich ist sie, wenn Kinder über den Bereich realer Möglichkeiten hinausgehende Wünsche äußern. Nehmen wir einmal an, Ihr Sohn erklärt Ihnen, daß er sich ein neues Mountainbike wünscht, wogegen Sie sich nicht sicher sind, ob Sie sich das leisten können. Sind Sie wie viele Eltern gebaut, so dürfte Ihr erster Impuls Verärgerung sein. »Schließlich«, wollen Sie sagen, »hab' ich dir erst letztes Jahr ein neues Rennrad besorgt. Glaubst du vielleicht, ich habe einen Goldesel im Keller?«

Stellen Sie sich nun vor, was geschehen könnte, wenn Sie über den Wunsch des Jungen ein wenig nachdenken und auf seine Vorstellung eingehen. Im Anschluß daran antworten Sie vielleicht: »Tja, ich kann schon verstehen, warum du dir ein Mountainbike wünschst. Du fährst gern mal durch die Landschaft, nicht?« Sie könnten das Ganze sogar noch weiterspinnen: »Wäre doch toll, wenn auch deine Freunde alle Mountainbikes hätten. Dann könnte ich mit euch eine Woche zum Zelten fahren. Du weißt doch noch ...«

Von diesem Punkt aus können Sie auf die Vorzüge eines Campingausflugs mit und ohne Mountainbikes eingehen. Sie können immer noch darauf hinweisen, daß Sie kein Geld für ein Bike ausgeben werden, aber auch nach Möglichkeiten forschen, wie Ihr Sohn selbst Geld für dessen Kauf verdienen kann. Wichtig ist nur, ihn wissen zu lassen, daß Sie ihm zuhören und ihn samt seinen Wünschen gelten lassen.

Seien Sie ehrlich zu Ihrem Kind

Die meisten Kinder scheinen einen sechsten Sinn dafür zu besitzen, ob ihre Eltern und besonders ihre Väter die Wahrheit sagen. Ein Emotionstraining muß also aus mehr bestehen als aus der routinemäßigen Äußerung von Phrasen wie »Ich versteh' dich schon« oder »Da wäre ich auch wütend«. Vom Wortlaut her mag das zwar richtig sein, doch wenn Sie nicht mit dem Herzen bei der Sache sind, bringt Sie das Ihrem Kind kein Stück näher. Solche Oberflächlichkeiten können vielmehr dazu führen, daß Sie vor Ihrem Kind unglaubwürdig werden, was einen Keil in Ihre Beziehung treiben kann. Prüfen Sie deshalb nach, ob Sie Ihr Kind wirklich verstehen, bevor Sie eine entsprechende Aussage machen. Sind Sie sich nicht sicher, sollten Sie einfach noch einmal darüber nachdenken, was Sie sehen und hören. Stellen Sie ein paar Fragen. Versuchen Sie, die Kommunikation aufrechtzuerhalten. Aber täuschen Sie auf keinen Fall etwas vor.

Lesen Sie zusammen Kinderbücher

Vom Kleinkindalter bis in die Adoleszenz hinein können gute Kinder- und Jugendbücher Eltern und Kinder hervorragend beim emotionalen Lernprozeß begleiten. Ihre Geschichten helfen den Kindern, einen Wortschatz für das Gespräch über Gefühle aufzubauen, während sie die verschiedenen Weisen illustrieren, wie Menschen mit ihrem Zorn, ihrer Angst und ihrer Traurigkeit umgehen.

Bewußt ausgewählte und altersgerechte Bücher können Eltern sogar eine Möglichkeit bieten, über Themen zu sprechen, deren Behandlung ihnen Schwierigkeiten bereitet – sei es die Frage, woher die Babys kommen, oder was mit Großvater nach seinem Tod geschehen ist.

Auch Fernsehsendungen und Filme können den Stoff für solche Gespräche im Familienkreis liefern. Ich glaube aber, Bücher eignen sich besser, weil Vorleser wie Zuhörer an jeder beliebigen Stelle einhalten und darüber sprechen können, was gerade geschieht. Vorlesen vermittelt den Kindern auch ein besseres Gefühl dafür, daß die Familie an der Geschichte teilnimmt, weshalb sie sich eventuell besser in die Erzählung und ihre Figuren hineinversetzen können.

Gut geschriebene Kinderliteratur kann zudem auch uns Erwachsenen helfen, Zugang zur emotionalen Welt unserer Kinder zu finden. Eine Teilnehmerin einer unserer Elterngruppen erzählte einmal davon, wie sie mit ihrer zehnjährigen Tochter eine Geschichte über eine Clique gleichaltriger Mädchen las, die traurig waren, weil eines von ihnen wegziehen mußte. Es war nur eine einfache Erzählung über eine alltägliche Situation, doch war die Mutter tief von ihr berührt: Sie erinnerte sich an ihre eigenen Verlustgefühle, als sie im Alter ihrer Tochter gewesen war und umziehen mußte. Im wiedererwachten Bewußtsein, wie intensiv Kinderfreundschaften in dieser Zeit sein können, bekam die Mutter einen besseren Zugang dazu, was es für ihre Tochter bedeutet, wenn ihre Beziehungen sich entwickeln.

Es ist schade, daß viele Eltern mit dem Vorlesen aufhören, sobald ihre Kinder selbst lesen können. Andere aber machen bis über das elfte Lebensjahr hinaus weiter und wechseln sich mit dem Vorlesen zunehmend komplexer Bücher mit ihren Kindern ab. Wie das regelmäßige gemeinsame Essen im

Familienkreis sorgen solche Gewohnheiten dafür, daß Eltern und Kinder auf einer kontinuierlichen Basis etwas Angenehmes miteinander teilen.

Es gibt eine Menge guter Kinder- und Jugendbücher, die sich mit Emotionen beschäftigen, von Alikis *Gefühle sind wie Farben* (für Kleinkinder) über Maurice Sendaks *Wo die wilden Kerle wohnen* (fürs Vorschulalter) und Roald Dahls *Matilda* (für Grundschulkinder) bis zu den Teenager ansprechenden Büchern von Paula Fox – (u. a. *Die Freundschaft mit der wilden Katze*) oder Walter Dean Myers *(Scorpions)*. Auch die Lehrerinnen und Lehrer Ihrer Kinder oder das Personal Ihrer Stadtbücherei haben vielleicht ein paar Vorschläge parat.

Zeigen Sie Geduld

Um im Emotionstraining Erfolg zu haben, müssen Sie Ihrem Kind Zeit lassen, seine Gefühle auszudrücken, ohne daß Sie ungeduldig werden. Ist das Kind traurig, weint es vielleicht. Ist es wütend, stampft es mit dem Fuß. Vielleicht ist es nicht sehr angenehm, mit einem Kind zusammen zu sein, das sich so verhält. Vielleicht fühlen Sie sich von seinem Kummer geradezu überwältigt.

In solchen Situationen hilft es, sich daran zu erinnern, daß es das Ziel des Emotionstrainings ist, Gefühle zu erforschen und zu begreifen, und nicht, sie zu unterdrücken. Kurzfristig mag es leichter sein, die negative Stimmung Ihres Kindes abzutun oder erst gar nicht zu beachten und zu hoffen, daß sie sich von selbst erledigt. Man kann sich der Täuschung hingeben, mit der Zeit werde ohnehin alles besser. Das Ergebnis dieser Einstellung sind kurzfristig weniger, langfristig aber mehr Schwierigkeiten. Probleme sind viel schwerer aus dem Weg zu räumen, wenn man sie vernachlässigt hat und wenn das Kind sich emotional von seinen Eltern entfernt hat.

Wenden wir den Gefühlen unserer Kinder unsere Aufmerksamkeit zu, werden wir für unsere Bemühungen belohnt.

Dabei ist es schlichtweg unmöglich, eine kindliche Emotion zu akzeptieren und zu bestätigen, während man gleichzeitig wünscht, sie möge rasch verschwinden. Akzeptanz und Bestätigung entwickeln sich aus Ihrer Empathie – und das heißt, Sie müssen fühlen, was Ihr Kind gerade fühlt.

Während Sie das versuchen, können Sie feststellen, ob Sie diese gemeinsame Emotion physisch erfahren. Ich vergleiche das gern damit, wie ein mitreißendes Musikstück Gefühle wie Erregung, Traurigkeit, Leidenschaft und Inspiration weckt. Sie können bestimmen, ob Sie auch an den Gefühlen Ihres Kindes auf diese Weise teilhaben wollen, ob Sie ihnen erlauben, in Ihrem Innern mitzuschwingen. Schaffen Sie das, so können Sie wirklich von ganzem Herzen sagen: »Es ist *wirklich* traurig, daß Papa ohne dich weggehen mußte.« »*Ich* wäre auch wütend, wenn mein Freund mich schlagen würde.« »Ich merke schon, du kannst es *wirklich* nicht leiden, wenn ich dich korrigiere.«

Denken Sie auch daran, daß es nicht immer der Worte bedarf, um Verständnis auszudrücken. Ihre Bereitschaft, ruhig bei einem Kind zu sitzen und gemeinsam mit denselben Gefühlen zu kämpfen, spricht Bände. Zum einen sagt sie Ihrem Kind, daß Sie die Sache ernst nehmen. Zum andern drückt sie aus, daß Sie das vorhandene Problem nicht für belanglos halten und wissen, daß es der Hinwendung bedarf.

Sitzen Sie in einer emotional geladenen Situation zusammen, so können Sie sich klarmachen, daß eine Umarmung oder ein Streicheln über den Rücken oft mehr sagt als Worte – besonders wenn Ihr Kind mit Traurigkeit oder Angst kämpft.

Manchmal erklärt das Kind, es sei nicht bereit, über ein bestimmtes Thema zu sprechen. So etwas sollte im allgemeinen respektiert werden. Versuchen Sie jedoch, einen nicht zu entfernt liegenden Zeitpunkt zu vereinbaren, an dem die Sache aufs Tapet kommt. Machen Sie sich eine Notiz und verfolgen Sie das Ganze wie versprochen.

Wenn Sie sich darauf einstellen, an den Emotionen Ihrer Kinder teilzunehmen, so werden Sie genug Gelegenheiten entdecken, sich kontinuierlich auf sie einzulassen. Aus einer Reihe scheinbar banaler Vorfälle entsteht dann eine wichtige, bleibende Bindung. In Ihrer Elternrolle werden Sie zu dem, was der mit mir befreundete Entwicklungspsychologe Ross Parke einen »Sammler von Momenten« nennt. Denn Sie erkennen den Wert Ihrer Interaktionen mit Ihren Kindern und schätzen Aspekte, die anderen verborgen bleiben. Und wenn Sie zurückblicken, wird Ihnen die Beziehung zu Ihren Kindern wie eine geliebte Perlenkette erscheinen.

Verstehen Sie Ihre elterliche Machtposition

Mit »Machtposition« meine ich jenes Element in der Eltern-Kind-Beziehung, das es den Eltern ermöglicht, unangemessenem kindlichen Verhalten Grenzen zu setzen – und das wollen und brauchen alle Kinder. Manche Eltern zählen zu ihrer Machtposition Mittel wie Drohungen, Herabwürdigung und Prügel. Andere, allzu tolerante Eltern meinen vielleicht, gar keine Machtposition zu besitzen. Für Eltern, die im Sinne des Emotionstrainings handeln, ist die Machtposition gleichbedeutend mit der emotionalen Bindung zwischen Eltern und Kindern.

Sind Sie mit Ihrem Kind emotional verbunden, setzen Sie dem kindlichen Fehlverhalten Grenzen, indem Sie unverfälscht darauf reagieren. Ihr Kind wiederum reagiert auf Ihren Zorn, Ihre Enttäuschung und Ihre Sorgen, weshalb Sie nicht auf negative Konsequenzen wie körperliche Züchtigung oder Auszeiten zurückgreifen müssen, um Ihre Gefühle zu vermitteln. Die gegenseitige Achtung und Zuneigung, die Sie und Ihr Kind füreinander empfinden, wird zum Ausgangspunkt für das Setzen von Grenzen.

Weil Respekt und Zuneigung in diesem Kontext so bedeutsam sind, ist unschwer zu erkennen, warum es so entscheidend ist, abschätzige Bemerkungen und Demütigungen zu vermeiden, wenn Sie das kindliche Verhalten korrigieren. Ein soeben geprügeltes oder als schlampig, gemein oder dumm gebrandmarktes Kind ist höchstwahrscheinlich mehr daran interessiert, sich an seinen Eltern zu rächen, als ihnen Freude zu bereiten.

Wenn Sie in der Vergangenheit auf Methoden wie Demütigung oder Schläge zurückgegriffen haben, fragen Sie sich vielleicht, ob es möglich ist, die elterliche Machtposition so zu verändern, daß sie in Zukunft in gemeinsamen positiven Gefühlen wurzelt. Ich meine, solch eine Veränderung ist tatsächlich erreichbar; sie bedarf jedoch einiger Anstrengung. Sie werden alte Muster Ihres Disziplinierungsverhaltens korrigieren und an ihrer Stelle jene des Emotionstrainings in die Interaktion mit Ihren Kindern einbauen müssen. Und Sie werden hart daran arbeiten müssen, eine Beziehung aufzubauen, die sich auf Vertrauen statt auf Einschüchterung gründet.

Wenn Sie sich um diese Veränderung bemühen, können Ihnen wieder zwei von Haim Ginott stammende Prinzipien helfen: 1. Alle Gefühle sind erlaubt, nicht aber jedes Verhalten; und 2. Die Eltern-Kind-Beziehung ist keine Demokratie; die Eltern bestimmen, welches Verhalten erlaubt sein soll.

Ab dem zwölften oder dreizehnten Lebensjahr ist es möglich, mit der elterlichen Machtposition verbundene Konflikte direkt anzusprechen, besonders wenn diese sich auf Regeln beziehen. Versuchen Sie, Regeln (und die Konsequenzen für ihre Nichteinhaltung) durch Kompromißbereitschaft und eine die gegenseitige Achtung wahrende Auseinandersetzung zu etablieren. Haben Sie keine Angst vor Bestimmtheit, besonders wenn es um die Sicherheit und das Wohlergehen Ihres Kindes geht. Aufgrund Ihrer Lebenserfahrung wissen Sie einfach besser, welche Verhaltensweisen potentielle Gefahren in sich bergen. Denken Sie auch daran, daß Kinder, deren Eltern sich darum kümmern, mit wem sie befreundet sind, was sie unternehmen und wo sie sich aufhalten, nachweislich seltener zu riskantem Verhalten neigen. Sie geraten mit geringerer Wahrscheinlichkeit an schlechte Freunde oder in Konflikt mit der Polizei, neigen weniger zu Drogenmißbrauch oder gar Vergehen, zu Promiskuität und dazu, von zu Hause wegzulaufen.

Manche Eltern haben mehr, manche weniger Schwierigkeiten, zu einer positiver besetzten Machtposition überzugehen. Besonders schwierig wird es, wenn Vertrauen, Respekt und Zuneigung bereits aus der Eltern-Kind-Beziehung entschwunden sind. In solchen Fällen hilft oft eine Familientherapie; und ich möchte alle betroffenen Eltern ermutigen, diese Möglichkeit in Betracht zu ziehen. Wundern Sie sich nicht, wenn der von Ihnen gewählte Therapeut Einzelsitzungen mit Ihrem Kind abhalten will. Und machen Sie sich bewußt, daß er vor Ihrem »Familiengerichtshof« als Anwalt des Kindes auftreten kann. Es ist schwer zu sagen, in welchem Zeitraum eine Familientherapie zum Erfolg führt. Wie bei einem Zahnarztbesuch kommt es darauf an, wie lange bestimmte Probleme ignoriert wurden. Wissenschaftlich nachweisbar ist aber, daß die Familientherapie durchaus effiziente Methoden entwickelt hat, ihrer Klientel dabei zu helfen, zu gegenseitigem Vertrauen und einer positiven Kommunikation zurückzufinden. Es ist also mehr als genug Grund zur Hoffnung.

Glauben Sie an die positive Kraft der menschlichen Entwicklung

Je mehr ich über Kinder erfahre, desto mehr gelange ich zu der Erkenntnis, daß der natürliche Verlauf der menschlichen Entwicklung eine unglaublich positive Kraft darstellt. Ich meine damit, daß das kindliche Gehirn grundsätzlich darauf ausgerichtet ist, Sicherheit und Liebe, Wissen und Verständnis zu entwickeln. Ihre Kinder wollen liebevoll und selbstlos sein. Sie wollen ihre Umwelt erkunden und herausfinden, wie

Blitze entstehen und was sich im Innern eines Hundes befindet. Sie wollen erfahren, was richtig und gut und was falsch und böse ist. Sie interessieren sich für die Gefahren ihrer Umwelt und dafür, wie diese zu vermeiden sind. Und sie wollen wirklich und wahrhaftig das Richtige tun, um immer stärker und tüchtiger zu werden. Sie wollen sich zu genau der Persönlichkeit entwickeln, die ihre Eltern bewundern und lieben werden.

Von Natur aus sind all diese Kräfte auf seiten der Eltern und damit auf Ihrer Seite. Sie können also auf die Gefühle Ihrer Kindes vertrauen und sich klarmachen, daß Sie nicht allein sind.

Wann ist das Emotionstraining unangebracht?

Es ist schwer, mit Sicherheit zu sagen, wie häufig Eltern ein emotionales Training anwenden können, um die Beziehung zu ihren Kindern zu fördern und ihnen Fertigkeiten zur Problemlösung zu vermitteln. Zieht man in Betracht, daß Kinder jeden Tag lernen, mit ihrer Umwelt auszukommen und normale Krisen zu meistern, erscheint ihr Leben voll guter Gelegenheiten dazu.

Dennoch sollte man das Emotionstraining nicht als Allheilmittel für jedes auftretende negative Gefühl verstehen. Zum einen erfordert es ein gewisses Maß an Geduld und Kreativität, so daß die Eltern in einem gebührend achtsamen (wenn schon nicht ruhigen) Gemütszustand sein müssen. Zum anderen ist es hilfreich, wenn auch die Kinder sich in einem relativ aufnahmebereiten Zustand befinden. Denkt man strategisch, so ergreift man die Gelegenheiten, während derer das Kind mit hoher Wahrscheinlichkeit für etwas empfänglich ist.

Auf jeden Fall gibt es Situationen, in denen man vorläufig auf das Emotionstraining verzichten sollte. Dies ist der Fall,

... wenn Sie in Zeitdruck sind

Die moderne Familie verbringt einen geraumen Teil ihrer gemeinsamen Zeit damit, auf die Uhrzeit zu achten, um rechtzeitig zum Kindergarten, zur Schule und zur Arbeit zu kommen. Obwohl es bei diesen streßträchtigen Übergängen häufig passiert, daß die kindlichen Emotionen zum Vorschein kommen, handelt es sich hier nicht um den idealen Zeitpunkt zum Emotionstraining. Dieses Training ist ein Prozeß; Kinder sind keine Roboter, und wir können nicht erwarten, daß sie ihre emotionalen Erfahrungen im Rahmen eines willkürlichen Zeitrahmens erledigen.

Eine Geschäftsfrau hat in einer unserer Gruppen ein wunderbares Beispiel für den Unfug beschrieben, mit einem Kind die Stufen des Emotionstrainings durchzuhecheln. Eines Tages brachte sie ihre Tochter auf dem Weg zu einer wichtigen Kundenbesprechung zur Kindertagesstätte. Am Eingang sperrte sich die Vierjährige plötzlich:»Katie (eine der Kindergärtnerinnen) ist nicht da«, erklärte sie ihrer Mutter.»Ich will nicht dableiben.«

Die Mutter sah auf die Uhr und wußte, daß sie sich der Sache ganze fünf Minuten widmen konnte, wenn sie nicht zu spät kommen wollte. Im Geist die Schritte des Emotionstrainings wiederholend, setzte sie ihre Tochter auf ein Stühlchen und begann, das Problem anzugehen.»Du bist durcheinander ... Sag mir, was los ist ... Du bist unglücklich, weil Katie nicht da ist ... Ich weiß schon, wie du dich fühlst ... Du bist traurig, weil du dich auf sie gefreut hast ... Ich muß gleich los ... Was können wir denn machen, damit du dich besser fühlst?«

Währenddessen saß ihre Tochter da, brachte stotternd Antworten hervor und kämpfte mit den Tränen. Die Minuten vergingen ohne ein Ergebnis. Das Mädchen schien den Zeitdruck zu spüren, unter dem seine Mutter stand, was alles nur noch schlimmer machte. Je mehr seine Mutter es bedrängte, desto erregter wurde das Mädchen. Nach zwanzig frustrierenden Minuten gab die Mutter schließlich auf und drückte ihre schluchzende Tochter in die Arme einer Kindergärtnerin. Dann fuhr sie mit halsbrecherischer Geschwindigkeit zu ihrer Besprechung. »Als ich ankam, war der Kunde schon fort«, klagte sie uns ihr Leid.

Im Rückblick erkannte die Mutter ihren Fehler. »Ich habe zwei unterschiedliche Botschaften ausgesandt. Einerseits habe ich ihr gesagt, daß es mir leid tut und daß ich helfen will, aber gleichzeitig habe ich ständig auf die Uhr geschaut. Das hat sie natürlich gemerkt, und da hat sie sich noch verlassener gefühlt als vorher.« Inzwischen weiß die Mutter, sie hätte ihrer Tochter einfach sagen sollen, daß sie an diesem Vormittag unbedingt im Kindergarten bleiben müsse und daß sie später über ihre unangenehmen Gefühle sprechen würden. Dann hätte sie das Kind sich seinen bereits entwickelten sozialen Fertigkeiten und den erfahrenen Händen der Kindergärtnerin überlassen sollen, um zu ihrer Besprechung zu fahren.

In einer idealen Welt hätten wir immer Zeit, uns gemütlich hinzusetzen und mit unseren Kindern sofort über jedes auftauchende Gefühl zu sprechen. Für die meisten Eltern ist das aber nicht immer möglich. Deshalb ist es wichtig, einen Zeitpunkt zu bestimmen – vorzugsweise immer um dieselbe Tageszeit –, an dem Sie ohne Zeitdruck und äußere Störungen mit Ihren Kindern sprechen können. Die Eltern kleiner Kinder tun das oft vor dem Schlafengehen oder beim Baden. Mit Schulkindern und Jugendlichen ergibt sich ein intimes Gespräch oft beim gemeinsamen Erledigen alltäglicher Aufgaben wie dem Geschirrspülen oder Aufräumen. Regelmäßige Fahrten zum Musikunterricht und zu ähnlichen Aktivitäten bieten weitere Gelegenheiten. Reserviert man diese Zeiten für wichtige Gespräche, kann man sicher sein, daß die akuten Probleme nicht aus Zeitnot ständig aufgeschoben werden.

... *vor Publikum*

Es ist schwierig, Nähe und Vertrauen aufzubauen, wenn man nicht mit dem Kind allein ist. Deshalb empfehle ich, das Emotionstraining unter vier Augen anzuwenden und nicht vor anderen Familienmitgliedern, Freunden oder Fremden. Dadurch vermeiden Sie es, Ihr Kind in Verlegenheit zu bringen. Außerdem haben beide Beteiligten mehr Freiheit, sich ehrlich zu verhalten, ohne sich darum zu kümmern, wie andere auf ihre Interaktion reagieren.

Dies ist besonders wichtig in Familien, in denen es um Rivalität unter Geschwistern geht. Eine Mutter beschrieb in einer unserer Gruppen, wie sie mit Hilfe des Emotionstrainings einen Streit zu schlichten versuchte. »Sobald ich Mitgefühl für das eine Kind gezeigt habe, ist das andere hochgefahren«, erzählte sie.

Unter annähernd idealen Umständen können Eltern eventuell als Mittler eingreifen, wenn zwei oder mehr Geschwister ihre Konflikte austragen. Beim Emotionstraining geht es aber um ein tiefer gehendes Maß an Empathie und Zuhören. Es ist nicht gerade einfach, offen Empathie für zwei streitende Menschen zu zeigen, ohne den Anschein zu erwecken, sich auf eine Seite zu stellen. Das Emotionstraining funktioniert daher normalerweise besser, wenn weder Eltern noch Kinder sich darum kümmern müssen, ob Geschwister ihnen zuhören, sie unterbrechen oder dem Gesagten widersprechen. Kann ein Kind eine Zeitlang mit einem mitfühlenden Elternteil allein sein, wird es sich wohl bereitwilliger öffnen und echte Gefühle mitteilen.

Es ist freilich ungemein wichtig, für jedes Kind in gleichem Maße dazusein. Um das zu gewährleisten, kann es wieder gut sein, regelmäßig einen bestimmten Zeitraum für das Zusammensein mit jedem einzelnen Kind zu bestimmen.

Die Eltern sollten sich auch bewußt sein, wie stark die Gegenwart anderer Erwachsener und besonders der Großeltern ihre Fähigkeit beeinflußt, ihren Kindern mitfühlend zuzuhören. Es kann recht schwierig sein, die kindlichen Gefühle zu akzeptieren, wenn man gleichzeitig das (un-)ausgesprochene Urteil der eigenen Mutter im Ohr hat, daß »das Kind bloß eine anständige Tracht Prügel braucht«.

Finden Sie sich in einer Situation wieder, die des Emotionstrainings bedarf, wegen der Anwesenheit anderer aber nicht so angegangen werden kann, nehmen Sie sich einfach vor, später darauf zurückzukommen. Erklären Sie Ihrem Kind, ohne es verlegen zu machen, Sie hätten vor, ein andermal über den Vorfall zu sprechen. Und vergessen Sie nicht, diesem Versprechen nachzukommen.

... wenn Sie zu aufgebracht oder zu müde sind, um sich produktiv zu verhalten

Das Emotionstraining erfordert ein gewisses Maß an Kreativität und Energie. Starker Zorn oder schwere Erschöpfung können aber Ihre Fähigkeit beeinträchtigen, klar zu denken und effizient zu kommunizieren. Sie stellen dann vielleicht fest, daß Sie nicht genug Geduld und Bereitschaft aufbringen können, um gut und mitfühlend zuzuhören. Außerdem sind Sie manchmal vielleicht einfach zu müde, um erfolgreich mit den kindlichen Emotionen umzugehen. Geschieht so etwas, sollten Sie das Emotionstraining zurückstellen, bis Sie sich die körperliche oder geistige Ruhepause gegönnt haben, die Sie brauchen. Machen Sie einen kurzen Spaziergang, legen Sie sich ein paar Minuten hin, nehmen Sie ein Bad oder gehen Sie ins Kino. Wenn Sie feststellen, daß Erschöpfung, Streß oder Zorn ständig Ihre Fähigkeit beeinträchtigen, sich auf Ihr Kind einzulassen, sollten Sie vielleicht einmal über eine Veränderung Ihrer Lebensweise nachdenken. Eine psychologische oder allgemein gesundheitsbezogene Beratung könnte Ihnen dabei helfen, mögliche Lösungen zu erkunden.

... wenn es darum geht,
ein schwerwiegendes Fehlverhalten
anzusprechen

Manchmal müssen Sie Disziplinierungsmaßnahmen anwenden, die über das im fünften Schritt (Seite 135 ff.) behandelte Setzen von Grenzen hinausgehen. Benimmt sich Ihr Kind auf eine Weise, die Sie bestürzt, weil sie eindeutig Ihrem Moralkodex widerspricht, müssen Sie Ihre Mißbilligung ausdrükken. Auch wenn Sie die dem kindlichen Verhalten zugrundeliegenden Emotionen verstehen, ist Empathie in diesem Fall nicht angebracht. Wollen Sie mittels des Emotionstrainings darauf eingehen, welche Gefühle dieses Verhalten verursacht haben, können Sie das auf später verschieben. Im betreffenden Augenblick aber ist es nötig, eindeutig festzustellen, daß Sie das Verhalten Ihres Kindes für falsch halten, und warum das so ist. Es ist angebracht, Ihre Gefühle der Wut und der Enttäuschung auszudrücken, und zwar auf eine das Kind nicht demütigende Weise. Und es ist angebracht, über Ihre Wertvorstellungen zu sprechen.

Sich so zu verhalten mag gerade für jene Eltern schwierig sein, die empfindlich auf die möglichen Ursachen des kindlichen Verhaltens reagieren und die sich dafür verantwortlich halten. Wenn etwa ein Ehepaar gerade im Begriff ist, sich scheiden zu lassen, und feststellen muß, daß seine dreizehnjährige Tochter die Schule geschwänzt hat, sind Mutter und Vater vielleicht unsicher, wie sie sich verhalten sollen. Da sie die Verwirrung und die Traurigkeit des Mädchens verstehen, sind sie natürlich versucht, es nicht zu ermahnen und sich direkt mit den Gefühlen zu befassen, die ihre Tochter wegen der Scheidung quälen. Entschuldigen sie das Fehlverhalten der Tochter aber, ist das auf lange Sicht schädlich. Der beste Ansatz ist hier, das Fehlverhalten als eine Sache zu behandeln und die mit der Scheidung verbundenen Gefühle als eine andere.

Mit weniger extremen Umständen verbunden war das folgende Beispiel. Als meine Tochter Moriah drei Jahre alt war, hatten wir für mehrere Tage Besuch. Eines Abends sah ich Moriah allein im Wohnzimmer stehen, einen roten Filzstift in der Hand. Vor ihr leuchtete an der Lehne unseres neuen beigefarbenen Sofas ein knallrotes Gekrakel.

»Was ist denn da passiert?« fragte ich sichtlich aufgebracht.

Mit großen Augen sah Moriah zu mir hoch, den Stift noch in der Hand. »Ich weiß nicht«, stotterte sie.

Großartig, dachte ich. Jetzt hatten wir gleich zwei Probleme: Vandalismus und Lügen. Zugleich war mir bewußt, daß Moriah in den vorangegangenen vierundzwanzig Stunden nicht sehr fröhlich gewesen war. Ich vermutete, daß sie es satt hatte, ihren üblichen Tagesablauf durch den Besuch unseres Gastes gestört zu sehen. Sie war wohl eifersüchtig, weil meine Frau und ich soviel Zeit damit verbracht hatten, uns mit ihm zu unterhalten, anstatt mit ihr zu spielen. Das mochte erklären, warum sie sich mit dem roten Filzstift ausgetobt hatte, obwohl sie wußte, daß das alles andere als richtig war. Auch die Lüge war leicht zu verstehen: Sie versuchte, meinem Zorn zu entgehen.

Ich wußte, daß ich mitfühlend reagieren und etwa sagen konnte: »Moriah, hast du auf das Sofa gekritzelt, weil du wütend warst?« Und weiter: »Ich verstehe schon, daß du wütend bist, aber es ist nicht in Ordnung, auf das Sofa zu malen.«

Dieses Vorgehen hätte jedoch den moralisch wesentlich wichtigeren Punkt umgangen: Moriahs Lüge. Deshalb beschloß ich, das Gespräch über ihre Wut und ihre Eifersucht vorerst aufzuschieben. An diesem Abend mußten wir darüber sprechen, wie wichtig es ist, die Wahrheit zu sagen. Vorerst aber erklärte ich ihr, wie wütend und verärgert ich über das Gekritzel auf dem Sofa war, daß mich ihr Leugnen aber noch mehr bestürzte.

Später, als wir die Flecken vom Sofa entfernt hatten, sprachen Moriah, ihre Mutter und ich über die Emotionen, die zu dem Vorfall geführt hatten. Meine Frau und ich hörten gut zu und versuchten, Moriahs Zorn, ihre Einsamkeit und ihre Enttäuschung zu verstehen. Dann sprachen wir mit unserer Tochter über andere Möglichkeiten, diese Emotionen auszudrükken. Sie hätte, sagten wir, uns beispielsweise davon erzählen und uns um unsere Aufmerksamkeit bitten können.

Obwohl ich mit Moriah gleich nach dem Vorfall nicht im Sinne des Emotionstrainings gesprochen hatte, wußte ich, daß unser Verhältnis auch in dieser Situation von vorangehenden Gesprächen geprägt war. Wenn ein Kind eine starke emotionale Bindung zu seinen Eltern verspürt, erzeugen deren Bestürzung, Enttäuschung oder Ärger soviel kindlichen Schmerz, um selbst zu einem disziplinierenden Faktor zu werden. Es wird zum Ziel des Kindes, die Beziehung zu kitten und zu einem Zustand zurückzukehren, in dem es wieder emotionale Nähe zu seinen Eltern verspürt. Dabei lernt es, daß es bestimmte Regeln einhalten muß, um diese Art emotionalen Wohlgefühls zu erfahren.

... wenn Ihr Kind ein Gefühl vortäuscht, um Sie zu manipulieren

Hier geht es nicht um ganz normale Quengeleien und Wutanfälle; ich meine jene simulierten, unechten Ausbrüche, die alle Kinder irgendwann einzusetzen versuchen, um ihren Willen zu bekommen.

Wieder ein Beispiel aus einer unserer Elterngruppen: Der fünfjährige Shawn wurde zornig, weil seine Eltern ihn am folgenden Abend einem Babysitter überlassen wollten, um ihren Hochzeitstag zu feiern. Auch nach einem langen Gespräch über Shawns Gefühle war keine Lösung in Sicht. Der Junge bestand darauf, er werde sich nur wohl fühlen, wenn die Eltern ihn mitnähmen. Schließlich gaben diese auf und ließen ihn heulend in seinem Zimmer zurück. Das Weinen setzte sich eine halbe Stunde fort, während die Eltern gelegentlich durch den Türspalt schauten, um nach ihrem Sohn zu sehen. Irgend-

wann sah Shawns Vater, daß sein Sohn friedlich seine Bau-
klötze aufeinander schichtete, ohne dabei sein absolut echt
klingendes Heulen zu unterbrechen. »Er sah hoch und brüllte
nur noch lauter«, erzählte der Vater, »und dann grinste er. Er
wußte, daß seine List jetzt entdeckt worden war.«

Shawn hatte gehofft, sein Weinen werde bei seinen Eltern
einen Sinneswandel verursachen. Das soll nicht heißen, er
wäre nicht weiterhin zornig gewesen, weil man ihn einem Babysitter überließ. Dennoch wäre es für die Eltern sinnlos gewesen, mit Empathie zuzuhören und das Emotionstraining
fortzuführen, während das Kind sie mit seinen Emotionen zu
manipulieren versuchte. Sie mußten klar ausdrücken, daß der
Junge sie mit seinem Weinen nicht kontrollieren würde. Das
tat der Vater schließlich. Er erklärte seinem Sohn ruhig und
freundlich: »Ich weiß, du bist zornig, aber dein Weinen wird
nicht dazu führen, daß Mama und ich unseren Standpunkt ändern. Wir gehen morgen aus, und du bleibst mit dem Babysitter hier.« Zu diesem Zeitpunkt begriff der Junge endlich,
daß der Vorgang nicht zur Diskussion stand. Er hörte auf zu
heulen. Der Vater wartete ein wenig, dann fragte er Shawn,
ob er vielleicht darüber nachdenken wollte, wie man den
Abend mit dem Babysitter erfreulicher gestalten könnte –
Spiele bereitlegen, etwas zu essen vorbereiten. Der Junge ließ
sich nun darauf ein.

Wenn Sie beschließen, das Emotionstraining aufzuschieben,
sollten Sie sich wie auch Ihrem Kind versprechen, bald auf
das akute Problem zurückzukommen. Das entspricht keineswegs der Taktik jener im zweiten Kapitel beschriebenen Eltern, die zur Nichtbeachtung oder Mißbilligung kindlicher Gefühle neigen. Ihr Erziehungsstil basiert darauf, Emotionen zu
ignorieren: Die Konfrontation mit starken Gefühlen ist ihnen
unangenehm, weshalb sie sie ganz umgehen. Ich hingegen
schlage einfach vor, eine Auseinandersetzung zu verschieben,
bis sie mit größerer Wahrscheinlichkeit zu einem produktiven
Ergebnis führen kann.

Verschieben Sie also ein solches Gespräch und erklären Sie Ihrem Kind, daß Sie später darauf zurückkommen werden, so müssen Sie das auch tun. Ein einem Kind gegebenes Versprechen nicht zu halten ist wahrscheinlich nicht ganz so katastrophal, wie es uns die Medien weismachen wollen. Kinder sind sehr gerecht und verständnisvoll; sie geben einem gern eine weitere Chance. Ein Versprechen zu halten drückt jedoch Achtung vor dem anderen aus – und Ihr Kind wird Sie mit der gleichen Haltung belohnen, wenn Sie ihm ein gutes Beispiel geben.

Außerdem würde ich vorschlagen, das Emotionstraining nur dann zu verschieben, wenn man es für notwendig hält. Im allgemeinen sollte man dieser Art, miteinander umzugehen, so viel Zeit gönnen wie möglich. Für manche Eltern bedeutet das, die Vorstellung aufzugeben, daß ein Gespräch über Gefühle Kinder irgendwie »verwöhnt« oder »verdirbt«. Wie unsere Untersuchungen erwiesen haben, benehmen sich emotional trainierte Kinder mit der Zeit besser, weil sie lernen, ihre Emotionen in den Griff zu bekommen. Ebensowenig stimmt es, daß die Beschäftigung mit negativen Emotionen »die Sache nur noch schlimmer macht«. Leidet ein Kind unter einem gravierenden Problem, sollten seine Eltern ihm helfen, damit umgehen zu lernen. Und wenn dieses Problem relativ belanglos ist, wird es bestimmt auch nichts schaden, darüber zu reden.

Schließlich will ich noch einmal wiederholen, daß man das Emotionstraining nicht für eine Art Zauberformel halten sollte, mit der alle familiären Konflikte und die Notwendigkeit, Grenzen zu setzen, ausgemerzt werden.

Das Emotionstraining kann Ihnen aber tatsächlich helfen, Ihrem Kind näherzukommen. Es schafft eine Basis für eine funktionsfähige Beziehung, in der Sie Probleme gemeinsam lösen können. Ihre Kinder werden lernen, daß Sie Ihnen ihre Gefühle anvertrauen können. Sie werden wissen, daß Sie sie nicht kritisieren oder »zu ihrem eigenen Besten« zurechtweisen werden. Auch werden Ihre Kinder nicht jenes vielen Erwachsenen bekannte Gefühl haben: »Ich habe meinen Vater sehr geliebt, aber ich konnte nie richtig mit ihm reden.« Wenn Ihre Kinder ein Problem haben, werden sie damit zu Ihnen kommen, weil sie wissen, daß Sie ihnen mehr als Platitüden und kluge Ratschläge zu bieten haben. Sie wissen, daß Sie ihnen wirklich zuhören.

Der wahre Segen des Emotionstrainings liegt darin, daß seine Wirkung sich auch fortsetzt, wenn Ihr Kind längst über das Grundschulalter hinaus ist. Dann wird es Ihre Werte verinnerlicht haben und vielfältigen Nutzen aus seiner emotionalen Intelligenz ziehen. Es wird wissen, wie man sich konzentrieren kann, wie man mit Gleichaltrigen auskommt, wie man mit starken Gefühlen umgeht. Und es wird die Risiken vermeiden, die jenen Kindern drohen, die diese Fertigkeiten nicht besitzen.

TEST:
Beherrschung des Emotionstrainings

Mit dieser Übung prüfen Sie anhand verschiedener stark emotional aufgeladener Situationen Ihre Fähigkeit, die kindlichen Gefühle und Ihre eigenen elterlichen Zielvorstellungen zu erkennen. Außerdem können Sie dem Emotionstraining gemäße Reaktionen auf die negativen Gefühle Ihrer Kinder einüben.

Nach jedem Beispiel[33] findet sich eine »falsche« Reaktion von seiten der Eltern. Sie sollen nun herausfinden, was die elterliche Zielvorstellung und die kindlichen Gefühle in dieser Situation sein könnten. Abschließend sollen Sie eine neue Reaktion entwerfen, die auf die Gefühle des Kindes eingeht.

Beispiel: Ein Kind geht in einem großen Kaufhaus verloren, weshalb sich die Eltern große Sorgen machen. Nach einer Weile wird das Kind von einer Verkäuferin entdeckt, die ihm dabei hilft, seine Eltern zu finden.

Falsche Reaktion: »Du Dummkopf! Ich bin so wütend auf dich. In Zukunft kommst du nie mehr mit zum Einkaufen.«

Zielvorstellung: Die Eltern hatten Angst, sorgen sich um die Sicherheit ihres Kindes und wollen verhüten, daß so etwas noch einmal geschieht.

Gefühl des Kindes: Angst.

Richtige Reaktion: »Du hast bestimmt große Angst gehabt. Wir aber auch. Jetzt komm erst einmal her und laß dich umarmen. Und dann reden wir darüber, was passiert ist.«

1. Ein Kind kommt von der Schule nach Hause und erklärt: »Ich gehe nie wieder in die Schule! Der Lehrer hat mich vor meinen Freunden angeschrien!«

   Falsche Reaktion: »Was hast du denn angestellt, um den Lehrer so wütend zu machen?«

   Zielvorstellung:

   Gefühl des Kindes:

   Richtige Reaktion:

2. In der Badewanne erklärt Ihr Kind: »Ich hasse meinen Bruder. Wenn er bloß tot wäre.«

   Falsche Reaktion: »Es ist ganz furchtbar, so etwas zu sagen. So etwas sagen wir hier zu Hause nicht. Du haßt deinen Bruder nicht, du magst ihn. So etwas will ich nie wieder von dir hören.«

   Zielvorstellung:

   Gefühl des Kindes:

   Richtige Reaktion:

3. Beim Abendessen sagt Ihr Kind: »Bäh! Ich hasse dieses Essen. Das esse ich nicht.«

   Falsche Reaktion: »Du ißt, was auf den Tisch kommt. Das hat dir einfach zu schmecken.«

   Zielvorstellung:

   Gefühl des Kindes:

   Richtige Reaktion:

4. Ihr Kind kommt vom Hof und sagt: »Ich hasse diese Kinder. Sie wollen einfach nicht mit mir spielen. Sie sind so gemein zu mir.«

   Falsche Reaktion: »Wenn du nicht so ein Waschlappen wärst, würden sie schon mit dir spielen. Mach doch nicht wegen jeder Kleinigkeit so ein Theater. Du mußt auch mal was aushalten können.«

   Zielvorstellung:
   Gefühl des Kindes:
   Richtige Reaktion:

5. Ihr Kind sagt: »Ich will nicht, daß du heute abend mit mir spielst. Wenn bloß (... denken Sie sich einen Namen aus ...) mit mir spielen würde.«

   Falsche Reaktion: »So etwas sagt man einfach nicht. Du weißt nicht, was du sagst.«

   Zielvorstellung:
   Gefühl des Kindes:
   Richtige Reaktion:

6. Ein Freund Ihres Kindes ist zu Besuch. Ihr Kind sagt zu ihm: »Das Spielzeug da ist meines. Du darfst nicht damit spielen!«

   Falsche Reaktion: »Das ist selbstsüchtig. Du mußt lernen, deine Sachen mit anderen zu teilen.«

   Zielvorstellung:
   Gefühl des Kindes:
   Richtige Reaktion:

Antworten

Für die Beispiele dieser Übung gibt es zwar mehr als jeweils eine korrekte Antwort, doch sind die folgenden Reaktionen typisch für einen Erziehungsstil im Sinne des Emotionstrainings. Achten Sie darauf, daß sowohl die »falschen« als auch die »richtigen« Reaktionen auf die elterlichen Zielvorstellungen eingehen – nur daß die jeweils »richtige« Reaktion Empathie und Anleitung beinhaltet.

1. **Zielvorstellung**: Die Eltern wollen, daß ihr Kind gut in der Schule zurechtkommt und vom Lehrer gemocht wird. Sie sind besorgt, ihr Kind könnte in der Schule etwas Falsches machen, was der Lehrer mißbilligt.
Gefühl des Kindes: Verlegenheit.
Richtige Reaktion: »Das muß wirklich schlimm für dich gewesen sein.«

2. **Zielvorstellung**: Die Eltern wollen, daß die beiden Geschwister miteinander auskommen.
Gefühl des Kindes: Zorn/Wut.
Richtige Reaktion: »Ich weiß schon, daß dein Bruder dich manchmal wirklich wütend machen kann. Was ist denn passiert?«

3. **Zielvorstellung**: Die Eltern wollen, daß das Kind das zubereitete Essen mag.
Gefühl des Kindes: Ekel.
Richtige Reaktion: »Das Essen heute magst du also nicht. Auf was hast du denn Lust?«

4. **Zielvorstellung**: Die Eltern wollen, daß das Kind problemlos mit anderen Kindern umgehen kann und nicht so leicht zu verletzen ist.
Gefühl des Kindes: Traurigkeit.
Richtige Reaktion: »Das hat dir sicher weh getan. Erzähl mir doch mal, was passiert ist.«

5. **Zielvorstellung**: Das Kind soll anerkennen, daß sein Vater oder seine Mutter Zeit und Mühe darauf verwendet, mit ihm an diesem Abend zusammenzusein.
Gefühl des Kindes: Traurigkeit.

Richtige Reaktion: »Du vermißt ... wohl sehr. Das kann ich verstehen. Ich vermisse ... auch.«

6. **Zielvorstellung:** Die Eltern wollen, daß das Kind lernt, mit anderen zu teilen und großzügiger zu Gästen zu sein.
   Gefühl des Kindes: Zorn/Wut.
   Richtige Reaktion: »Manchmal ist es schwer, sein Lieblingsspielzeug abzugeben. Jetzt legen wir es erstmal weg und holen ein paar Sachen heraus, die du vielleicht lieber abgibst.«

FÜNFTES KAPITEL

Ehe, Scheidung und die emotionale Gesundheit des Kindes

Erzählen Erwachsene, deren Eltern unglücklich verheiratet waren, von ihren Kindheitserinnerungen, so wird man oft von Traurigkeit, Verwirrung, falschen Hoffnungen und Bitterkeit hören. Sie können sich vielleicht sogar erinnern, wie desorientierend und schmerzhaft es war, eine Scheidung mitzuerleben. Oder die Eltern gehörten zu jenen Unerschütterlichen, die zwar eine wenig erfreuliche Ehe führten, aber fest entschlossen waren, das »um der Kinder willen« durchzustehen. In einem solchen Fall wird man von dem Schmerz erfahren, den ein junger Mensch empfindet, wenn die beiden Erwachsenen, die er am meisten liebt und braucht, einander jeden Tag weh tun.

Es macht kaum einen Unterschied, ob ein Elternpaar verheiratet, getrennt oder geschieden ist: Wenn Mutter und Vater sich Feindlichkeit und Verachtung entgegenbringen, leiden ihre Kinder. Das liegt daran, daß der Verlauf einer Ehe – oder Scheidung – eine Art emotionaler Ökologie für Kinder schafft. Wie ein Baum von der Qualität der Luft, des Wassers und des Bodens in seiner Umgebung betroffen ist, wird die emotionale Gesundheit von Kindern von der Qualität der Beziehungen bestimmt, die sie umgeben. Die Interaktion des einen Elternteils mit dem anderen beeinflußt die Grundeinstellung und Leistungsfähigkeit des Kindes, aber auch Fähigkeiten wie die, auftretende Emotionen zu regulieren und mit anderen Menschen auszukommen. Ganz allgemein gesagt, blüht die emotionale Intelligenz von Kindern auf, wenn ihre Eltern sich gegenseitig schätzen und unterstützen. Kinder, die ständig einer feindseligen Stimmung zwischen ihren Eltern ausgesetzt sind, können hingegen ernsthaft gefährdet sein.

Nun mag dies für Eltern, die eheliche Konflikte erleben, wenig erfreulich klingen; doch es gibt Hoffnung – besonders für Elternpaare (verheiratet oder geschieden), die ihre Beziehung verbessern möchten. Wir haben festgestellt, daß es nicht der zwischen den Eltern schwelende Konflikt selbst ist, der Kindern so schadet, sondern die Art und Weise, wie die Eltern ihre Meinungsverschiedenheiten austragen.

Zudem haben wir herausgefunden, daß emotionales Training wie ein Puffer wirken kann.[34] Wenn also Eltern emotional für ihre Kinder da sind, ihnen helfen, mit negativen Gefühlen umzugehen, und sie in Zeiten familiärer Spannung an die Hand nehmen, schirmt das die Kinder von vielen der schädlichen Auswirkungen familiärer Krisen ab, bis hin zu denen einer Scheidung. Bislang ist das Emotionstraining der einzige nachweislich erfolgreiche Puffer gegen diese Einflüsse.

Und schließlich haben wir festgestellt, daß der Weg zu einem guten Erziehungsstil derselbe ist wie der zur Verbesserung einer Ehe. Derselbe Umgangsstil, den Eltern mit ihren Kindern pflegen können – emotionales Bewußtsein, Empathie, Offenheit für die gemeinsame Problembewältigung – taugt auch für ihre Ehe. So können sie nicht nur bessere Eltern werden, sondern auch die Beziehung zu ihrem Partner oder ihrer Partnerin verbessern.

Bevor wir uns damit befassen, wie die schützende Wirkung des Emotionstrainings funktioniert, ist es hilfreich zu verstehen, wie eheliche Konflikte und eine Scheidung sich auf Kinder auswirken.

Wie Ehestreit und Scheidung
Kindern schaden können

Bei unserer Studie über das Verhalten von Familien mit kleinen Kindern hat unser Team entdeckt, daß bestimmte Arten ehelichen Zwistes beträchtliche Auswirkungen auf die physische wie emotionale Gesundheit der Kinder hatten, aber auch auf ihre Fähigkeit, mit Gleichaltrigen umzugehen. Ist eine Ehe von Kritik, Abwehrhaltung und Verachtung geprägt, ist es nachweislich sehr viel wahrscheinlicher, daß die betroffenen Kinder ein unsoziales Verhalten und Aggressivität gegenüber ihren Spielkameraden an den Tag legen. Sie haben größere Schwierigkeiten, ihre Emotionen in den Griff zu bekommen, sich zu konzentrieren und sich zu beruhigen, wenn sie aus dem Gleichgewicht geraten sind. Darüber hinaus berichteten ihre Mütter, sie litten verstärkt unter gesundheitlichen Problemen wie Husten oder Erkältung. Und schließlich schienen diese Kinder stärker unter ständigem Streß zu stehen, was an mehr Streßhormonen in ihrem Urin zu sehen war.

Um zu bewerten, wie gut alle von uns untersuchten Kinder mit Gleichaltrigen umgingen, beobachteten wir sie während einer nicht beaufsichtigten Spielperiode im Elternhaus. Zu unserem Experiment gehörte es, daß jede Familie den besten Freund oder die beste Freundin ihres Kindes eingeladen hatte. Bei der Auswertung des Materials haben wir darauf geachtet, wie sich die beteiligten Kinder beim gemeinsamen Spiel zueinander verhielten. Verbrachten sie zum Beispiel viel Zeit mit Rollenspielen, die ein hohes Maß an Kooperation erfordern? Oder neigten sie dazu, parallel zu spielen, sich also unabhängig nebeneinander zu beschäftigen und nur selten etwas Gemeinsames zu versuchen?

Ausgewertet wurden auch offen negative Verhaltensweisen der Kinder, also Interaktionen wie Streit, Drohungen, Beschimpfungen und physische Aggression. Wie reagierten die Kinder, wenn Meinungsverschiedenheiten entstanden? Versuchten sie, eine Lösung zu finden, oder führte der Konflikt dazu, daß sie nicht mehr miteinander spielten? Ältere Forschungsergebnisse weisen darauf hin, daß diese Verhaltensweisen langfristig eine entscheidende Bedeutung im Leben eines Kindes haben können: Negatives und unsoziales Verhalten ist ein wichtiger Grund dafür, daß kleine Kinder von Gleichaltrigen abgelehnt werden. Bekannt ist auch, daß die

Unfähigkeit eines Kindes, Freundschaften zu schließen, einen Hauptfaktor für das mögliche Auftreten psychischer Probleme darstellt.

Die Ergebnisse dieser Spielperioden haben wir danach mit den Daten verglichen, die wir bei den im ersten Kapitel beschriebenen Interviews und Experimenten gesammelt hatten. Dabei entdeckten wir einen deutlichen Zusammenhang zwischen der Beziehung der Eltern und dem Umgang der betreffenden Kinder mit ihren Freunden. Kinder, deren Eltern Beziehungsprobleme hatten, zeigten weniger Kooperationsbereitschaft und hatten mehr negative Interaktionen mit ihren Spielgefährten als Kinder aus gut funktionierenden Ehen.

Viele unserer Kollegen haben bei Kindern aus problematischen Ehen ähnliche Verhaltensprobleme festgestellt. Insgesamt weisen die Forschungsergebnisse darauf hin, daß Ehekonflikte und eine Scheidung Kinder auf eine Bahn bringen können, die später zu ernsthaften Problemen führt. Das deutet sich in der frühen Kindheit in mangelhafter Kommunikationsfähigkeit und aggressivem Verhalten an, was zu einer Ablehnung durch Gleichaltrige führt. Da die mit ihren eigenen Problemen beschäftigten Eltern ihren Kindern weniger Zeit und Aufmerksamkeit zuteil werden lassen, können diese unbeaufsichtigt leicht in verhaltensauffällige Cliquen geraten. Bei Eintritt in die Pubertät finden sich viele Kinder aus zerrütteten Familien in einem wahren Wespennest aus altersspezifischen Problemen wieder, darunter verfrühte sexuelle Kontakte, Drogenmißbrauch und Kriminalität. Nicht ganz so eindeutig sind die Hinweise, daß Kinder aus entsprechenden Familien häufiger zu Depressionen, Angst und Zurückgezogenheit neigen. Eine von E. Mavis Hetherington an der Universität von Virginia durchgeführte Studie ergab bei Teenagern aus geschiedenen Familien eine im Vergleich zum Bevölkerungsdurchschnitt nahezu dreimal höhere Quote klinisch auffälliger psychischer Probleme.[35]

Die Wissenschaft hat verschiedene Thesen entwickelt,

warum kleine Kinder aus konfliktgeladenen Familien mehr Verhaltensprobleme und mehr Schwierigkeiten im Umgang mit Gleichaltrigen haben. Eine Erklärung lautet, daß in Auseinandersetzungen mit ihren Gatten oder Ex-Gatten verwickelte Eltern weniger Zeit und Energie für ihre Kinder übrig hätten. Sie seien durch die Scheidung und die sie auslösenden Konflikte so erschöpft, abgelenkt und deprimiert, daß sie ihre Kinder nicht mehr erfolgreich disziplinieren könnten.

E. Mavis Hetherington hat sich nicht nur mit dem Zeitraum beschäftigt, in dem Trennung und Scheidung der Eltern stattfinden, sondern auch mit den ersten beiden Jahren danach. In dieser Zeit ist die Eltern-Kind-Beziehung ernsthaft gestört. Dann »haben der mental abgelenkte und/oder emotional beeinträchtigte Elternteil und das betrübte, fordernde Kind wahrscheinlich Schwierigkeiten, sich gegenseitig Unterstützung oder Trost zukommen zu lassen. Vielmehr können sie gegenseitig die Probleme des anderen verschärfen«, schreibt Hetherington. Häufig werden alleinerziehende Mütter im Umgang mit ihren Kindern »zeitweise unausgeglichen und unkommunikativ; sie geben keine Unterstützung und verhängen inkonsequent Strafen.« Dies sind Probleme, die sich auch nicht unbedingt mit der Zeit auflösen: »Die Schwierigkeit, das kindliche Verhalten zu kontrollieren und im Auge zu behalten, ist das anhaltendste Erziehungsproblem, vor dem geschiedene Mütter stehen.«[36]

Diese Beobachtungen korrespondieren mit den Problemen, die wir bei den in eheliche Konflikte verwickelten Teilnehmern unserer Studie feststellen konnten. Überdurchschnittlich oft zeigten sich diese Eltern ihren Kindern gegenüber kühl und unempfänglich; auch setzten sie dem kindlichen Verhalten weniger Grenzen.

Ganz abgesehen von einem mangelhaften Erziehungsstil bietet das Verhalten zerstrittener Ehepartner nach Meinung vieler Experten Kindern ein schlechtes Beispiel für die zwischenmenschliche Kommunikation. Sehen Kinder, daß ihre Eltern aggressiv, streitsüchtig oder verächtlich miteinander

191

umgehen, neigen sie dazu, sich auch gegenüber ihren Spielkameraden so zu verhalten. Da niemand ihnen ein Beispiel gibt, wie man mitfühlend zuhören und Probleme gemeinsam lösen kann, folgen diese Kinder dem Beispiel, das ihre Eltern ihnen vorleben. Dieses aber vermittelt ihnen, daß Feindseligkeit und Abwehrhaltung geeignete Methoden zum Umgang mit Konflikten sind und daß aggressive Menschen bekommen, was sie wollen.

Es leuchtet ein, daß unter dem negativen Einfluß eines Ehekonflikts leidende Kinder vom Beispiel ihrer Eltern lernen; doch kann diese Situation nach meiner Meinung eine noch tiefer gehende und ernstere Wirkung auf Kinder haben, besonders wenn sie vom Säuglingsalter an ernsten familiären Problemen ausgesetzt sind. Ich glaube, daß der beständige Kontakt mit elterlichen Konflikten die Entwicklung des vegetativen Nervensystems beeinflussen kann, was sich wiederum auf die Widerstandsfähigkeit der Kinder auswirkt.

Unbestreitbar verstört es Kinder, wenn sie eine Auseinandersetzung zwischen ihren Eltern miterleben. Schon ganz kleine Kinder reagieren auf dieses Situation mit körperlichen Veränderungen wie einem Ansteigen von Herzfrequenz und Blutdruck. E. Mark Cummings hat diese Reaktionen von Kindern auf den Streit von Erwachsenen untersucht und die folgenden typischen Verhaltensweisen festgestellt: Die Kinder weinen, erstarren, bedecken ihre Ohren, grimassieren oder wollen weglaufen.[37] Andere Forscher haben schon bei sechs Monate alten Säuglingen nonverbale Streßreaktionen auf Wut beobachtet.[38] Auch wenn Babys den Sinn der elterlichen Auseinandersetzung nicht verstehen, bemerken sie, daß etwas nicht stimmt, und reagieren mit Erregung und Tränen.

Unser Team hat bei seinen Untersuchungen dieselben Reaktionsmuster beobachten können. Ein Beispiel aus unserer Studie jung verheirateter Eltern ist ein Ehepaar mit einer drei Monate alten Tochter. Vorangegangene Interviews hatten die elterliche Beziehung als extrem konkurrenzorientiert und konfliktträchtig enthüllt; Merkmale, die sich bei dem folgenden Laborexperiment bestätigten. Als die Eltern mit ihrem Baby spielen sollten, zog der Vater dessen Blick auf sich, indem er an seinem Füßchen wackelte, während die Mutter durch leises Schnalzen versuchte, die Aufmerksamkeit des Babys vom Vater weg und auf sich zu lenken. Dieser Konflikt verwirrte und erregte das kleine Mädchen, das wegschaute und zu weinen begann, während sein Herz anfing, wesentlich schneller zu schlagen. Obwohl seine Eltern nun versuchten, es zu trösten, dauerte es ungewöhnlich lange, bis sich die Herzfrequenz des Babys wieder normalisierte.

Unsere Säuglingsstudie ist zwar noch nicht abgeschlossen, doch bestärken solche Beobachtungen meine Vermutung, daß elterliche Konflikte sich schon in diesem Alter belastend auswirken können. Dies aber ist die Zeit, in der sich die Verknüpfungen des vegetativen Nervensystems entwickeln. Was ein Kind während dieser ersten Lebensmonate emotional erfährt, könnte wichtige und lebenslange Auswirkungen auf seinen Vagotonus haben, also auf seine Fähigkeit, sein Nervensystem zu regulieren. Ob eine Reaktion auf das Weinen des Babys erfolgt, ob es von den in seinem Umfeld auftretenden Empfindungen eher beruhigt oder irritiert wird, ob die Menschen, die es füttern und baden und die mit ihm spielen, ruhig und freundlich sind oder nervös und deprimiert – all dies kann sich langfristig auf die Fähigkeiten eines Kindes auswirken, auf Stimuli zu reagieren, sich zu beruhigen und sich von Streßsituationen zu erholen.

Diese Fähigkeiten gewinnen zunehmend an Bedeutung, wenn das Kind älter wird und öfter mit anderen Menschen umgeht. Kinder müssen ihre Emotionen regulieren, um sich zu konzentrieren und zu lernen, um die Körpersprache, den Gesichtsausdruck und die kommunikativen Signale anderer Menschen zu entziffern. Ohne diese Bestandteile emotionaler Intelligenz sind Kinder beim Eintritt in ein soziales – also auch schulisches – Umfeld im Nachteil.

Wie viele andere Studien haben auch unsere Untersuchungen bewiesen, daß Kinder aus geschiedenen oder stark konfliktgeladenen Ehen schulische Leistungen zeigen, die unter dem Durchschnitt liegen. Die Auffassungsgabe und Intelligenz dieser Kinder wird von ihren Lehrern gemeinhin schwächer bewertet als die ihrer Klassenkameraden. Barbara Dafoe Whitehead hat diese Situation in *Atlantic Monthly* so beschrieben: »Es ist die große Erziehungstragödie unserer Zeit, daß viele amerikanische Kinder in der Schule nicht etwa deshalb versagen, weil sie intellektuell oder körperlich behindert wären, sondern weil ihnen bestimmte emotionale Fähigkeiten fehlen. [...] Viele Kinder sind nach Aussage ihrer Lehrer emotional so verstört, so erregt und in Anspruch genommen vom explosiven Drama ihres Familienlebens, daß sie unfähig werden, sich auf so banale Dinge wie das kleine Einmaleins zu konzentrieren.«[39]

Daß Kinder solche Probleme in ihr Erwachsenenleben mitschleppen, hat Nicholas Zills Analyse landesweit gesammelter Daten gezeigt.[40] Die Basis waren Interviews mit repräsentativ ausgewählten Kindern, Jugendlichen und jungen Erwachsenen, wobei Zill sich mit den Aussagen von 240 jungen Menschen beschäftigte, deren Eltern sich getrennt hatten, bevor ihre Kinder das siebzehnte Lebensjahr erreichten. Obwohl er das elterliche Bildungsniveau, die ethnische Zugehörigkeit und weitere Faktoren berücksichtigt hatte, konnte Zill feststellen, daß Achtzehn- bis Zweiundzwanzigjährige aus zerrütteten Familien im Vergleich mit anderen Jugendlichen doppelt so oft zu emotionaler Not und problematischem Verhalten neigen. Fast zweimal häufiger als ihre Altersgenossen aus intakten Familien mußten sie die High-School ohne Abschluß verlassen. Und unter allen ohne Abschluß abgegangenen Kindern waren sie prozentual am wenigsten in der Lage, erfolgreich eine berufliche Ausbildung zu beenden.

Das vielleicht traurigste Ergebnis von Zills Analyse bezieht sich auf den Zusammenhang von Scheidung und Eltern-Kind-Beziehung. 65 Prozent aller jungen Menschen aus geschiedenen Familien hatten nach eigener Aussage ein schlechtes Verhältnis zu ihren Vätern; bei Kindern intakter Familien war das nur bei 9 Prozent der Fall. Zill kommentiert, dieses Resultat könne kaum überraschen, da die Mehrzahl getrennt lebender oder geschiedener Väter ihre Kinder weder finanziell unterstützte noch regelmäßig Kontakt zu ihnen hielt. Auch die Beziehung zum anderen Elternteil schien unter der Scheidung zu leiden: Von einem schlechten Verhältnis zur Mutter sprachen 30 Prozent der Jugendlichen aus geschiedenen, hingegen nur 16 Prozent ihrer Altersgenossen aus intakten Familien.

»Daß die meisten Kinder aus geschiedenen Ehen sich von zumindest einem Elternteil entfremdet fühlen und daß eine beträchtliche Minderheit von beiden entfremdet ist, dürfte ein berechtigter Grund zur Sorge sein«, schreibt Zill. »Es bedeutet, daß viele dieser jungen Menschen in besonderem Maße empfänglich für Einflüsse von außerhalb der Familie sind, ob es sich nun um Freund oder Freundin, Altersgenossen, erwachsene Autoritätsfiguren oder die Medien handelt. Obgleich diese Einflüsse nicht notwendigerweise negativ sind, können sie wahrscheinlich keinen adäquaten Ersatz für eine stabile und positive Beziehung zu den Eltern darstellen.«

Andere Untersuchungen haben sich damit beschäftigt, wie eine Scheidung sich auf das weitere Leben der betroffenen Kinder auswirkt. So berichten Erwachsene aus geschiedenen Ehen von mehr Streß, weniger Erfüllung im Familienleben und im Freundeskreis, größerer Nervosität und einer allgemein geringeren Fähigkeit, mit den Problemen des Alltags umzugehen.

Nach den Ergebnissen einer kürzlich abgeschlossenen Langzeitstudie kann eine Scheidung der Eltern sogar die Lebensdauer der Kinder verkürzen. Diese Studie stützt sich auf ein Projekt des Psychologen Lewis Terman, das dieser 1921 begann, um seine Thesen über erbliche Intelligenz zu überprüfen. Zu diesem Zweck verfolgte er im Abstand von fünf bis zehn Jahren die psychosoziale und intellektuelle Entwicklung von 1500 begabten kalifornischen Kindern. Um festzustellen, wie sozialer Streß die Lebensdauer beeinflußt, hat Howard

Friedman nun die Sterbeurkunden von Termans Probanden untersucht, die zu diesem Zeitpunkt zur Hälfte nicht mehr lebten.[41] 1995 berichtete Friedman, jene Probanden, die vor Ende des einundzwanzigsten Lebensjahres mit einer Scheidung der Eltern konfrontiert worden waren, seien durchschnittlich vier Jahre früher gestorben als die Probanden aus intakt gebliebenen Familien. Der Tod eines Elternteils hatte dagegen wenig Einfluß auf die Lebensdauer des betreffenden Kindes. Nach Ansicht Friedmans deckt sich dies mit den Ergebnissen anderer Studien, die darauf hinweisen, daß eine Trennung oder Scheidung der Eltern einen größeren Einfluß auf spätere psychische Probleme hat als der Tod von Vater oder Mutter. Kinder geschiedener Eltern ließen sich übrigens auch selbst mit höherer Wahrscheinlichkeit scheiden; ihre eigene Scheidung wirkte sich aber nicht notwendigerweise auf ihre Lebensdauer aus. Friedman kommt zu dem Schluß, daß die Scheidung der Eltern ein Schlüsselerlebnis im Leben junger Menschen darstellt.

Da so viele Faktoren auf die schädlichen Wirkungen hinweisen, die eine Scheidung für die betroffenen Kinder haben kann, könnten unglücklich verheiratete Eltern sich fragen, ob es nicht am besten sei, zum Wohl ihrer Kinder an einer wahrhaft tristen und unbestritten hoffnungslosen Ehe festzuhalten. Nicht nur unsere Studie beantwortet diese Frage mit einem eindeutigen Nein. Das liegt daran, daß bestimmte eheliche Konflikte dieselben schädlichen Auswirkungen auf Kinder haben können wie eine Scheidung. Es ist also nicht notwendigerweise die Scheidung, die den Kindern schadet, sondern schon die ausgeprägte Feindseligkeit und die schlechte Kommunikation, die sich zwischen unglücklich verheirateten Müttern und Vätern entwickeln kann. Manche Eheprobleme – wie etwa der emotionale Rückzug des Vaters aus der Familie – führen zu einem Phänomen, das in der Psychologie als »Internalisierung« von Problemen bezeichnet wird: Die Kinder werden unruhig, deprimiert, introvertiert und zurückgezogen. Feindseligkeit und Verachtung unter Ehepartnern werden

hingegen mit einem aggressiven Verhalten der Kinder gegenüber ihren Altersgenossen in Verbindung gebracht.

Haben also das Aufrechterhalten einer unglücklichen Ehe
und eine Scheidung auf Kinder eine gleichermaßen schädliche
Wirkung, stellt sich die Frage, ob es eine nachweislich erfolgreiche Strategie gibt, mit der unglücklich verheiratete Paare
ihre Kinder schützen können. Nach Auswertung unserer Daten können wir diese Frage bejahen: Den notwendigen Puffer
liefert das Emotionstraining.

Wie schützen Sie Ihre Kinder
vor den negativen Auswirkungen
ehelicher Konflikte?

Angesichts so vieler Hinweise, daß Kinder durch den Streit
von Mutter und Vater Schaden nehmen können, fragen sich
manche Eltern vielleicht, ob sie alle Arten ehelichen Konflikts
vermeiden oder ihre Auseinandersetzungen zumindest vor
ihren Kindern verbergen sollten. Dies wäre aber nicht nur
keine gute Idee; es wäre unmöglich. Konflikte und Zorn sind
ganz normale Bestandteile des Ehealltags. Paare, die ihre un-
vermeidlichen Meinungsverschiedenheiten offen ausdrücken
und angehen können, haben langfristig eine bessere Beziehung. Wie bereits erwähnt, sind Eltern, die sich ihrer negativen Emotionen bewußt sind, zudem besser darauf vorbereitet, ihren Kindern bei der Bewältigung von deren eigenen
negativen Gefühle wie Wut, Traurigkeit und Angst zu helfen.

Außerdem können Kinder sogar nachweislich davon profitieren, bei bestimmten familiären Konflikten anwesend zu
sein. Das gilt besonders dann, wenn ihre Eltern ihre Meinungsverschiedenheiten auf respektvolle Weise austragen und
wenn klar ist, daß sie konstruktiv auf eine Lösung hinarbeiten. Wenn Kinder nie erleben, daß die ihnen nahestehenden
Erwachsenen aufeinander wütend werden, anderer Meinung

sind und dann ihre Konflikte wieder beilegen, versäumen sie wichtige Lektionen, die zum Erwerb von emotionaler Intelligenz beitragen können.

Der Schlüssel ist, den partnerschaftlichen Konflikt so zu behandeln, daß er aus Sicht des Kindes eher ein positives Beispiel als eine schmerzhafte Erfahrung darstellt. Natürlich ist das leichter gesagt als getan, besonders angesichts der Art und Weise, wie nur Ehegatten (und Ex-Ehegatten) sich gegenseitig emotional hochschaukeln können. Dennoch verweisen neuere Forschungsergebnisse auf Methoden, wie der Umgang der Eltern miteinander ihre Kinder schützen und deren Interessen dienen kann.

Wenden Sie auch in Ihrer Ehe das Emotionstraining an

Unsere Studien über die emotionalen Bedürfnisse von Kindern machen deutlich, daß Kinder am glücklichsten und erfolgreichsten sind, wenn ihre Eltern ihnen zuhören, sie verstehen und sie ernst nehmen. Welche Auswirkungen haben solche Verhaltensweisen nun auf die Eltern und ihre Ehe selbst?

Um dies zu beantworten, haben wir die ehelichen Beziehungen jener unserer Teilnehmer beleuchtet, die sich im Sinne des Emotionstrainings verhielten. Dies waren, um es noch einmal zusammenzufassen, Menschen, die sich ihrer eigenen Emotionen wie auch der ihrer Kinder bewußt waren. Sie waren bereit, die unangenehmen Emotionen ihrer Kinder als Gelegenheit zum Zuhören zu nutzen. Sie zeigten ihren Kindern gegenüber Empathie, setzten ihnen Grenzen und gaben ihnen Hinweise, wie man mit negativen Emotionen umgehen und Probleme lösen kann.

Abgesehen davon, daß wir das elterliche Verhalten dieser Mütter und Väter beobachteten, haben wir auch ausführliche Informationen über ihr Eheleben gesammelt. Während langer

Interviews fragten wir nach der Geschichte ihrer ehelichen Beziehung und nach ihrer Einstellung zur Ehe. Experimente dienten dazu, ihr Verhalten in Konfliktsituationen zu beobachten. Zudem sind wir über einen Zeitraum von elf Jahren mit ihnen in Kontakt geblieben, um festzustellen, wie viele inzwischen geschieden waren oder darüber nachgedacht hatten, sich zu trennen, und wie viele immer noch eine glückliche Ehe führten.

Wir haben festgestellt, daß das Emotionstraining nicht nur die Kinder dieser Paare beschützt, sondern auch deren Ehe.[42] Verglichen mit unseren anderen Probanden führten die Emotionstrainer unter den Eltern ein zufriedeneres und stabileres Eheleben. Sie zeigten mehr Zuneigung, Zärtlichkeit und Bewunderung für den anderen. Sprachen sie über die Grundlagen ihrer Ehe, so betonten sie öfter den Wert der Gemeinsamkeit: Sie benutzten häufiger den Plural »Wir« und sahen ihr Zusammenleben als eine gemeinsame Unternehmung. Sie neigten eher dazu, die Gefühle ihres Partners zu bestätigen, stritten weniger und demonstrierten kaum einmal Verachtung für den anderen. Was die Ehemänner betrifft, so neigten sie weniger dazu, bei hitzigen Diskussionen abzublocken oder sich zu entziehen. Beide Ehepartner waren eher der Ansicht, daß Paare über ihre negativen Gefühle sprechen, Probleme ans Tageslicht holen und mit Konflikten umgehen sollten, als all dies zu vermeiden. Kurz gesagt, es waren Paare, die ihr Zusammenleben nicht als chaotisch empfanden. Vielmehr tendierten sie zu dem Gefühl, daß der schmerzhafte Kampf um das Funktionieren einer Ehe die Sache wert sei.

Bedenkt man diese Ergebnisse, so stellt sich die Frage, was wichtiger ist: eine glückliche Ehe oder die sozialen Fertigkeiten, die man benötigt, um seinen Kindern ein gutes Emotionstraining zukommen zu lassen. Nach dem heutigen Stand unserer Forschung ist das schwer zu sagen. Einerseits fällt es Eltern wahrscheinlich leichter, ihren Kindern Aufmerksamkeit, Zeit und emotionale Energie zuzuwenden, wenn ihre Ehe glücklich und stabil ist. Andererseits können Erwachsene, die gut zuhören, mitfühlen und Probleme lösen können, diese Fähigkeiten gleichermaßen im Kontakt mit ihren Partnern wie mit ihren Kindern anwenden – und mit demselben positiven Ergebnis. Vor dem Abschluß weiterer Untersuchungen können wir nicht mit Gewißheit sagen, welcher Faktor den anderen dominiert, doch neige ich zu der Ansicht, daß der letztere an erster Stelle kommt. Das heißt: Wer mit seinen Kindern emotional in Verbindung steht, kann dies auch für seine Partnerin oder seinen Partner leisten. Ein solches Verhalten aber ist gut für eine Ehe.

Ich stütze diese Hypothese auf eine Untersuchung, die sich mit dem Zusammenhang bestimmter ehelicher Interaktionen und der Stabilität der betreffenden Ehe beschäftigt hat. Ausführlich bin ich darauf in meinem Buch *Glücklich verheiratet?* eingegangen.[43] An dieser Stelle soll folgender Hinweis genügen: Benutzt man die im dritten Kapitel behandelten Elemente des Emotionstrainings (emotionales Bewußtsein, empathisches Zuhören, Problemlösen usw.) im Umgang mit dem Ehepartner, so dürften einige positive Ergebnisse nicht ausbleiben.

In einem gewissen Maß haben wir dies bei den Müttern und Vätern unserer Elterngruppen bestätigt gefunden. Ann, eine der Teilnehmerinnen, hat etwa berichtet, es habe sie selbst zu einer verstärkten Wahrnehmung ihrer Gefühle gebracht, ihrem zweijährigen Sohn beim Erkennen seiner Emotionen zu helfen. Dies wiederum hat zu mehr Empathie und Zustimmung zwischen ihr und ihrem Mann geführt.

»Es macht dich einfach verrückt, wenn deine Gefühle nicht bestätigt werden«, meint Ann, die kreativ arbeitet. »Wenn ich sage: ›Heute hab' ich schon wieder eine Absage bekommen. Ich bin wirklich enttäuscht‹, dann will ich doch nicht, daß mein Mann erwidert: ›Was hast du eigentlich erwartet? Jetzt sind sie doch alle viel zu beschäftigt, um sich um deine Sachen zu kümmern.‹ Viel lieber höre ich: ›Ich kann schon verstehen, daß du wegen der Absage enttäuscht bist.‹« In dem neu erwachten Bewußtsein, daß ihr Sohn nicht das einzige Familienmitglied ist, das Unterstützung und Verständnis braucht, wenden Ann und ihr Mann das Emotionstraining zunehmend auch im Umgang miteinander an.

Vermeiden Sie die
»Vier Apokalyptischen Reiter«

Im Rahmen unserer Langzeitstudie zum emotionalen Aspekt familiärer Beziehungen haben wir festgestellt, daß unglücklich verheiratete oder auch schon in Scheidung lebende Paare sich gewöhnlich in einer immer enger werdenden Spirale von Interaktionen, Emotionen und Standpunkten bewegen, die letztendlich zum Scheitern ihrer Ehe führt. Das geschieht normalerweise in vier voraussehbaren Schritten, die ich als die »Vier Apokalyptischen Reiter« bezeichne. Wie jene Boten des Unheils bahnt jeder Reiter den Weg für seinen Nachfolger, wobei zunehmend die Kommunikation untergraben wird und beide Partner sich immer stärker auf das Versagen ihres Gegenübers und ihrer Ehe fixieren. Nach ihrer relativen Gefahr für eine Beziehung geordnet, sind die vier Reiter: Kritik, Verachtung, Abwehrhaltung und Abblocken.

Es kann nicht überraschen, daß dieselben vier Elemente auch den Kindern der betreffenden Paare schaden. Ist das kindliche Umfeld vom kritischen, verächtlichen, defensiven und blockierenden Verhalten seiner Eltern belastet, wird auch das Kind mit größerer Wahrscheinlichkeit unter den schädlichen Auswirkungen des ehelichen Konflikts leiden.

Der positive Aspekt dieser Erkenntnisse ist, daß wir auf ihrer Basis Methoden entwickeln können, um die elterliche Beziehung zu verbessern und die betroffenen Kinder so vor Schaden zu bewahren. Halten Sie sich an die folgenden Ratschläge, so können Sie den verhängnisvollen Reitern ausweichen, schon während Sie und Ihre Partnerin oder Ihr Partner versuchen, Streitpunkte aus dem Weg zu räumen. So wie die folgende Passage formuliert ist, richtet sie sich an Ehepaare, doch können auch getrennt lebende oder geschiedene Paare davon profitieren, wenn sie zu Gesprächen über Fragen zusammenkommen, die ihre Kinder betreffen.

Der erste Reiter: Kritik. Mit Kritik meine ich negative Bemerkungen über die Persönlichkeit Ihres Partners, die meist eine Schuldzuweisung beinhalten. Oberflächlich betrachtet mag Kritik viel damit zu tun haben, daß man sich beschwert; und es kann durchaus gesund für eine Beziehung sein, wenn sich die beiden Partner beschweren, besonders wenn der eine meint, daß seine Bedürfnisse zu kurz kommen. Es gibt jedoch einen entscheidenden Unterschied: Beschwerden zielen auf ein spezifisches Verhalten, während Kritik den Charakter eines Menschen attackiert. Hier sind einige Beispiele.

Beschwerde: »Wenn du so viel für Kleidung ausgibst, mache ich mir Sorgen um unsere Finanzen.«
Kritik: »Wie kannst du bloß so viel für Kleidung ausgeben, wo du doch weißt, was wir jeden Monat alles bezahlen müssen? Du bist so eitel und selbstsüchtig.«

Beschwerde: »Ich fühle mich einsam, wenn du am Freitagabend mit deinen Freunden ausgehst, statt nach Hause zu kommen.«
Kritik: »Es ist verantwortungslos, daß du jedes Wochenende ausgehst und mich mit den Kindern allein läßt. Deine Familie ist dir wohl egal.«

Beschwerde: »Es wäre schön, wenn du deine Kleidung nicht einfach auf den Boden werfen würdest. Das Schlafzimmer sieht dann so chaotisch aus.«
Kritik: »Ich hab' es wirklich satt, dir hinterherzuräumen. Du bist so rücksichtslos und schlampig.«

Während eine Beschwerde sich einfach an die Tatsachen hält, ist Kritik oft mit einem Urteil verbunden. Das drückt sich etwa durch die Verwendung des Wortes »sollen« aus und verweist auf hoffnungslose Mängel des einen Partners. Statt zu sagen: »Es wäre schön, wenn du manchmal Erdbeereis kaufen würdest«, sagt man dann beispielsweise: »Warum kaufst du eigentlich immer bloß Schokoladeneis? Du solltest allmählich wissen, daß ich das Zeug nicht leiden kann.«

Enttäuschtes Vertrauen ist ein weiteres typisches Motiv. Statt: »Es wäre schön gewesen, wenn du mit den Kindern nicht zu spät zur Familienfeier gekommen wärst; meine Mutter war sehr enttäuscht« heißt es dann: »Ich hab' mich drauf verlassen, daß du die Kinder rechtzeitig zu meiner Mutter bringst, aber du warst schon wieder zu spät dran. Ich hätte wissen sollen, daß du auch diese Familienfeier wieder kaputtmachst.«

Kritik äußert sich ferner oft in Form von Verallgemeinerungen: »Du hilfst nie bei der Hausarbeit.« »Immer führst du diese teuren Ferngespräche.«

Nun ist Kritik oft ein Ausdruck aufgestauter Frustration und unterdrückter Wut. Der eine Partner »leidet schweigend«, während der andere dessen eskalierende Verstimmung nicht bemerkt. Kann der schweigende Partner seine negativen Gefühle schließlich nicht mehr unterdrücken, »explodiert« er mit einer ganzen Reihe von Beschwerden. Dabei kann eine Technik zum Einsatz kommen, die ich als »Küchendrama« bezeichne. Dabei verknüpft die kritisierende Person diverse unzusammenhängende Beschwerden: »Du holst mich immer zu spät von der Arbeit ab. Du hast nie genug Zeit für die Kinder. Du kümmerst dich nicht einmal mehr darum, wie du aussiehst. Und wann sind wir das letzte Mal zusammen ausgegangen?« Diese Attacke ist so allgemein und überwältigend, daß der Empfänger sie nur als persönlichen Affront auffassen kann. Ob er fassungslos ist oder sich in den Hinterhalt gelockt, verletzt oder als Opfer fühlt, ist gleichgültig: All dies bereitet den Weg für die Ankunft des zweiten, gefährlicheren Reiters – Verachtung.

Wie können Sie diese schädliche Art der Kritik nun vermeiden? Sprechen Sie Konflikte und Probleme an, sobald sie auftauchen. Warten Sie nicht, bis Sie so wütend oder verletzt sind, daß Sie es einfach nicht mehr aushalten. Drücken Sie Ihre Wut und Ihr Mißfallen auf spezifische Weise aus und richten Sie sie gegen die Handlungen Ihres Partners und nicht gegen seine Persönlichkeit oder seinen Charakter. Versuchen Sie, auf Schuldzuweisungen zu verzichten. Konzentrieren Sie sich auf die Gegenwart und umgehen Sie Verallgemeinerungen. Vermeiden Sie beim Äußern einer Beschwerde folgende Formulierungen: »Du hättest ... sollen«; »Du ... immer ...«; »Du ... nie ...«

Nach unserer Erfahrung bringen Ehefrauen öfter Kritik vor als Ehemänner. Das liegt wohl teilweise daran, daß Frauen es als ihre Aufgabe sehen, die bestehenden Probleme in der Familie bewußt zu machen. Männer wiederum neigen dazu, nur dann mit Konflikten umzugehen, wenn sie dazu gezwungen sind. Diese beiden Tendenzen können sich unheilvoll ergänzen, weil die weibliche Kritik oft mit der mangelnden Reaktion des Mannes auf die Wut und Gereiztheit der Frau zu tun hat. Beschwert sich die Frau, ohne von ihrem Mann ein angemessenes Feedback zu erhalten, steigert sich ihr Ärger unvermeidlich zu Kritik. Der Ehemann kann dazu beitragen, daß diese Entwicklung vermieden wird, indem er die weibliche Wut als Chance wahrnimmt, die eheliche Beziehung zu verbessern. Wird seine Frau zornig, so bedeutet das nur, daß sie ihre Beschwerden in verstärkter Form äußert. Für ihn aber heißt dies, daß er ihre Wut akzeptieren und darauf reagieren muß, bevor sie sich zu Kritik auswächst.

Der zweite Reiter: Verachtung. Verachtung hat viel mit Kritik zu tun, ist jedoch wesentlich extremer. Verachtet der eine Ehepartner den anderen, so hat er tatsächlich die Absicht, ihn zu beleidigen oder zu verletzen. Verachtung entwickelt sich oft aus folgenden Gefühlen: Man empfindet Widerwillen gegen den Partner, hat ihn einfach satt, mißbilligt sein Verhalten, will ihm etwas heimzahlen. Empfindet man Verachtung, so ist man von herabwürdigenden Gedanken erfüllt: Mein Mann/meine Frau ist abstoßend, unzulänglich und schlichtweg ein Trottel. Je länger Sie aber in einer Ehe an solchen Gedanken festhalten, desto schwerer wird es, sich an die Eigenschaften zu erinnern, die Sie an Ihrem Partner ursprünglich anziehend gefunden haben. Mit der Zeit gehen Komplimente, liebevolle Gedanken und zärtliche Gesten einfach verloren. Freundschaftliche Handlungen und positive Gefühle werden überlagert von negativen Emotionen und heftigem Streit.

Typische Signale dafür, daß Verachtung eine Ehe vergiftet, sind Beleidigungen, Schimpfworte und feindselige Arten von Humor, wie etwa Hohn und Spott. So kann der eine Partner auf einen Wutausbruch des anderen auf mißbilligende, herabwürdigende Weise reagieren, indem er etwa seine Ausdrucksweise korrigiert. Auch an der jeweiligen Körpersprache sieht man, wenn sich die Partner weder Achtung noch Vertrauen entgegenbringen. Vielleicht starrt die Frau gelangweilt nach oben, während ihr Mann spricht. Dieser wiederum mag eine angeödete Grimasse schneiden.

Hat der Reiter der Verachtung es sich in Ihrer Ehe bequem gemacht, bedarf es großer Wachsamkeit, um ihn zu vertreiben. Das ist jedoch möglich, wenn jeder Partner willens ist, die an den anderen gerichteten Gedanken, Worte und Handlungen zu verändern. Das beginnt damit, daß man sich der Muster bewußt wird, die jeder in sich trägt. Bemerken Sie also, daß Sie beleidigende oder rachsüchtige Gedanken über Ihren Partner hegen, stellen Sie sich vor, diese Gedanken auszuradieren oder zu löschen. Ersetzen Sie sie mit tröstlicheren Vorstellungen wie etwa: »Dies ist ein schlimmer Augenblick, aber es ist ja nicht immer so.« Oder mit: »Obwohl ich mich aufgebracht (enttäuscht, wütend, traurig, verletzt) fühle, hat mein Partner/meine Partnerin gute Eigenschaften, die ich nicht vergessen darf.«

Denken Sie daran, daß Sie selbst entscheiden, ob Sie dem Verhalten Ihres Partners negative oder positive Motive zuweisen wollen. Versäumt Ihre Frau es etwa, den Müll hinauszubringen, stehen Ihnen als Ehemann folgende zwei Annahmen offen. Sie können sich sagen: »Sie denkt, daß so was unter ihrer Würde ist. Sie ist so eingebildet, daß sie wartet, bis ich oder irgend jemand anders ihren Mist erledigt.« Sie können aber auch denken: »Sie hat den Müll nicht rausgebracht, weil sie nicht gesehen hat, daß der Eimer voll ist. Wahrscheinlich war sie mit etwas anderem beschäftigt. Vielleicht kümmert sie sich später darum.« Beachten Sie, wie sich die positive Reaktion auf das konkrete, spezifische Verhalten einer Person bezüglich eines zu einem bestimmten Zeitpunkt vollen Mülleimers bezieht. Dadurch wird der Vorfall nicht als Indiz benutzt, um eine lebenslängliche Strafe zu verhängen.

Es mag zwar schwierig sein, aber versuchen Sie, die Vorstellung aufzugeben, Sie müßten eine Auseinandersetzung mit Ihrem Ehepartner gewinnen, um moralisch die Oberhand zu behalten. Überlegen Sie, ob es nicht besser wäre, in Streitigkeiten gelegentlich nachzugeben.

Weil Verachtung alle bewundernden und liebevollen Gefühle untergraben kann, sollte man als Gegenmittel positivere und herzlichere Gedanken bezüglich seines Partners erzeugen. Manchen Paaren hilft es, über die Gründe nachzudenken, warum sie sich damals verliebt haben. Hat er sie vielleicht als humorvoll, klug und sexy empfunden? Fand sie ihn damals freundlich, stark und unternehmungslustig? Schauen Sie sich gemeinsam alte Fotos an, wenn das hilft. Nehmen Sie sich Zeit, in der nur Sie beide zusammen sind, um Ihre Beziehung zu stärken und wiederherzustellen. Wenn Sie dies tun, so können Sie vielleicht das Blatt wenden, bevor der nächste Reiter auftaucht.

Der dritte Reiter: Abwehrhaltung. Fühlt sich ein Partner von verächtlich vorgetragenen Beleidigungen attackiert, ist es ganz normal, wenn er sich in die Defensive zurückzieht. Diese Abwehrhaltung ist jedoch verhängnisvoll für eine Ehe, weil sich die beiden Partner nicht mehr zuhören, wenn sie sich gleichsam im Belagerungszustand befinden. Statt dessen reagieren sie oft, indem sie ihre Verantwortung leugnen: »Es ist nicht meine Schuld, daß Jason in der Schule Probleme hat. Du bist es, die ihn verzärtelt.« Oder sie erfinden Entschuldigungen für ihre eigenen Probleme:»Ich wäre gern zu Katies Schulkonzert gekommen, aber ich mußte länger arbeiten.«

Auch die Gegenklage ist ein verbreiteter Ausdruck der Abwehrhaltung: Er moniert ihre Ausgaben, sie beklagt sich im Gegenzug, daß er zu wenig verdient. Beliebt ist auch die Antwort mit »ja, aber ...«, bei der eine anfängliche Zustimmung im folgenden Nebensatz zum Widerspruch wird:»Ja, wir hätten eine Eheberatung nötig, aber die wird doch nichts nützen.«

Manchmal versucht ein Partner, sich zu verteidigen, indem er einfach dieselbe Aussage ständig wiederholt. Ganz gleich, welches logische Argument oder welche zusätzlichen Informationen sein Gegenüber vorbringen mag, der Sprecher bleibt einfach dabei, dieselbe Aussage abzuspulen.

Eine Abwehrhaltung kann sich auch im Tonfall und in der Körpersprache ausdrücken. Da wäre etwa das klassische Jammern, mit dem der Sprecher andeutet, er sei ein unschuldiges Opfer und für die Lösung des akuten Problems nicht zuständig. Vor der Brust gekreuzte Arme schützen den Körper. Als Frau berührt man vielleicht den Hals, als nestle man an einer Halskette.

Nun ist es zwar verständlich, daß man in die Defensive geht, wenn Verachtung in eine Beziehung eingezogen ist, doch verhindert es auch jede Verbesserung der Ehe. Das liegt daran, daß alle Arten der Abwehrhaltung die Kommunikationswege abschneiden.

Der Schlüssel zur Aufgabe einer defensiven Kommunikation liegt darin, daß man die Worte des Partners nicht als Angriff auffaßt, sondern als eine nützliche Information, die im ganz falschen Ton ausgedrückt wird. Natürlich ist das leichter gesagt als getan; aber stellen Sie sich einmal die Möglichkeiten vor, falls eine gegenseitige Entwaffnung beginnt. Ihr Partner schleudert Ihnen eine Beleidigung entgegen, doch anstatt deren Inhalt zu leugnen und auf gleiche Weise zurückzuschlagen, finden Sie ein Körnchen Wahrheit in seiner Aussage und denken einfach einen Augenblick lang darüber nach. Dann könnten Sie antworten: »Mir ist nie klar gewesen, daß dich das so sehr berührt. Wollen wir jetzt mal darüber sprechen?« Wahrscheinlich ist Ihr Partner zuerst verblüfft; vielleicht mißtraut er Ihrer Reaktion sogar, was zu einer Eskalation führen kann. Doch wenn Sie Ihre Waffen und Ihre Rüstung kontinuierlich ablegen, wird Ihr Partner mit der Zeit wohl erkennen, daß Sie an einer echten Veränderung interessiert sind. Sie schenken der gemeinsamen Beziehung Beachtung und wünschen sich ein friedvolleres Zusammenleben.

Der vierte Reiter: Abblocken. Wenn die beiden Ehepartner keinen Waffenstillstand erreichen können, wenn sie es also weiterhin zulassen, daß Kritik, Verachtung und Abwehr ihre Beziehung bestimmen, treffen sie wahrscheinlich auf den vierten Reiter, das Abblocken. Dies tritt ein, wenn einer der Partner sich einfach zurückzieht, weil das Gespräch zu intensiv geworden ist. Im Grunde wird er zu einer Wand, indem er keinerlei Hinweise gibt, ob er die Worte seines Gegenübers hört und versteht.

In unseren Studien legten dieses Verhalten zu 85 Prozent die Männer an den Tag. Das überrascht nicht, weil Männer offenbar eine extremere physiologische Reaktion auf ehelichen Streß zeigen und daher eher dazu neigen, ihm entfliehen zu wollen. Vielleicht ist diese Erscheinung auf geschlechtsbedingte physiologische Unterschiede zurückzuführen, vielleicht auch auf die Tatsache, daß Männer eher als Frauen bei quälenden Gedanken verweilen, wenn sie allein sind. Befragte man sie zu ihrem Verhalten, bewerteten viele der abblockenden Männer ihr Schweigen als »neutral« und nicht als etwas, was ihrer Ehe schaden könnte. Sie verstanden also nicht, daß ihre Frauen sich oft von ihrer ruhigen, teilnahmslosen Haltung gereizt fühlten, da sie diese als Selbstzufriedenheit, Mangel an Interesse oder Mißbilligung interpretierten. Die Männer hingegen glaubten, es sei besser, nichts mehr zu sagen, weil jede Äußerung zu einer Eskalation führen könnte. Unabhängig von dieser positiven Absicht weisen Studien darauf hin, daß ein gewohnheitsmäßiges Schweigen angesichts ehelicher Konflikte zu Problemen führt. Falls nicht beide Partner bereit sind, miteinander zu sprechen, bleiben die Konflikte ungelöst, wodurch sich die Isolation verstärkt. Die Männer ziehen sich zurück, sobald die Emotionen aufwallen. Frauen wiederum neigen eher als Männer dazu, ihre Stimmungen aus ihrer Umgebung abzuleiten als aus dem, was ihr Körper ihnen sagt. Das dürfte einer der Gründe sein, warum Frauen eher als Männer an einer scheiternden Ehe hängen, selbst wenn das ihrer Gesundheit schadet.

Ehepartnern, die erkennen, daß sie abblocken, und das ändern wollen, empfehle ich, ihrem Gegenüber bei Gesprächen bewußt mehr Feedback zu geben. Schon ein einfaches Nicken oder ein gemurmeltes »Mhm« vermittelt dem Sprecher, daß man ihm zuhört; und schon diese Form der Bestätigung kann die Beziehung verbessern. Von hier aus kann man zu höheren Stufen effektiven Zuhörens übergehen, wie etwa dazu, dem Partner das Gehörte mit eigenen Worten wiederzugeben.

Ein weiterer Vorschlag bezieht sich auf die Vermutung, daß physiologische Reaktionen auf Streß eine Schlüsselrolle spielen. Ehepartner, die eine Blockade überwinden und wieder kommunizieren wollen, sollten sich vielleicht für neue Methoden interessieren, wie man bei Debatten über strittige Punkte ruhig bleibt. Manche der uns bekannten Paare sind erfolgreich dazu übergegangen, bei solchen Auseinandersetzungen ihren Puls zu kontrollieren.* Stellen diese Paare fest, daß ihr Puls mehr als zwanzig Schläge über den jeweiligen Ruhezustand gestiegen ist, legen sie eine Gesprächspause ein. Sie kommen erst wieder auf das Thema zurück, wenn sie sich entspannter fühlen. Wollen Sie diese Technik ausprobieren, so

* Dabei geht es um die durchschnittliche Frequenz im Ruhezustand. Obgleich der individuelle Puls stark schwanken kann, erreichen Frauen durchschnittlich 82 bis 86 Schläge pro Minute, Männer 72 bis 76 Schläge.

empfehle ich, das Gespräch innerhalb einer halben Stunde wieder aufzunehmen. Meist genügt dieser Zeitraum, um sich von der Erregung zu erholen, ohne das Thema als solches und die Entwicklung hin zu einer besseren Beziehung aufs Spiel zu setzen. Dabei ist es wichtig, was Sie in der Zwischenzeit mit Ihrer Anspannung und Ihren Gedanken machen. Tiefenatmung, Entspannungstechniken oder Gymnastik können beruhigend wirken. Wenn möglich, sollten Sie in dieser Zeit auch alle rachsüchtigen oder quälenden Gedanken über Ihren Partner loslassen. Konzentrieren Sie sich statt dessen auf positive, tröstende, optimistische Inhalte.

Weitere Erläuterungen, wie man die Vier Apokalyptischen Reiter abwehren und seine eheliche Beziehung verbessern kann, finden sich in meinem Buch *Glücklich verheiratet?* An dieser Stelle will ich noch einmal die zentrale Botschaft an alle Eltern wiederholen: Kinder leiden unter genau denselben Faktoren, die normalerweise einer Ehe schaden. Schaffen es die Eltern aber, selbst während eines Trennungsprozesses gemeinsam an einer Verbesserung ihrer Kommunikation zu arbeiten, geschieht dies zum Wohle ihrer Kinder.

Grenzen Sie Ihren Ehekonflikt ein

Abgesehen von dem Versuch, das Emotionstraining auch im Umgang mit dem Partner anzuwenden, können Eltern einige sehr praktische Techniken benutzen, um ihre Kinder vor den negativen Auswirkungen eines Ehestreits zu schützen. Dabei geht es darum, eheliche Konflikte so einzugrenzen, daß die Kinder nicht in die elterlichen Probleme verwickelt werden oder sich irgendwie dafür verantwortlich fühlen. Will man seine Kinder schützen, so bedarf es zudem jener offenen Kommunikation, die dem Emotionstraining eigen ist. Und schließlich ist es wichtig, außerhalb des engen Familienkreises vertrauenswürdige soziale Stützen zu besitzen.

Setzen Sie Ihre Kinder beim Ehestreit nicht als Waffe ein.
Vielleicht liegt es an dem Wissen von Eltern, wie wertvoll die
Beziehung zu ihren Kindern ist, daß wütende Ehepartner sich
manchmal versucht fühlen, eben diese Beziehung zu benutzen, um sich gegenseitig zu verletzen. So versuchen geschiedene Paare etwa, den anderen Elternteil von den gemeinsamen Kindern fernzuhalten. Man sieht das besonders häufig
bei Müttern, die sich betrogen und machtlos fühlen und meinen, der Zugang zu den Kindern sei der einzige Einfluß, der
ihnen aus ihrer ehelichen Beziehung geblieben ist. Dieses Problem verschärft sich, wenn der nicht sorgeberechtigte Vater es
versäumt, seinen finanziellen Verpflichtungen nachzukommen, was die betreffende Mutter noch in ihrer Haltung bestärkt, ihm die Kinder vorzuenthalten.

Wütende Eltern versuchen manchmal auch, ihre Gatten
oder Ex-Gatten zu verletzen, indem sie die Zuneigung der Kinder zu ihnen untergraben. Dies geschieht durch abträgliche
Bemerkungen (wahr oder falsch) über den anderen Elternteil
oder indem die Kinder aufgefordert werden, sich für eine Seite
zu entscheiden.

Ich glaube, solche Versuche, ein Kind absichtlich vom anderen Elternteil zu entfremden, gehören zum schlimmsten,
was zerstrittene Ehepaare ihren Kindern antun können. Solch
ein Verhalten kann für ein Kind zu einem beständigen Grund
für einen qualvollen Konflikt werden, da es meistens beide Eltern liebt, beiden gegenüber loyal sein will, und sich verpflichtet fühlt, beide vor den Übergriffen des jeweils anderen
Elternteils zu schützen. Zieht man Kinder ständig in einen
Ehestreit hinein, so können sie ein Gefühl entwickeln, sie
seien irgendwie verantwortlich für die familiäre Spaltung und
müßten sie daher auch beheben. Nun kann ein Kind ganz offensichtlich wenig tun, um die Ehe seiner Eltern zu retten.
Dies aber führt dazu, daß es sich machtlos, verwirrt und mutlos fühlt.

Die meisten Kinder brauchen die Liebe und Unterstützung
beider Eltern, besonders wenn sie versuchen, mit dem Auf-

ruhr fertig zu werden, den der Konflikt ihrer Eltern verursacht. Wenn ein Elternteil ein Kind als Werkzeug mißbraucht, um dem anderen zu schaden, ist nur das Kind auf der Verliererseite.

Eltern, die sich in beständigem Kampf miteinander befinden, rate ich zu einem sauberen Schnitt durch ihr Familienleben. Ich meine damit eine bewußte geistige Trennung zwischen Mutter- oder Vaterrolle und der Rolle als kampfbereiter Ehepartner. Als Mutter oder Vater sollten beide alles in ihrer Macht Stehende tun, damit ihre Kinder sich sicher und von beiden Eltern geliebt fühlen können – auch wenn das bedeutet, dem Ehepartner etwas Macht und Autorität zu überlassen.

Außerdem sollten streitende Eltern es vermeiden, kritisch über den Ehepartner zu reden oder ihm Schuld zuzuweisen. Dies nämlich kann die Beziehung des Kindes zu der beschuldigten Person schädigen oder im Kind Gefühle der Illoyalität, der Schuld und der zusätzlichen Anspannung hervorrufen. Wenn Sie dies wirklich können, konzentrieren Sie sich statt dessen auf die konstruktiven Aspekte Ihres Konflikts. Erklären Sie Ihrem Kind, die Vorgänge würden Mutter und Vater helfen, ihre Meinungsverschiedenheiten zu klären, und fügen Sie hinzu, daß Sie sich um Lösungsmöglichkeiten bemühen.

Lassen Sie es nicht zu, daß Ihr Kind zwischen alle Stühle gerät. Es ist nichts Ungewöhnliches, daß Kinder aus stark konfliktgeladenen Ehen versuchen, zwischen Mutter und Vater zu vermitteln. Manche Wissenschaftler meinen, dies sei ein Teil des kindlichen Versuchs, die eigenen Emotionen in den Griff zu bekommen. Erschreckt durch den Aufruhr in der Familie und verzweifelt darum bemüht, etwas dagegen zu tun, übernehmen sie die Rolle von untrainierten Eheberatern und Schiedsrichtern. Da es jedoch viel zu aufreibend für ein Kind ist, eine Familie zusammenzuhalten, führt dies nur zu zusätzlichen Problemen.

Spüren Sie, daß Ihr Kind als Vermittler zwischen Ihnen und Ihrem Ehepartner wirken will, sollten Sie das als Zeichen nehmen, daß zu viele Konflikte in Ihrer Familie sichtbar werden. Dem Wohlergehen Ihres Kindes zuliebe müssen Sie den Streit umgehend abschwächen. In dieser Situation können die Techniken des Emotionstrainings sehr hilfreich sein. Benutzen Sie sie, um festzustellen, was Ihr Kind fühlt, und um ihm Empathie entgegenzubringen. Ist Ihr Kind noch jünger, dann machen Sie ihm verständlich, es sei nicht seine Aufgabe, sich in dieser Weise um seine Eltern zu kümmern. Erklären Sie ihm, dies sei etwas, das die Erwachsenen unter sich ausmachen müßten, und fügen Sie hinzu, daß alle Beteiligten unbeschadet aus dem Konflikt hervorgehen werden. Mit einem älteren Kind kann man komplexere Gespräche führen, doch die Botschaft sollte dieselbe sein: »Es liegt nicht in deiner Verantwortung, die Konflikte zwischen deinen Eltern zu lösen.«

Bei all dem kann man Verständnis dafür zeigen, daß es für ein Kind verstörend ist, Mutter und Vater streiten zu hören. Eltern, kann man hinzufügen, seien aber gelegentlich unterschiedlicher Meinung, wenn es darum gehe, Probleme zu bewältigen. Sollten Sie sich dazu in der Lage fühlen, versichern Sie Ihrem Kind, daß seine Eltern nach Möglichkeiten suchen, das gemeinsame Leben zu verbessern.

Sie sollten Ihrem Kind auch vermitteln, daß es nicht der Ursprung der ehelichen Probleme ist. Ist ein Kind alt genug, um den Inhalt der elterlichen Streitigkeiten zu verstehen, leidet es nachweislich unter mehr Streß, wenn sich die Auseinandersetzung um das Kind selbst dreht. Ist es Zeuge eines solchen Streits, neigt es dazu, Scham und Schuldgefühle zu empfinden und zu befürchten, selbst in den Konflikt hineingezogen zu werden. In einer solchen Situation können Sie ihm sagen: »Mama und Papa haben unterschiedliche Vorstellungen davon, wie wir jetzt vorgehen sollen. Aber es ist nicht deine Schuld, daß wir nicht gleicher Meinung sind.«

Um Kinder nicht weiter in einen Ehestreit zu verwickeln, dürfen Sie sie ferner nicht auffordern, in konfliktgeladenen Situationen als Sendbote zu dienen. Stellen Sie sich einfach vor, wie ein Kind sich fühlen muß, wenn man ihm eine Botschaft überträgt, die man selbst nicht überbringen will. (»Sag deinem Vater, er soll dich nicht von der Schule abholen, ohne mich vorher zu fragen.«)

Kinder sollten auch nie von einem Elternteil darum gebeten werden, dem anderen heikle Informationen vorzuenthalten. Solche Verhaltensweisen dienen als Modell für einen unehrlichen Umgang innerhalb der Familie und verdeutlichen dem Kind nur, daß es Ihnen und allen anderen Familienmitgliedern nicht vertrauen kann. Kinder müssen das Gefühl haben, mit ihren Eltern über alles sprechen zu können, und zwar ohne Angst, dadurch das Vertrauen des einen Elternteils zu enttäuschen. Und schließlich braucht ein Kind das Gefühl, daß die beiden Erwachsenen trotz ihrer Meinungsverschiedenheiten gemeinsam zu seinem Wohl handeln. Bittet man ein Kind, ein Geheimnis für sich zu behalten, so untergräbt das all diese Aspekte.

Teilen Sie Ihren Kindern mit, wenn es zu einer Konfliktlösung gekommen ist. So wie es Kinder verstört, wenn sie ihre Eltern streiten sehen, so tröstet sie das Wissen, daß Mutter und Vater zu einer Lösung gekommen sind. E. Mark Cummings hat in seinen Studien nachgewiesen, daß Kinder, die Zeuge eines Streits unter Erwachsenen werden, häufig mit Aggression und Seelenqual reagieren.[44] Hingegen sind ihre Reaktionen wesentlich gelassener, wenn ihnen klar wird, daß die Erwachsenen ihre Meinungsverschiedenheiten geklärt haben. Nach Cummings ist dabei auch die Art der Konfliktlösung von Bedeutung.[45] Zum Beispiel reagierten die Kinder positiver, wenn sie beobachten konnten, wie die Erwachsenen sich entschuldigten oder einen Kompromiß fanden. Nicht ganz so positiv war die kindliche Reaktion auf subtilere Lösungen wie ein Themenwechsel oder das Nachgeben eines der Kontrahenten. Schwiegen beide oder setzen sie ihren Streit offen fort, so war die Reaktion der Kinder am negativsten.

Darüber hinaus hat Cummings festgestellt, daß es für Kinder wichtig ist, welche Emotionen bei der Lösung mitschwingen. Sie merken, wenn ein Erwachsener sich wütend entschuldigt oder wenig begeistert einem Kompromiß zustimmt.

Sehr kleine Kinder haben natürlich Probleme, abstrakte Vorstellungen über gütliche Einigung oder Vergebung zu begreifen. Ihnen kann es helfen, wenn ihre Eltern physische Signale geben, sobald eine Lösung zustande gekommen ist. So teilt eine herzliche Umarmung von Vater und Mutter den Kindern mit, daß ihre Eltern sich wieder verstehen.

Schaffen Sie ein Netz emotionaler Unterstützung für Ihre Kinder. Wenn ihre Eltern unter starken ehelichen Konflikten leiden, ist es nichts Ungewöhnliches, daß ältere Kinder – besonders Teenager – sich von ihren Familien lösen und anderswo nach emotionaler Unterstützung suchen. Sie beginnen dann, mehr Zeit für ihre Hobbys aufzuwenden oder mit ihren Freunden zu verbringen, oder sie schließen sich befreundeten oder verwandten Familien an, die nicht so viele Probleme haben. Auch wenn dieser Rückzug eines Kindes aus seiner Familie weh tun kann, ist er möglicherweise ein positiver Mechanismus zur Bewältigung seiner Probleme – falls die Menschen und Aktivitäten, für die es sich entscheidet, einen guten Einfluß auf sein Leben darstellen.

Leider ist dies bei vielen Kinder nicht der Fall. Manche von ihnen finden in ihrer Umgebung keine verantwortungsbewußten Erwachsenen, an die sie sich wenden könnten. Bleiben ihnen auch andere konstruktive Ventile wie sportliche, schulische oder künstlerische Aktivitäten verschlossen, geraten diese Kinder häufig in den Sog ungünstiger Einflüsse. Kinder aus instabilen Familien haben ein besonders hohes Risiko, sich problematischen Cliquen anzuschließen.

In Zeiten familiärer Krisen ist es daher wichtig, den Freunden und Aktivitäten Ihres Kindes nicht weniger, sondern mehr Aufmerksamkeit zu widmen. Informieren Sie sich, wie es seine Freizeit verbringt und mit wem. Bleiben Sie mit den Eltern seiner Freunde in Kontakt und tun Sie alles in Ihrer Macht Stehende, um seine Aktivitäten zu verfolgen und zu überwachen. Sprechen Sie mit seinen Lehrern und anderen Bezugspersonen und teilen Sie diesen mit, daß Ihre Familie eine schwierige Zeit durchmacht. Sagen Sie ihnen, Sie wären dankbar, wenn sie ein Auge auf Ihr Kind hätten. Sorgen Sie dafür, daß Ihr Kind von anderen vertrauenswürdigen Erwachsenen umgeben ist – das können Sporttrainer und Lehrer sein, Tanten und Onkel, Nachbarn, Großeltern und die Eltern seiner Freunde –, an die es sich wenden kann, wenn es Hilfe und Unterstützung braucht.

Auch wenn jüngere Kinder noch nicht die Mobilität und Unabhängigkeit besitzen, um während solcher Krisen außerhalb der Familie emotionale Unterstützung suchen zu können, bedeutet das nicht, sie bräuchten kein solches Refugium. Auch in diesem Fall sollten Sie also etwa mit den Kindergärtnerinnen oder Lehrern sprechen. Teilen Sie ihnen mit, wenn Ihre Familie es besonders schwer hat, und bitten Sie sie, Ihrem Kind deshalb ein wenig mehr Geduld und Beistand zu geben als üblich. Besuchen Sie oft andere Familien, vielleicht in Ihrer Verwandtschaft, damit Ihre Kinder einen Sinn für jenes Maß an Zusammengehörigkeitsgefühl und emotionaler Unterstützung erfahren können, das im Grunde möglich ist.

Benutzen Sie das Emotionstraining, um über eheliche Konflikte zu sprechen. Will man mit Kindern über ihre Gefühle sprechen, so kann es keinen passenderen Zeitpunkt dafür geben als den, wenn ein Ehekonflikt aufbricht. Für Eltern, die wegen der Streitigkeiten mit ihrem Partner traurig oder wütend sind, mag es zwar nicht leicht sein, die emotionale Energie aufzubringen, mit ihren Kindern darüber zu sprechen; doch liegt es nahe, daß auch die Kinder sich dann schlecht fühlen und einer Anleitung bedürfen, um mit diesen Emotionen umzugehen.

Nehmen Sie sich etwas Zeit, wenn Sie sich einigermaßen gelassen fühlen und mit Ihrem Kind über seine Reaktionen auf den häuslichen Konflikt sprechen können. Ihr erster Satz könnte etwa lauten: »Mir ist aufgefallen, daß du ganz still geworden und in dein Zimmer gegangen bist, als Papa und ich gestritten haben. Da hab' ich mich gefragt, ob dich unser Streit vielleicht durcheinandergebracht hat.« Fordern Sie Ihr Kind auf, über die Traurigkeit, die Angst und die Wut zu sprechen, die es vielleicht fühlt. Hören Sie dann mitfühlend zu und helfen Sie ihm, seine Emotionen zu benennen. Dabei könnten Sie Ängste Ihres Kindes enthüllen, die Ihnen bislang nicht bewußt waren. Vielleicht hat es Angst, einen Elternteil nach der Trennung nie wiederzusehen. Vielleicht fragt es sich, bei wem es leben wird und ob Mutter oder Vater allein überhaupt für es sorgen können. Vielleicht hat es Angst, auf irgendeine Weise selbst für die Probleme verantwortlich zu sein, und fühlt sich deshalb schuldig oder elend. Und vielleicht ist es sich gar nicht sicher, wovor es sich fürchtet; es spürt einfach, daß etwas Schlimmes geschieht und hat Angst, weil es nicht weiß, was als nächstes passieren wird. Welche dieser Angstgefühle es auch ausdrückt, Sie können ihm erklären, daß Mutter wie Vater, auch wenn sie momentan nicht miteinander auskommen, es immer lieben und für es sorgen werden. Vielleicht können Sie ihm versichern, daß Sie und Ihr Partner trotz aller Probleme nicht an eine Scheidung oder Trennung denken. Wenn Sie sich aber tatsächlich trennen wollen, kann dies der richtige Zeitpunkt sein, Ihrem Kind davon zu erzählen. Auf jeden Fall aber können Sie ihm klarmachen, daß die Probleme nicht seine Schuld seien und daß es nicht in seiner Verantwortung liege, sie zu beheben. Erklären Sie, Mutter und Vater seien dabei, eine Lösung zu finden, die für alle am besten sei, und würden auch weiterhin mit ihm über das Thema sprechen.

Wenn Sie die Situation erklärt und Ihrem Kind geholfen haben, seine Gefühle darüber auszudrücken, können Sie es bei der Suche nach Strategien unterstützen, mit seiner Traurigkeit und seiner Wut fertig zu werden. Helfen könnte etwa ein Therapeut, der auf familiäre Probleme spezialisiert ist. Oder das Kind schließt sich einer Gruppe an, in der Kinder betreut werden, deren Eltern in Scheidung leben. Es kann Kinder auch trösten, ein Tagebuch zu führen, zu malen oder sich anderweitig künstlerisch auszudrücken. Regen Sie Ihr Kind an, selbst zu überlegen, womit es sich trösten könnte. Dabei dürfen Sie allerdings keine Wunder erwarten. Unsere Untersuchungen haben zwar gezeigt, daß im Sinne des Emotions-trainings erzogene Kinder wesentlich besser mit der Schei-dung ihrer Eltern umgehen können als andere betroffene Altersgenossen, daß sie aber genauso viel Traurigkeit empfin-den wie alle anderen Kinder. Unter solchen Umständen kön-nen Eltern vielleicht nicht viel mehr tun, als ihrem Kind zu versichern, daß seine Traurigkeit normal, gerechtfertigt und begreiflich ist.

Das Emotionstraining kann nicht nur während eines Ehe-streits und einer eventuell folgenden Scheidung von großem Nutzen sein, sondern auch in der Folgezeit, wenn gegebenen-falls neue Partner ins Spiel kommen oder Sorgerechtsfragen umstritten sind. Vermutet eine geschiedene Mutter etwa, daß ihre Tochter Ängste wegen ihrer neuen Heiratspläne ent-wickelt, so kann sie sich des Emotionstrainings bedienen, um mit ihr über dieses heikle Thema zu sprechen. Sie könnte bei-spielsweise sagen: »Ich hab' den Eindruck, daß du in letzter Zeit häufig mit den Gedanken woanders bist. Machst du dir Sorgen, wie es nach der Heirat sein wird?« Oder: »Viele Kin-der sind verunsichert, wenn ein neuer Vater einzieht. Sie ha-ben Angst, daß sie ihn vielleicht nicht mögen. Oder sie den-ken, wenn sie ihn mögen, wird ihr richtiger Vater wütend. Denkst du auch manchmal so etwas?«

Es fällt selten leicht, mit Kindern über ihre Gefühle bezüg-lich eines ehelichen Konflikts zu sprechen. Das fängt schon mit der Frage an, wie man ein Gespräch überhaupt einleiten soll; oder man macht sich Sorgen um die möglichen Reaktio-nen des Kindes. Vielleicht hilft Ihnen der Gedanke, daß Sie, in-dem Sie auf dieses Thema eingehen, deutlich Ihren Wunsch demonstrieren, Ihrem Kind weiterhin nahe zu sein. Denken Sie an Nicholas Zills traurige Erkenntnisse über die Langzeit-wirkung von Scheidungen und besonders daran, daß Er-wachsene, die Zeugen wurden, wie die elterliche Ehe zer-brach, sich ihren Eltern Jahre später wesentlich stärker ent-fremdet fühlten als in einer stabilen Familie aufgewachsene Kinder. Unser Forscherteam kann vorläufig zwar noch nicht beurteilen, wie im Sinne des Emotionstrainings kommunizierende Familien im Falle einer Scheidung auf die mit der Pubertät einhergehenden Konflikte reagieren, doch vielleicht werden wir feststellen, daß der entsprechende Umgang miteinander die Eltern-Kind-Beziehung auf lange Sicht positiv beeinflußt. Vielleicht erlaubt es das Emotionstraining Eltern und Kindern, ein festes Band zu knüpfen und zu erhalten, das trotz aller Unruhe und Veränderungen, die Ehestreit und Scheidung mit sich bringen, auch dann noch besteht, wenn die Kinder längst erwachsen sind.

Beschäftigen Sie sich weiterhin intensiv mit den alltäglichen Kleinigkeiten im Leben Ihres Kindes. Das Geheimnis, Kinder vor den negativen Wirkungen eines Ehestreits abzuschirmen, liegt darin, daß man emotional für sie verfügbar bleibt. Das bedeutet, auf die alltäglichen, gewöhnlichen Vorfälle zu achten, die ihren Emotionen zugrunde liegen. Diese Ereignisse haben womöglich nur sehr wenig mit den elterlichen Eheproblemen zu tun. Das Leben eines Kindes geht weiter, auch wenn seine Eltern durch die Konflikte der Erwachsenenwelt abgelenkt werden. So haben kleine Kinder vielleicht Angst, weil sie einen neuen Babysitter bekommen oder weil sie zum ersten Mal in einem Bett für »große« Jungen oder Mädchen schlafen sollen. Die Sorgen älterer Kinder können sich auf so verschiedene Dinge wie den leidigen Mathematikunterricht oder den ersten Schulschwarm beziehen. Können Eltern trotz der Belastungen ihrer Ehekrise die Energie und Konzentration aufbringen, um diese Dinge mit ihren Kindern im Sinne des Emotionstrainings zu klären, so erweisen sie ihnen einen großen Dienst. Kinder brauchen die emotionale Nähe ihrer Eltern, und zwar ganz besonders in Zeiten familiärer Krisen.

SECHSTES KAPITEL

Die entscheidende Rolle
des Vaters

Stellen Sie sich einmal vor, wie drei verschiedene Männer abends nach Hause kommen. Jeder ist Ende dreißig, und jeder hat zwei Kinder, einen achtjährigen Jungen und ein zehnjähriges Mädchen. Jeder der Männer trägt seine Zeitung unter dem Arm und steckt den Schlüssel ins Türschloß. Doch sobald die Tür sich öffnet, verschwinden alle Ähnlichkeiten.

Der erste Mann kommt in ein dunkles Apartment. Vom Anrufbeantworter ertönt knapp die vertraute Stimme seiner Ex-Frau, um ihn daran zu erinnern, daß heute der Geburtstag seiner Tochter ist.

»Ich hab's gewußt«, murmelt er und wählt eine Nummer in einer weit entfernten Stadt. Er ist erleichtert, als nicht die Mutter, sondern das Mädchen selbst abhebt.

»Alles Gute zum Geburtstag, Schatz!«

»Hallo, Papa«, erwidert das Mädchen ruhig.

»Na, hast du mein Päckchen bekommen?« fragt er nach einem peinlichen Moment des Schweigens.

»Ja. Danke.«

»Und, was meinst du? Im Laden haben sie gesagt, es sei das neueste Modell.«

»Ja. Sie ist toll, bloß ...«

»Bloß was?«

»Na ja, ich steh' jetzt nicht mehr so auf Barbiepuppen.«

»Ach so. Na schön, wir können sie ja zurückgeben. Bewahr sie auf, und wir besorgen was anderes, wenn du mich an Weihnachten besuchst, okay?«

»Okay.«

»Wie geht's in der Schule?«

»Gut.«

»Und was macht dein kleiner Bruder?«

»Dem geht's gut.«

Und so geht die Unterhaltung weiter wie bei einer Vernehmung: Der Vater stellt die Fragen, seine Tochter antwortet widerstrebend. Nach einem Monolog über die tollen Dinge, die sie gemeinsam unternehmen werden, wenn die Kinder ihn im Dezember besuchen, legt der Mann auf. Er fühlt sich leer und geschlagen.

Der zweite Mann öffnet die Tür zu einem hell erleuchteten Flur, auf dem es schon nach dem Abendessen riecht. Ist wohl was Italienisches, vermutet er.

»Hallo, ihr beiden«, sagt er zu seinen Kindern, die vor einem Videospiel sitzen. Er klatscht ihnen spielerisch seine Zeitung auf den Rücken, dann geht er in die Küche, um seiner Frau beim Kochen zu helfen.

»Na, wie war's in der Schule?« fragt er, als die Kinder sich an den Tisch setzen.

»Schön«, antworten sie im Chor.

»Habt ihr was gelernt?«

»Nichts Besonderes«, murmelt seine Tochter.

»Wir lernen gerade Malnehmen«, versucht es sein Sohn.

»Prima«, erwidert der Vater, um sich dann an seine Frau zu wenden. »Sag mal, hat der Bankmensch wegen der Hypothek angerufen?«

»Willst du hören, wie weit ich mit vier malnehmen kann?« mischt sich der Junge ein.

»Jetzt nicht, Schatz«, erwidert der Vater matt. »Ich muß gerade was mit Mama besprechen.«

Das Junge verstummt, während seine Eltern das Für und Wider einer Umschuldung diskutieren. Doch sobald sich eine Lücke in ihrem Gespräch ergibt, versucht er es von neuem. »Du, Papa, willst du jetzt hören, wie weit ich komme?«

»Nicht, solange du den Mund mit Knoblauchbaguette voll hast«, erwidert der Vater sarkastisch. Unbeeindruckt nimmt der Junge einen Schluck Milch und legt los: »Vier mal eins ist vier; vier mal zwei ist acht; vier mal drei ...«

Als der Junge schließlich bei achtundvierzig angekommen ist, sagt sein Vater einfach: »Sehr schön.«

»Willst du jetzt hören, wie's mit fünf geht?«

»Später«, ist die Antwort. »Wie wär's, wenn du jetzt noch ein bißchen mit deiner Schwester spielst, damit Mama und ich uns unterhalten können?«

Als der dritte Mann seine Haustür öffnet, trifft er auf eine ähnliche Szene wie die zweite. Seine Frau kocht, seine Kinder beschäftigen sich mit einem Videospiel. Doch am Abendbrottisch entfaltet sich die Unterhaltung ganz anders:

»Na, was ist heute in der Schule passiert?« fragt der Vater.

»Nichts«, erwidern die Kinder im Chor.

»Habt ihr heute in der Pause mit dem neuen Fußball gespielt?« fragt er seinen Sohn.

»Ja.«

»Und warst du Torwart, wie du es dir vorgenommen hattest?«

»Ja.«

»Also hat Peter nichts dagegen gehabt, hm?«

»Nee. Es war ganz cool. Er hat Verteidiger gespielt. Wir haben kaum was reingelassen.«

»Das ist toll. Und wie war dein Abschlag?«

»Miserabel. Ich hab' mindestens dreimal ins Seitenaus geschossen.«

»Wirklich übel, was? Vielleicht mußt du mehr trainieren?«

»Ja, kann sein.«

»Wie wär's, wenn wir nach dem Abendessen noch ein bißchen auf den Hof gehen?«

»Klar!«

»Und was ist mit dir?« wendet der Vater sich an seine Tochter.

»Wieso?« erwidert sie zurückhaltend.

»Hattest du's schön heute?«

223

»Schon«, sagt sie, deutlich traurig über irgend etwas.

»Was hat Frau Brown zu eurem Duett gesagt?«

»Wir konnten nicht spielen. Cassie war krank.«

»Nicht schon wieder! War es ihr Asthma?«

»Ja, wahrscheinlich.«

»Ist ja schlimm. Na, wenigstens kannst du jetzt das Stück noch ein bißchen länger üben.«

»Ich mag aber nicht mehr, Papa.«

»Tja, es kann manchmal schon langweilig werden, wenn man dasselbe Stück so oft üben muß, hm?«

»Ich mag nicht mehr Flöte spielen«, verkündet sie.

Und so geht die Unterhaltung weiter, indem der Vater sich die Klagen seiner Tochter anhört und ihr bei der Suche nach Möglichkeiten hilft, mit ihrer Frustration fertig zu werden.

So plakativ nebeneinandergestellt, wird klar, daß die Beziehungen von Vätern und Kindern sich qualitativ stark unterscheiden können. Der letzte Vater kennt offenbar zahllose Einzelheiten im Leben seiner Kinder genau, etwa die Namen ihrer Freunde, ihre täglichen Aktivitäten und die Herausforderungen, auf die sie beim Spielen treffen. Diese Kenntnisse ermöglichen es ihm, seine Kinder emotional zu unterstützen und anzuleiten. Im Gegensatz dazu schien der zweite Vater uninteressiert, abwesend und beinahe verächtlich zu sein, als sein Sohn versuchte, seine Aufmerksamkeit zu gewinnen. Der räumlich entfernte Vater schließlich wußte so wenig über das Leben seiner Tochter, daß er sich kaum mit ihr unterhalten konnte.

Unter Psychologen ist schon lange die Rede davon, wie wichtig es ist, daß der Vater sich an der Kindererziehung beteiligt. Nun gibt es auch immer mehr fundierte Hinweise, daß engagierte Väter, besonders wenn sie ihren Kindern auch emotional zur Verfügung stehen, einen einzigartigen Beitrag zum Wohlergehen ihrer Kinder leisten. Ein Vater kann seine Kinder in einer anderen Weise als die Mutter beeinflussen, besonders wenn es um Dinge wie die Beziehung zu Altersgenossen und die schulische Leistung geht. So gibt es beispielsweise Hinweise, daß Jungen, deren Väter nicht bei ihnen leben, es schwerer haben, ein Gleichgewicht zwischen männlichem Selbstbewußtsein und Zurückhaltung zu finden. Und so ist es auch schwieriger für sie, sich Selbstkontrolle beizubringen und auf prompte Erfolgserlebnisse zu verzichten. Diese Fertigkeiten gewinnen aber zunehmend an Bedeutung, wenn sie Freundschaften schließen wollen und nach schulischem und beruflichem Erfolg streben. Die positive Präsenz des Vaters kann freilich auch bezüglich der schulischen und beruflichen Erfolge eines Mädchens von Bedeutung sein, obwohl die Forschungsdaten hier weniger eindeutig sind. So viel ist jedoch klar: Mädchen, deren Väter an ihrem Leben teilnehmen, neigen vergleichsweise weniger zu früher sexueller Promiskuität und sind besser disponiert, als erwachsene Frau eine funktionierende Beziehung zu einem Mann einzugehen.

Es wurde auch nachgewiesen, daß der väterliche Einfluß von nachhaltiger Wirkung ist. Das ist zum Beispiel aus einer in den fünfziger Jahren begonnenen Langzeitstudie abzulesen. Kinder, deren Väter sich auch nur bis zum sechsten Lebensjahr um sie gekümmert hatten, entwickelten als Erwachsene mehr Empathie und Mitgefühl als Kinder, die ohne Väter aufwuchsen.[46] Im Alter von einundvierzig Jahren hatten die Probanden dieser Studie, die von ihren Vätern als Kinder mehr Wärme erfahren hatten, mit größerer Wahrscheinlichkeit bessere soziale Beziehungen.[47] Dies zeigte sich zum Beispiel daran, daß sie längere, glücklichere Ehen führten, Kinder hatten und auch mit Freunden außerhalb der Familie Freizeitaktivitäten unternahmen.

Diese Erkenntnisse über die Bedeutung der Väter kommen zu einem kritischen Zeitpunkt in der Geschichte der amerikanischen Familie. Man braucht nur abends die Nachrichten einzuschalten, um besorgte Stimmen zu hören, die über eine sich verändernde Vaterrolle streiten. Von den »Eisenhans-Jungen« des Autors Robert Bly bis zu diversen christlich-fundamentalistischen Gruppen reicht das Spektrum derer, die sich der grundlegenden Bedeutung der Vater-Kind-Bindung bewußt werden. Ob konservative Politiker wie Dan Quayle die angebliche Idealisierung alleinerziehender Mütter in den Medien beklagen (man erinnere sich an seine Kritik an der beliebten Serienfigur Murphy Brown) oder ob afroamerikanische Männer 1995 beim »Million Man March« durch Washington marschiert sind, es ist dasselbe Motiv: Zu viele Männer sind zu lange ihren Familien ferngeblieben. Politiker, religiöse Führer und sozial engagierte Gruppen jeder Couleur bringen die steigende Zahl von Scheidungen und außerehelichen Geburten mit der zunehmenden Jugendkriminalität und weiteren sozialen Problemen in Verbindung; sie rufen die Männer auf, mehr persönliche Verantwortung für die Erziehung ihrer Kinder zu übernehmen. Es heißt, es sei nun an der Zeit, daß die Väter nach Hause kämen.

Was meine Kollegen und ich bei unseren Studien herausgefunden haben, stützt die Überzeugung, daß Kinder ihre Väter tatsächlich brauchen. Unsere Arbeit verweist jedoch auf eine wichtige Differenzierung: Es kann nicht um das Vorhandensein irgendeines Vaters gehen. Gewiß gewinnt das Leben eines Kindes sehr durch einen Vater, der emotional präsent und verständnisvoll ist und der in Krisenzeiten Trost bieten kann. Ebenso kann ein Kind aber auch großen Schaden durch einen Vater erleiden, der ausfallend ist, überkritisch, verächtlich oder emotional kalt.

Vaterschaft im Wandel

Um die Bedeutung eines engagierten, emotional präsenten Vaters besser zu verstehen, hilft ein Blick auf die historische Entwicklung der Familie. Noch vor wenigen Generationen entscheidend für das Wohlergehen seiner Kinder verantwortlich, ist der Vater heute in vielen Fällen scheinbar überflüssig geworden. Angesichts der hohen Scheidungsrate und der vielen außerehelichen Geburten leben zu viele Kinder heute ohne ihren Vater. Viele Kinder kennen ihren Vater nur als eine Person, die einmal da war, aber fortgegangen ist, oder als den Mann, der ihnen eigentlich Unterhalt bezahlen sollte, es aber nicht tut.

Diese Veränderung begann nach Meinung der Historiker vor zweihundert Jahren mit der industriellen Revolution: Nun begannen die Männer, sich tagsüber von ihren Frauen und Kindern zu trennen. Erst in den sechziger Jahren dieses Jahrhunderts wirkten die ökonomischen Kräfte und das moderne Konzept des Feminismus in einer Weise zusammen, daß dem vom Vater dominierten Familiensystem ein entscheidender Schlag versetzt wurde. Seither ist der Anteil von Frauen an der berufstätigen Bevölkerung sprunghaft angestiegen. Noch 1960 gingen in den Vereinigten Staaten nur 19 Prozent aller verheirateten Frauen mit Kindern unter sechs Jahren einer Arbeit außerhalb ihrer Wohnung nach; 1990 war ihre Zahl auf 59 Prozent gestiegen.[48] (1961 waren in Deutschland 33 Prozent der verheirateten Frauen mit Kindern unter 18 Jahren erwerbstätig, 1994 waren es 56 Prozent.) Im selben Zeitraum nahm die durchschnittliche Kaufkraft ab, so daß viele Familien nicht mehr mit einem Gehalt auszukommen glaubten. 1960 war der Mann in 42 Prozent aller amerikanischen Familien der einzige Verdiener; 1988 war diese Zahl auf 15 Prozent gefallen. (1972 waren 57 Prozent aller deutschen Ehemänner allein erwerbstätig, 1994 nur noch 36 Prozent.)

»Diese Veränderung hat traditionelle Vorstellungen von Vaterschaft und Geldverdienen über den Haufen geworfen«, schreibt der Historiker Robert L. Griswold. »Die Berufstätigkeit der Frauen hat das alte Vaterbild schlichtweg zerstört und eine Neubestimmung der Beziehung zwischen den Geschlechtern erforderlich gemacht.«[49]

Gleichzeitig ist die Institution der Ehe ernsthaft ins Wanken geraten. Zwischen 1960 und 1987 hat sich die Scheidungsrate in den USA mehr als verdoppelt. Heute endet mehr als die Hälfte aller ersten Ehen mit einer Scheidung.[50] Eine an der Universität von Michigan durchgeführte Untersuchung sagt voraus, daß die Scheidungsrate bei ersten Ehen bis zu 67 Prozent erreichen könnte.[51] Außerdem bekommen immer mehr unverheiratete Frauen Kinder; fast ein Drittel aller in den Vereinigten Staaten registrierten Geburten fällt unter diese Kategorie.[52]

Ohne eine eheliche Bindung geben viele der heutigen Väter die Verantwortung für ihre Kinder ganz auf. Ist die Beziehung zwischen Mutter und Vater nicht stabil, entzieht letzterer seinen Kindern oft jede Form der Unterstützung – sei sie emotional oder finanziell.

Es scheint eine Ironie des Schicksals, daß diese Flucht aus der väterlichen Verantwortung zu einer Zeit stattfindet, in der sich den Männern viele neue Möglichkeiten bieten, intensiv am Leben ihrer Kinder teilzunehmen. Manche Männer ergreifen diese Gelegenheiten. Besonders in Haushalten, in denen beide Elternteile berufstätig sind, übernehmen die Väter nachweislich mehr Verantwortung für ihre Kinder als früher. Es ist heute auch häufiger anzutreffen, daß Väter bei der Geburt ihrer Kinder dabei sind, sich um flexible Arbeitszeiten bemühen, weniger arbeiten und auf Aufstiegsmöglichkeiten verzichten, um mehr Zeit mit ihren Kindern zu verbringen.

So hoffnungsvoll diese Entwicklung auch stimmen mag, es scheint doch mit der größeren väterlichen Anteilnahme am Leben der Kinder außerordentlich langsam voranzugehen. Dafür gibt es verschiedene Erklärungen. Manche machen die Arbeitgeber dafür verantwortlich, die ihren männlichen Angestellten noch immer nicht die Flexibilität zubilligten, die nötig sei, um erfolgreich elterliche Aufgaben wahrzunehmen. Eine neuere Umfrage unter mittleren bis großen amerikanischen Firmen hat beispielsweise ergeben, daß nur 18 Prozent aller männlichen Vollzeitkräfte nach der Geburt unbezahlten Urlaub bekommen konnten.[53] Bezahlten Urlaub erhielt nur ein Prozent. Gute Teilzeitstellen mit entsprechender Bezahlung sind schwer zu finden, und die Laufbahn eines Angestellten kommt oft zum Stillstand, wenn er sich weigert, Über-

stunden zu machen oder seine Familie wegen einer Verset-
zung in eine andere Stadt aus ihrer gewohnten Umgebung zu
reißen.

Andere Stimmen geben den Gerichten die Schuld. Die Zahl
der Kinder ohne Väter wird demnach so lange weiter wachsen, bis geschiedene Väter gerechter behandelt werden. Denn
in ungefähr 90 Prozent aller Scheidungsfälle wird in den Vereinigten Staaten das Sorgerecht der Mutter zugesprochen (in
Deutschland sind es 86 Prozent).[54]

Viele glauben schließlich, das Problem liege bei den Vätern
selbst, weil diese nicht mehr Initiative ergriffen, um sich an
den alltäglichen Dingen im Leben ihrer Kinder zu beteiligen.
Nach einer Studie verbringen die Väter in Familien mit zwei
Einkommen nur ein Drittel soviel Zeit mit ihren Kindern wie
die Mütter; geht es um die aktive Versorgung der Kinder, so
sind es sogar nur zehn Prozent der Zeit.[55] Wenn Männer in
dieser Hinsicht tatsächlich aktiv werden, so übernehmen sie
üblicherweise die Rolle des Babysitters: Sie neigen dazu, sich
von ihren Frauen Aufgaben übertragen und Anweisungen geben zu lassen, anstatt selbst die Verantwortung zu übernehmen.

Als Folge dieser Probleme stehen viele Männer dem Leben
ihrer Kinder gleichgültig gegenüber. Ich muß in diesem Zusammenhang daran denken, wie diese Distanz sich im Sorge-
rechtsstreit zwischen Woody Allen und seiner Ex-Frau Mia
Farrow ausgewirkt hat. Um ein Gefühl für Allens Beziehung
zu seinen Kindern zu bekommen, bat ihn der Richter, die Namen ihrer Freunde und Ärzte zu nennen. Dazu war der Re-
gisseur aber nicht in der Lage. Wie die beiden Väter, die am
Anfang dieses Kapitels beschrieben wurden, lebte Allen in einer ganz anderen Welt als seine Kinder. Solche Väter sind
Außenstehende, die nur durchs Fenster blicken und zahllose
Gelegenheiten verpassen, sich mit ihren Kindern auf bedeu-
tungsvolle und hilfreiche Weise zu verbinden.

Was kann ein Vater leisten?

Was vermissen Kinder, wenn ihre Väter abwesend, distanziert oder abgelenkt sind? Die entwicklungspsychologische Forschung weist darauf hin, daß sie wesentlich mehr verlieren als nur eine »Hilfsmutter«. Üblicherweise treten Väter in eine andere Beziehung zu Kindern als Mütter. Das bedeutet, daß ihr Engagement andere Fähigkeiten auszuprägen hilft, besonders in bezug auf soziale Beziehungen.

Der väterliche Einfluß beginnt schon in einem sehr frühen Alter. Eine Untersuchung hat etwa ergeben, daß fünf Monate alte männliche Babys, die viel Kontakt mit ihren Vätern hatten, sich auch in Anwesenheit unbekannter Personen wohler fühlten als eine Vergleichsgruppe.[56] Diese Babys reagierten stimmlich mehr auf Fremde und zeigten mehr Bereitschaft, von ihnen hochgenommen zu werden, als Babys mit weniger Kontakt zu ihren Vätern. Einer anderen Studie zufolge schrien einjährige Babys mit häufigem Vaterkontakt weniger, wenn man sie mit einer unbekannten Person allein ließ.[57]

Viele meiner Kollegen vertreten die Meinung, daß Väter ihre Kinder hauptsächlich während des gemeinsamen Spiels beeinflussen. Einerseits gestalten Väter normalerweise einen größeren Teil der mit ihren Kindern verbrachten Zeit durch spielerische Aktivitäten, andererseits ist ihr Spielverhalten körperbetonter und aufregender als das der Mütter. Bei der Beobachtung der elterlichen Interaktion mit Neugeborenen haben Michael Yogman und T. Berry Brazelton herausgefunden, daß die Väter mit ihren Babys weniger sprachen, sie aber mehr berührten.[58] Sie machten auch eher rhythmische, tappende Geräusche, um die Aufmerksamkeit der Babys auf sich zu ziehen. Zudem neigten sie mit ihrem Spielverhalten dazu, ihre Kinder auf eine emotionale Achterbahn zu führen: Auf lediglich minimale Aufmerksamkeit erfordernde Aktivitäten folgten Dinge, die die Babys ziemlich stark erregten. Die Mütter hingegen hielten ihr Spielverhalten und die Emotionen der Babys auf einem ausgeglicheneren Niveau.

Diese Unterschiede setzen sich im Verlauf der Kindheit fort, wenn Väter mit ihren Kindern »wildere« Dinge wie Hochheben, Reiterspiele und Kitzeln veranstalten. Väter erfinden oft ganz eigene oder ungewöhnliche Spiele, während Mütter dazu neigen, sich auf bewährte Dinge verlassen.

Viele Psychologen vertreten die Meinung, das rauhe, »Unfug« nicht ausschließende Spielverhalten der Väter biete Kindern eine wichtige Gelegenheit, etwas über Emotionen zu lernen. Um sich das zu verdeutlichen, kann man sich etwa vorstellen, wie ein Vater als »böser Wolf« sein verzücktes Kleinkind über den Hof jagt oder wie er das Kind in die Luft wirft. Solche Spiele verschaffen dem Kind den Kitzel, einen Anflug von Angst zu erleben, während es gleichzeitig begeistert und erregt ist. Es lernt ferner, jene vom Vater ausgesandten Signale aufzufangen, die auf eine positive Erfahrung hindeuten. So stellt es zum Beispiel fest, daß sein Quietschen und Kichern den Vater zum Lachen bringt und damit das Spiel verlängert. Es beobachtet am Vater aber auch Hinweise auf ein nahes Ende des Spiels (»So, das reicht erst mal«) und lernt, sich von seiner Erregung zu erholen und wieder ruhig zu werden.

Diese Fertigkeiten sind einem Kind von großem Nutzen, sobald es sich in die weite Welt möglicher Spielkameraden begibt. Nach dem Herumtoben mit seinem Vater kann es auch in emotional hektischen Situationen die Signale seiner Umgebung deuten. Es weiß, wie es selbst aufregende Spiele in die Wege leiten kann und wie es auf seine Spielkameraden reagieren muß, ohne zu passiv zu werden oder die Beherrschung zu verlieren. Und es kann seine Emotionen auf einem Niveau halten, das optimal für ein lebendiges Spiel ist.

Erkenntnisse über diese Verbindung zwischen dem körperbetonten väterlichen Spielverhalten und der kindlichen Fähigkeit, mit Gleichaltrigen auszukommen, haben uns Ross Parkes und Kevin MacDonalds Studien an Drei- und Vierjährigen vermittelt.[59] Sie haben zwanzigminütige Spielperioden von Kindern und Vätern beobachtet, und dabei stellte sich heraus, daß jene Kinder, deren Väter stark körperbetont spielten, bei ihren Spielkameraden am beliebtesten waren. Dabei ergab sich allerdings eine ebenso interessante wie wichtige Differenzierung: Kinder mit stark körperorientierten Vätern waren nur dann beliebt, wenn diese beim Spiel weder Dominanz noch Zwang ausübten. Kinder ebenso körperorientierter wie herrischer Väter nämlich waren am wenigsten beliebt.

Weitere Studien haben ähnliche Erkenntnisse erbracht. Es wurde durchweg festgestellt, daß Kinder die besten sozialen Fähigkeiten entwickeln konnten, wenn ihre Väter die Interaktion positiv gestalteten und ihnen erlaubten, den Spielverlauf mitzubestimmen.

All dies deckt sich vollkommen mit den Ergebnissen unserer eigenen Untersuchungen: Diese verweisen ja darauf, wie wichtig es ist, daß Väter es in bezug auf ihre Kinder vermeiden, kritisch, erniedrigend, verächtlich und aufdringlich zu sein. Im Umgang mit Gleichaltrigen wie in der Schule waren jene unserer kindlichen Probanden am erfolgreichsten, deren Väter ihre Gefühle anerkannten und ihre Leistungen lobten. Diese väterlichen Emotionstrainer ignorierten und mißbilligten die negativen Emotionen ihrer Kinder nicht; sie zeigten vielmehr Empathie und unterstützten ihre Kinder dabei, mit diesen Gefühlen umzugehen.

In dem bereits beschriebenen Versuch, in dem sie ihren Kindern ein Videospiel beibringen sollten, spornten diese Väter ihre Kinder an, indem sie gerade das richtige Maß an Anleitung lieferten, ohne sich aufzudrängen. Oft praktizierten sie auch die bereits erwähnte Technik des »Gerüstbaus«. Das heißt, sie nutzten jedes kindliche Erfolgserlebnis als Hinweis auf wachsende Fähigkeiten. Mit einfachen Bemerkungen wie »Gut gemacht!« oder »Ich hab' gewußt, daß du das schaffst!« verwandelten sie jeden kleinen Sieg in einen Baustein für ein besseres Selbstwertgefühl. Ihr Lob verlieh ihren Kindern jenes Selbstvertrauen, das diese zum Weitermachen und Weiterlernen brauchten.

Am meisten mit schulischen und zwischenmenschlichen

Schwierigkeiten zu kämpfen hatten hingegen jene Kinder, deren Väter kalt und autoritär, herablassend und aufdringlich waren. Während des Videospiels ließen diese Väter etwa erniedrigende Bemerkungen fallen; sie verspotteten und kritisierten die Fehler ihrer Kinder. Oder sie übernahmen selbst das Kommando, wenn das Spiel nicht gut lief, und wiesen das Kind so auf seine Inkompetenz hin.

Als wir drei Jahre später wieder in Kontakt mit allen Familien traten und nun auch die Lehrer der Kinder befragten, stellte sich heraus, daß die Kinder mit herablassenden, keine Bestätigung bietenden Vätern am häufigsten Probleme bekommen hatten. Sie zeigten sich ihren Spielkameraden gegenüber aggressiv. Sie hatten die meisten Schwierigkeiten in der Schule. Und sie tendierten zu Problemen, die oft mit späterer Delinquenz und jugendlicher Gewalt in Verbindung gebracht werden.

Auch die Bedeutung der Interaktion von Mutter und Kind ist aus unseren Daten abzulesen. Verglichen mit dem Einfluß des Vater-Kind-Kontaktes ließ ihre Qualität sich allerdings nicht so stark mit dem späteren Erfolg oder Mißerfolg des Kindes in der Schule und im Umgang mit Gleichaltrigen in Beziehung setzen. Diese Entdeckung überrascht zweifellos, besonders, da Mütter normalerweise mehr Zeit mit ihren Kindern verbringen als Väter. Wir meinen, Väter üben diesen starken Einfluß auf ihre Kinder deshalb aus, weil die Vater-Kind-Beziehung solch starke Emotionen in Kindern hervorruft.

Die physische und emotionale Anwesenheit des Vaters

Nähe zu ihren Kindern herzustellen muß für Männer gar nicht so schwierig sein. Und doch kämpfen viele Väter heute um eine Definition ihrer Vaterrolle, die gefühlsmäßig zu ihnen paßt. »Wer als Mann zur Generation des Babybooms gehört, erfährt gerade in dem Moment, in dem er selber Vater wird, daß alles, was er diesbezüglich von seinem eigenen Vater gelernt hat – Väter arbeiten schwer, sind nicht oft zu Hause, äußern mehr Kritik als Lob, zeigen weder Zuneigung noch andere Emotionen, außer Zorn –, nicht mehr zutrifft«, schreibt der Psychologe Ronald Levant. »Statt dessen soll der heutige Mann ein sensibler, fürsorglicher, aufgeklärter Vater sein, der für seine Kinder wirklich da ist und sich mit ihnen beschäftigt. [...] Problematisch ist nur, daß viele Männer gar nicht wissen, wie sie solche Väter werden sollen, und zwar aus dem einfachen Grund, weil ihre eigenen Väter sich ihnen gegenüber nicht so verhalten haben.«[60]

Wie im dritten Kapitel besprochen, haben Männer die Fähigkeit, die Emotionen ihrer Kinder zu erkennen und konstruktiv darauf zu reagieren. Das hat sich zum Beispiel bei Ronald Levants *Fatherhood Project* gezeigt, bei dem die Fähigkeit der Väter verbessert werden sollte, mit Kindern im Gefühlsbereich zu kommunizieren.[61] Innerhalb von acht Wochen lernten die Teilnehmer, sensibler zu werden und besser zuzuhören. Zu der tatsächlich positiv veränderten Kommunikation zwischen Vater und Kind gehörte die zunehmende väterliche Bereitschaft, die emotionalen kindlichen Äußerungen zu akzeptieren.

Nun muß man nicht an einem solchen Kurs teilnehmen, um sich besser in seine Kinder hineinversetzen zu können. Es genügt, die Stufen des Emotionstrainings anzuwenden, die mit einem wacheren emotionalen Bewußtsein beginnen. Will ein Mann gegenüber seinen Kindern Empathie entwickeln, so muß er sich zuerst seiner eigenen Gefühle bewußt werden. Dann aber muß er alle erforderlichen Schritte tun, um für seine Kinder verfügbar zu werden. Er muß sein Leben so einrichten, daß er ihnen mehr Zeit und Aufmerksamkeit zuwenden kann – ein scheinbar einfacher Schritt, der aber keineswegs leicht ist. Besonders Väter, die von ihren Kindern getrennt leben oder sich stark auf ihren Beruf konzentrieren, werden es unter Umständen sehr schwer finden, Zeit für ihre

Kinder zu erübrigen. Tun sie dies aber nicht, so können sie den inneren Kontakt zu ihren Kindern verlieren, wenn diese älter werden und sich verändern. Dann aber werden sie es zunehmend schwerer finden, eine tiefgehende Beziehung zu ihnen zu unterhalten.

Ich muß in diesem Kontext daran denken, wie die Veränderung meines eigenen Tagesablaufs sich auf die Beziehung zu meiner Tochter Moriah ausgewirkt hat. Als ich sie eine Zeitlang auf dem Weg zur Universität in die Kindertagesstätte brachte, verlief der Morgen oft recht hektisch. Ich stellte fest, daß ich mich schroffer und weniger spielerisch verhielt, als wir beide es mochten. So beschloß ich, künftig keine Seminare oder Besprechungen vor zehn Uhr anzusetzen, was einen gewaltigen Unterschied machte. Obwohl ich meist trotzdem um neun in meinem Büro saß, verbesserte sich mein täglicher Umgang mit Moriah, weil ich wußte, daß ich keine beruflichen Verpflichtungen vernachlässigen mußte, wenn sie einmal mehr Zeit brauchte. Wollte sie etwa auf dem Weg zum Auto stehenbleiben, um sich ein Spinnennetz anzuschauen, hatte ich genug Zeit, um uns das zu gönnen. Und wenn sie plötzlich beschloß, statt der roten Schuhe die blauen zu tragen, war das auch kein Problem.

Nun erlauben manche Berufe einem Vater mehr Flexibilität als andere. Aber jeder Vater entscheidet jeden Tag bewußt, wieviel Zeit er auf welche Weise mit seinen Kindern verbringt. Welcher Elternteil soll abends das Baby baden? Wer liest den Kindern eine Gutenachtgeschichte vor? Wer hilft ihnen dabei, die passenden Socken zu finden? Obwohl solche Aktivitäten banal scheinen, handelt es sich um wichtige Entscheidungen, weil sich die emotionale Bindung von Vater und Kind aus der Struktur unseres Alltags entwickelt. Auf den folgenden Seiten geht es um Ideen, wie Väter diese Bindung festigen können.

Beginnen Sie schon während der Schwangerschaft, sich um Ihr Kind zu kümmern

Wenn der werdende Vater an der Schwangerschaft seiner Partnerin anteilnimmt, bereitet dies nachweislich eine ganze Reihe positiver familiärer Interaktionen vor, die der Ehe wie dem Kind nützen und die Vater-Kind-Bindung stärken.

Nimmt der Vater zum Beispiel aktiv an der Geburtsvorbereitung teil, so lernt er, seine Partnerin bei der Entbindung zu unterstützen. Das wiederum kann für Mutter wie Kind von Nutzen sein. Einer Studie zufolge empfanden Frauen, deren Männer ihnen während der Wehen und der Geburt zur Seite standen, weniger Schmerzen, erhielten weniger Medikamente und hatten eine positivere Erinnerung an den Geburtsvorgang als Frauen, deren Männer abwesend waren.[62] Einen ähnlichen Zusammenhang zwischen der Anwesenheit des Vaters und der Wahrnehmung der Mutter hat man auch bei Kaiserschnittgeburten beobachtet. Darüber hinaus hat eine Studie ergeben, daß Väter, die großes Interesse an der Schwangerschaft ihrer Partnerin zeigen, das Baby nach seiner Ankunft öfter halten und viel eher reagieren, wenn es schreit.[63]

Es ist wichtig, solche praktischen Erfahrungen schon in den ersten Lebenstagen eines Säuglings zu machen. So hat man festgestellt, daß Väter, die bald nach der Geburt im Krankenhaus damit begannen, ihr Baby zu wickeln, zu baden oder zu wiegen, das mit größerer Wahrscheinlichkeit auch viele Monate später noch taten.[64] All diese Aktivitäten aber geben Vater und Baby die Gelegenheit, sich im direkten Kontakt die Signale des anderen anzueignen und die Beziehung zueinander positiv zu beginnen.

Darüber hinaus bleiben die Gewohnheiten, die ein Vater in der Zeit entwickelt, wenn sein Kind ein Säugling ist, oft erhalten. Ist er schon früh an der Babypflege beteiligt, setzt sich dieses Engagement auch eher bis in die Pubertät des Kindes und darüber hinaus fort.

Angesichts dieser Forschungsergebnisse sollten Väter, die eine solide Beziehung zu ihren Kindern anstreben, die Basis dafür schon während der Schwangerschaft und der ersten Lebensmonate des Säuglings schaffen. Wer zum ersten Mal Vater wird, sollte sich allerdings bewußt sein, daß die Säuglingspflege eine sehr praxisbezogene Angelegenheit ist, bei der man aus Fehlern lernen muß. Es ist ein großer Vorteil, vom ersten Tag an daran teilzuhaben, denn Vater und Mutter lernen dann gemeinsam ihr eigenes Kind kennen. Und weil die Kommunikation von Eltern und Säugling wechselseitig funktioniert, hat auch das Neugeborene die Chance, schon früh von seinem Vater zu lernen. Während es sich an das Gesicht des Vaters, an seine Stimme, den Rhythmus seines Gangs und seinen Geruch gewöhnt, lernt es, seine Gegenwart wie die der Mutter mit Geborgenheit und Sicherheit gleichzusetzen. Aus den väterlichen Reaktionen wiederum erfährt es wichtige Dinge über soziale Kontakte: es lernt, daß es Einfluß darauf hat, wie der Vater mit ihm umgeht, und daß es auch andere Menschen durch sein Verhalten beeinflussen kann.

Nun ist es ganz normal, daß ein Vater sich nicht ganz gleichberechtigt fühlt, wenn die Mutter ihr Kind stillt. Aber es gibt Dutzende anderer Möglichkeiten für einen Vater, wesentliche Bedürfnisse seines Kindes zu erfüllen. Er kann dem Baby mit der Flasche Wasser, zusätzliche Nahrung oder abgepumpte Muttermilch geben. Er kann es baden, wickeln, wiegen und herumtragen. Natürlich soll er auch seine geschlechtsspezifische Fähigkeit zum Spielen nicht vergessen. Schon bei Neugeborenen hat der Psychologe Andrew Meltzoff subtile Hinweise darauf beobachten können, daß Babys den Gesichtsausdruck ihrer Bezugspersonen imitieren.[65] Wenn also ein Vater schon mit dem Säugling intensiv kommuniziert, so kann dies den Beginn einer beglückenden Freundschaft ankündigen.

All dies setzt natürlich voraus, daß der Vater Zeit hat, sich mit seinem soeben auf die Welt gekommenen Kind zu beschäftigen. Deshalb bin ich ein starker Befürworter des Vaterschaftsurlaubs. Ist dieser aus beruflichen Gründen nicht möglich, so rate ich jedem Vater dringend, in diesen wichtigen, einmaligen frühen Wochen im Leben seines Kindes soviel von seinem Jahresurlaub zu nehmen wie möglich.

Auch Verwandte können dazu beitragen, daß der Vater nicht unvermutet an den Rand gedrängt wird, wenn das Baby auf die Welt kommt. So tut eine besorgte Großmutter eventuell gut daran, sich zurückzuhalten und dem Vater Raum zu lassen, sich um das Neugeborene zu kümmern, wenn die Mutter sich ausruht. In diesem Fall bekommt der Vater die Zeit, die er braucht, um zeitweise als Hauptbezugsperson die Signale des Babys kennenzulernen.

Natürlich spielt die Mutter bei all dem die wichtigste Rolle, indem sie die väterliche Beteiligung an der Pflege des gemeinsamen Kindes unterstützt oder hemmt. Ross Parke und Ashley Beitel haben untersucht, wie Mütter dazu stehen, wenn ihre Männer sich an der Säuglingspflege beteiligen. Sie stellten fest, daß der Vater sich weniger engagiert, wenn die Mutter der Qualität seiner Bemühungen kritisch gegenübersteht und wenn sie glaubt, Frauen seien grundsätzlich besser dazu geeignet, für Kleinkinder zu sorgen.[66]

Viele Frauen schätzen es jedoch sehr, wenn ein Vater sich engagiert, und wollen wissen, wie sie das unterstützen können. Die Antwort auf diese Frage ist einfach: Erlauben Sie Ihrem Partner, auf seine eigene Weise für das Baby zu sorgen. Stellen Sie ihm Ihre Erfahrung zur Verfügung, aber vermeiden Sie, die Art und Weise, wie er das Kind wickelt oder sein Fläschchen schüttelt, zu sehr zu kritisieren. Denken Sie daran, daß Babys von verschiedenartigen Verhaltensformen profitieren, zu denen auch jene typisch männliche Art gehört, die spielerischer, körperbetonter und weniger eingrenzend ist als die mütterliche. Hat ein Paar über den Stil der Säuglingspflege Meinungsverschiedenheiten, so kann vielleicht jeder Elternteil bestimmte Tätigkeiten übernehmen. Und wenn sich der Vater schwer tut zu lernen, wie man ein Baby beruhigt, so kann das daran liegen, daß er und das Kind mehr Zeit ohne mütterliche

Intervention brauchen, um die Signale des anderen kennenzulernen. Vielleicht hilft es, wenn die Mutter nachmittags ein paar Mal zu einer Freundin geht, damit Vater und Kind eine Zeitlang allein zurechtkommen müssen.

Die Kontrolle über einen Bereich aufzugeben, der lange eine weibliche Domäne gewesen ist, mag mancher jungen Mutter allerhand abverlangen. Kann eine Mutter sich aber zurücknehmen, um das Zusammensein von Vater und Baby zu ermöglichen, so kann sie hoffen, daß das gemeinsame Kind großen Nutzen aus der gesunden, gut entwickelten und konstruktiven Beziehung zu seinem Vater ziehen wird.

Bleiben Sie weiterhin in Kontakt mit den alltäglichen Bedürfnissen Ihres Kindes

Idealerweise behalten Väter, die sich von Anfang an täglich an der Kinderpflege beteiligen, entsprechende Gewohnheiten bei, wenn das Kind älter wird. Man muß jedoch ständig daran arbeiten, dieses Engagement aufrechtzuerhalten, denn der Tagesablauf und die Anforderungen im Beruf und zu Hause verändern sich mit der Zeit. Bemüht sich ein Vater nicht bewußt darum, am täglichen Leben seines Kindes teilzunehmen, wird er oft feststellen, daß er sich von ihm entfernt und immer weniger von den Einzelheiten erfährt, die Vater und Kind verbinden sollten.

Es ist inzwischen viel über die »Qualität« der Zeit geschrieben worden, die Mütter mit ihren Kindern verbringen. Da immer mehr Mütter berufstätig werden, hat dieser Gedanke zunehmend an Popularität gewonnen: Es geht nicht darum, einfach nur Zeit mit einem Kind zu verbringen, sondern diese Zeit auch entsprechend zu nutzen. Tatsächlich hat man in entsprechenden Studien nachgewiesen, daß die Qualität der Interaktion von Mutter und Kind stärkere Auswirkungen auf das Kind hat als die bloße Zahl der Stunden, in denen die beiden zusammen sind. Es liegt nahe, daß für den Vater dasselbe gilt. So kommt es nicht darauf an, wie viele Abende und Wochenenden ein Vater mit seinem Kind verbringt, sondern daß er während der gemeinsamen Zeit nicht Interaktion vermeidet, sich in Arbeit vergräbt oder mit dem Kind stupide vor dem Fernseher sitzt.

Robert Blanchard und Henry Biller haben in einer Studie ganz besonders darauf hingewiesen, welche Bedeutung es für Kinder hat, daß ihre Väter für sie erreichbar sind. Die beiden Forscher haben drei Gruppen von Drittkläßlern miteinander verglichen: im ersten Fall lebten die Väter nicht in der Familie, im zweiten waren sie im Haus und für die Kinder verfügbar, im dritten im Haus und nicht verfügbar.[67] Wie sich herausstellte, waren die schulischen Leistungen der Jungen mit abwesenden Vätern am schlechtesten, die der Jungen mit anwesenden und verfügbaren Vätern am besten. Die Jungen, deren Väter anwesend, aber nicht verfügbar waren, standen irgendwo dazwischen. »Einen kompetenten Vater zu haben wird die intellektuelle Entwicklung eines Jungen nicht fördern, wenn der Vater für das Kind nicht durchgängig verfügbar ist oder wenn die Vater-Sohn-Beziehung eine negative Qualität aufweist«, schreibt Biller.[68] Über entsprechende Zusammenhänge in der Beziehung von Vater und Tochter ist bislang nur wenig geforscht worden, obwohl ein starkes Engagement des Vaters sich auch auf die schulischen und beruflichen Erfolge der Tochter durchaus auszuwirken scheint.

Es ist zwar schwer zu sagen, wieviel Engagement und Verfügbarkeit ein Kind von seiten seines Vaters braucht, aber es bedarf mehr als gelegentlicher Ausflüge zu einer Sportveranstaltung, einem Vergnügungspark oder in den Zoo, um bei Kindern wirklich etwas zu bewirken. Die beste Möglichkeit für Väter, am Leben ihrer Kinder teilzunehmen, bietet sich, wenn sie, wie Ronald Levant es nennt, »Familienarbeit« leisten: Beim täglichen Füttern, Baden, Anziehen und der Pflege der Kinder. »Wenn sie diese traditionell weiblichen Aufgaben wahrnehmen, werden Männer zu wirklich integrierten und unverzichtbaren Familienmitgliedern«, schreibt Levant. Aufgabe des Vaters sei es nicht nur, für die materiellen Bedürfnisse der Familie zu sorgen, sondern auch, »täglich da zu sein, um sich auch um die nie endenden, sich ständig verändernden physischen und emotionalen Alltagsbedürfnisse zu kümmern.«[69]

Wie schon während des Säuglingsalters kann die Mutter ihren Partner auch später dazu ermutigen, mehr Verantwortung für diese täglichen Aufgaben zu übernehmen, indem sie darüber hinwegsieht, wenn der Mann auf seine eigene Weise an die Dinge herangeht. Schließlich gibt es mehr als eine Möglichkeit, eine laufende Nase abzuwischen oder ein Marmeladenbrot zu schmieren.

In der Welt ihrer Kinder anwesend und ansprechbar zu sein, bedeutet für viele Männer, daß sie den Zeitfaktor plötzlich ganz anders wahrnehmen und konkrete, an Aufgaben orientierte Ziele anders gewichten. Das Leben dieser Männer hat sich bisher um die Vorstellung gedreht, man müsse effizient durch den Tag gehen und eine Aufgabe nach der anderen erfüllen, ohne zu trödeln, zurückzublicken oder etwas unvollendet zu hinterlassen. Dabei ging es weniger darum, sich um die Gefühle ihrer Mitmenschen zu kümmern, als darum, einfach Probleme zu lösen und Dinge zu erledigen. Soll so ein Mann jetzt sein Vorschulkind zu Hause betreuen, erwartet er vielleicht, daß er noch andere Dinge tun kann – etwa den Rasen mähen, ein Tennisspiel anschauen, die Steuererklärung ausfüllen. Wenn das nicht klappt, weil das Kind soviel Zeit in Anspruch nimmt, ist der Vater vielleicht frustriert. Er entdeckt, daß er weniger geduldig und empathisch ist, als er gerne wäre.

Wollen wir als Väter erfolgreich sein, kann es nicht darum gehen, irgend etwas trotz der Anwesenheit unserer Kinder zu erledigen. Es geht darum, unsere Rolle in einem zwanzig Jahre dauernden Prozeß anzunehmen, bei dem es um das Heranwachsen eines Menschen geht. Und das bedeutet, die

Dinge langsamer anzugehen und uns Zeit zu nehmen, uns auf unsere Kinder einzustellen und so mit ihnen umzugehen, wie es ihr Alter erfordert.

Viele dieser Erkenntnisse habe ich mir selbst mühsam aneignen müssen. So habe ich eine Zeitlang vergeblich an Publikationen zu arbeiten versucht, wenn ich mit meiner Tochter Moriah allein zu Hause war. Am Ende stellte ich fest, daß die gemeinsame Zeit wohl sinnvoller mit Spielen, Vorlesen und Hausarbeit zu verbringen war, bis Moriah alt genug sein würde, um sich mehr um sich selbst zu kümmern (eine bittersüße Vorstellung).

Als Folge habe ich auch erfahren, wie wertvoll es sein kann, mich wirklich auf ihre Welt einzulassen und gemeinsam mit ihr zu malen, zu spielen und kleine Szenen zu erfinden. Moriah hat mir ebenso wie die Kinder aus unseren Studien gezeigt, daß kleine Kinder uns Erwachsenen beim Spiel ihr Herz öffnen und bereitwillig über Dinge sprechen, auf die sie nie gekommen wären, wenn man sie einfach nur ausgefragt hätte. Als meine Tochter vier oder fünf Jahre alt war, haben wir ein paar unserer besten Gespräche geführt, während wir gemeinsam Vorlagen ausgemalt oder mit Barbiepuppen gespielt haben. Ganz unvermittelt stellte sie dabei Fragen wie: »Warum hat meine Freundin Helena nach Michigan ziehen müssen?« oder: »War Mama wütend auf dich?« Solche intimen Gespräche über die tiefsten Gedanken und Gefühle eines Kindes – und damit über seine Sorgen, Ängste und Träume – entwickeln sich besonders dann, wenn die Familie entspannt zusammen ist und Dinge tut, die allen Spaß machen. Nebenbei bemerkt, fand auch ich das Ausmalen sehr entspannend. Inzwischen habe ich sogar gelernt, die Linien zu beachten.

Werden die Kinder älter und halten sie sich zunehmend mehr außer Haus auf, kann es schwerer für den Vater werden, solche gemeinsamen Zeiten einzurichten. Ein zwischen Vater und Kind stattfindender Austausch unter vier Augen ist aber für Kinder jeden Alters sehr wertvoll. Deshalb rate ich allen Vätern dringend, ihren Tagesablauf so zu planen, daß sie regelmäßig mit jedem ihrer Kinder eine Zeitlang allein sein können. Eine Gelegenheit dafür kann schon eine halbstündige Autofahrt zum Musikunterricht oder Sportplatz bieten. Vielleicht gibt es auch ein Hobby oder eine Sportart, für die sich Vater wie Kind interessieren. Und manchmal ergeben sich die besten Gespräche, während Familienmitglieder gemeinsam abspülen, die Wäsche zusammenlegen oder Unkraut jäten.

Grundsätzlich kommen Gespräche eher zustande, wenn man über die Ereignisse und Menschen im Leben seines Kindes Bescheid weiß, wenn man seinen Tagesablauf und die Namen seiner Freunde, Lehrer und Sporttrainer kennt. Verbringen Sie, falls möglich, Zeit in der Schule Ihres Kindes, etwa bei Festen und Elternabenden. Bieten Sie an, Hausaufgaben zu beaufsichtigen oder Ausflüge zu begleiten. Oder stellen Sie sich für die sportlichen Aktivitäten Ihres Kindes als Helfer oder Co-Trainer zur Verfügung.

Informieren Sie sich so gut wie möglich über die Freunde und die Freizeitgestaltung Ihres Kindes. Lernen Sie die Eltern seiner Freunde kennen. Stellen Sie Ihre Wohnung oder Ihr Haus für eine Party zur Verfügung. Bieten Sie an, die Kinder gemeinsam zu Partys, zum Schwimmen, zum Schlittschuhlaufen zu fahren. Hören Sie ihren Gesprächen aufmerksam zu und lauschen Sie ihren Sorgen.

Und schließlich sollten Sie erkennen, daß das Familienleben Ihnen unzählige Möglichkeiten bietet, Ihren Kindern entweder nahe zu sein oder Distanz zu ihnen zu schaffen. Wie viele banale Augenblicke sind es doch, in denen Sie entscheiden, ob Sie sich Ihren Kindern zuwenden oder sich von ihnen distanzieren! Vielleicht versuchen Sie gerade, ein Buch zu lesen, werden aber von lauter, aus dem Zimmer Ihres halbwüchsigen Sohnes dröhnender Musik gestört. Wenn Sie ihn bitten, die Anlage leiser zu drehen, können Sie das Gespräch so beginnen: »Mir ist schleierhaft, warum du das Zeug da Musik nennst.« Oder Sie können sagen: »Die Gruppe habe ich noch nie gehört. Wie heißt die eigentlich?« Der erste Satz ist ein Affront, der zweite eine Einladung und eine Chance, unterschiedliche Einstellungen zu überbrücken und in Kontakt zu bleiben.

Schaffen Sie ein
Gleichgewicht zwischen Beruf
und Familienleben

Genug Zeit und Energie für ihre Kinder aufzubringen bedeutet für viele Männer, daß sie sich weniger ihrer Arbeit widmen können. Das liegt daran, daß es schwierig, wenn nicht sogar unmöglich ist, für seine Kinder physisch und emotional dazusein, wenn man sechzig Stunden pro Woche arbeitet oder vom beruflichen Streß so abgelenkt wird, daß man sich nicht auf die kindlichen Bedürfnisse einstellen kann.

Die Lösung dieses Konflikts ist nicht leicht für jenen Typ von Mann, der seine Identität vorrangig aus seiner Rolle als Ernährer der Familie gewinnt. Man hat ihm beigebracht, sein Engagement für seine Familie mit harter Arbeit, Überstunden und Opferbereitschaft zu demonstrieren. Inzwischen aber macht sich unter solchen Männern die Angst breit, ohne eine Veränderung ihres Verhaltens könnten sie womöglich den inneren Kontakt zu ihren Frauen und Kindern verlieren, also zu genau den Menschen, die ihrer Arbeit überhaupt erst Sinn geben.

Unsere Gesellschaft wird sich dieser paradoxen Situation bewußter, und ich hoffe auf einen Fortschritt hin zu familienfreundlichen Arbeitsbedingungen. Seit Jahren nun kämpfen berufstätige Frauen für flexiblere Arbeitszeiten, mehr gutbezahlte Teilzeitstellen, vom Arbeitgeber bereitgestellte Kinderbetreuung und angemessenen Erziehungsurlaub. Sollte sich in dieser Hinsicht etwas tun, so werden davon auch die berufstätigen Männer profitieren, und zwar besonders jene, die sich mehr um ihre Kinder kümmern wollen. In einer britischen Studie über Angestellte in der Forschung fand man heraus, daß nach Einführung der gleitenden Arbeitszeit Väter in

Familien, in denen beide Eltern berufstätig waren, mehr Zeit auf die Betreuung ihrer Kinder verwendeten.[70] Im Rahmen einer anderen Untersuchung befragte Angestellte verbrachten nach der Umstellung auf Gleitzeit nicht unbedingt mehr Zeit mit ihren Kindern. Sie berichteten jedoch, der Konflikt zwischen häuslichen und beruflichen Pflichten habe abgenommen, was wohl zu weniger Streß in der Familie und einer angenehmeren Umgebung für die betroffenen Kinder geführt haben dürfte.[71]

Bei alledem müssen Männer oft finanzielle Vorteile oder Karrieremöglichkeiten opfern, um ein besseres Gleichgewicht zwischen Beruf und Familie herzustellen. Wie die Soziologin Pepper Schwartz bei ihrer Arbeit über gleichberechtigte Ehepaare feststellte, machen Männer, die genausoviel Verantwortung im Haushalt und bei der Kinderbetreuung übernehmen wie ihre Frauen, weniger ausgeprägte Karrieren als ihre Geschlechtsgenossen, die sich auf die traditionellere Rolle als Hauptverdiener der Familie beschränken.[72] Weigert sich etwa ein Manager, sich in eine andere Stadt versetzen zu lassen und damit seine Familie aus ihrer gewohnten Umgebung zu reißen, so wird er noch immer bei einer anstehenden Beförderung oder Gehaltserhöhung übergangen. Auch ein Vertreter, der ein Wochenendtreffen ausfallen läßt, um an einem Pfadfinderlager teilzunehmen, läuft Gefahr, auf einen Bonus oder eine Beförderung verzichten zu müssen.

Ist ein beruflich stark engagierter Mann nicht bereit, sich stärker auf die Vaterrolle zu konzentrieren und für weniger Arbeit auch weniger zu verdienen, könnte er zumindest darüber nachdenken, wie sein beruflicher Streß zu reduzieren wäre. Folgt ein übler Arbeitstag dem anderen, kann das die Vater-Kind-Beziehung negativ beeinflussen. Man hat das in einer Studie mit Vätern nachgewiesen, die als Fluglotsen arbeiteten.[73] Nach schwierigen Erlebnissen am Arbeitsplatz neigten diese Väter verstärkt dazu, ihre Wut zu Hause an ihren Kindern auszulassen. Allerdings kann eine echte berufliche Zufriedenheit nachweislich auch die erzieherischen Fähigkeiten fördern, selbst wenn sie mit sich bringt, daß die betreffenden Väter weniger Zeit mit ihren Kindern verbringen.

Dabei scheint es einen großen Unterschied zu machen, ob der Vater in seinem Beruf eine gewisse Selbständigkeit genießt. Einer Studie zufolge gewähren Väter, die eher unabhängig arbeiten können, auch meist ihren Kindern mehr Autonomie.[74] An einem stark kontrollierten Arbeitsplatz tätige Väter hingegen scheinen auch von ihren Kindern mehr Anpassung und Gehorsam zu verlangen. Darüber hinaus neigen sie relativ häufig dazu, ihre Kinder mit körperlichen Mitteln zu disziplinieren.

Zieht man all dies in Betracht, so kann es ein wichtiger Schritt sein, sich beruflich zu verändern oder zumindest nach Möglichkeiten zu suchen, damit man am derzeitigen Arbeitsplatz weniger Streß ausgesetzt ist.

Bleiben Sie im Leben Ihres Kindes präsent, selbst wenn Ihre Ehe auseinanderbricht

Ganz gleich, ob ihre Eltern zusammenbleiben oder nicht – für Kinder ist es im allgemeinen am besten, wenn Vater und Mutter an ihrem Leben teilnehmen. Obwohl es nach einer Trennung schwierig sein kann, erzieherisch am selben Strang zu ziehen, profitiert ein Kind meist davon, wenn Mutter und Vater seine Erziehung als gemeinsame Aufgabe betrachten.

Wie bereits im fünften Kapitel erläutert, kann das Auseinanderbrechen einer Ehe Kindern Schaden zufügen. Es lassen sich allerdings einige Probleme vermeiden, wenn die Kinder weiterhin regelmäßig Kontakt zu beiden Eltern haben. Unsere eigenen Untersuchungen wiederum weisen darauf hin, daß die Kinder entzweiter Ehepaare sich meist in einer besseren Lage befinden, wenn ihre Eltern für sie emotional verfügbar bleiben und sich nach den Regeln des Emotionstrainings richten. Ein effizientes Emotionstraining erfordert freilich Zeit,

Vertrautheit und detailliertes Wissen über das Leben eines Kindes. 90 (in Deutschland 86) Prozent[75] aller geschiedenen Väter leben getrennt von ihren Kindern; und all diese Väter möchte ich ermutigen, in engem Kontakt zu ihren Kindern zu bleiben, auch wenn sie selbst nun nicht mehr mit deren Mutter zusammen sind.

Geschiedene, allein lebende Väter haben es oft schwer, mit ihren Kindern verbunden zu bleiben, sei es, weil sie weit entfernt von ihnen leben, weil sie wieder heiraten, wegen ungeklärter Unterhaltsfragen oder eines fortgesetzten Konflikts mit ihrer ehemaligen Frau. Mehrere Studien haben gezeigt, daß der Kontakt eines geschiedenen Vaters zu seinen Kindern mit der Zeit abnimmt, und zwar unabhängig von der Qualität der Vater-Kind-Beziehung zur Zeit der Scheidung. Nimmt aber der Kontakt ab, so schwindet auch der väterliche Einfluß. Ohne die emotionale Bindung, die entsteht, wenn Vater und Kind täglich unzählige Male auf triviale wie wichtige Weise aufeinander reagieren, kann ein Vater zweifellos nicht hoffen, daß er noch allzuviel Einfluß hat, wenn die typischen Probleme der Pubertät aufzutreten beginnen.

Was können geschiedene Väter tun, damit ihre Kinder nicht langsam aus ihrem Leben entschwinden? Zum einen können sie die Beziehung mit der Mutter ihrer Kinder als Partnerschaft begreifen. Denn Eltern sollten nicht zulassen, daß die Konflikte miteinander Entscheidungen zum Wohl der gemeinsamen Kinder torpedieren. Und zum anderen sollten Mutter und Vater, wie bereits im fünften Kapitel besprochen, die jeweilige Beziehung zu ihren Kindern nie als Waffe gegen den entfremdeten Ehepartner einsetzen. Auch Eheleute, die sich getrennt haben, sollten versuchen, sich gegenseitig zu unterstützen, wenn es darum geht, gemeinsam getroffene Entscheidungen einzuhalten, ob es dabei um das Setzen von Grenzen geht oder um Disziplin.

Der geschiedene Vater sollte auf eine gerechte Vereinbarung bezüglich der Unterhaltszahlung hinarbeiten und diese dann auch einhalten. Nachweislich sind Väter, die ihrer finanziellen Verpflichtung nachkommen, regelmäßiger mit ihren Kindern zusammen. Finanzielle Probleme oder Konflikte hinsichtlich der Unterhaltszahlung führen hingegen oft dazu, daß ein Vater seine Kinder nicht mehr sieht. Einerseits benutzen Mütter solche Fragen oft als Rechtfertigung, um dem Vater den Zugang zu seinen Kindern zu verweigern; andererseits vermeiden jene Väter, die Schuld oder Angst wegen der nicht geleisteten Zahlung verspüren, oft selbst den Kontakt mit ihren Kindern. Währenddessen vergeht kostbare Zeit, in der die Kinder glauben, die Abwesenheit ihres Vaters signalisiere seine Gleichgültigkeit.

Wenn ein Vater nun aber mit seinen Kindern zusammen ist, sei es im Rahmen eines Besuchs oder im Zuge des gemeinsamen Sorgerechts, sollte er diese Zeit so normal wie irgend möglich gestalten. Kinder gewöhnen sich besser an eine Scheidung, wenn sie auch bei dem nicht das Sorgerecht ausübenden Elternteil alltägliche Dinge wie Hausaufgaben oder gemeinsame Hausarbeit erledigen. Anders gesagt, sollte der Vater vermeiden, das Zusammensein mit seinen Kindern als ständiges Geburtstagsfest zu gestalten. Denn Kinder dürften mehr von der Beziehung zu ihrem Vater profitieren, wenn sie ihm bei der Zubereitung des Abendessens und beim Abspülen helfen, als wenn sie zuschauen, wie er die Rechnung bei McDonald's bezahlt.

Kann ein Vater vielleicht nicht soviel Zeit mit seinen Kindern verbringen, wie er möchte, helfen schon regelmäßige Telefonate, also etwa zwei- bis dreimal pro Woche. Solche Gespräche werden mit der Zeit zunehmend unbefangener, besonders wenn der Vater sich bemüht, über alltägliche Ereignisse im Leben seiner Kinder auf dem laufenden zu bleiben. Dabei ist es hilfreich, ihre Freunde und Lehrer kennenzulernen und bei Schulaufführungen und sportlichen Wettkämpfen dabeizusein.

Den eigenen Kindern verbunden zu bleiben kann für einen geschiedenen Vater noch schwieriger werden, wenn er oder seine Ex-Frau eine neue Ehe eingehen. Diese Konstellation ist sehr wahrscheinlich, denn 75 Prozent aller amerikanischen Frauen und 80 Prozent aller Männer heiraten nach einer Scheidung wieder[76]. (Setzt man die Zahl der 1995 in Deutschland erfolgten Ehescheidungen und der Wiederverheiratungen in Beziehung, so gingen 55 Prozent der Männer und 60 Prozent der Frauen nach einer Scheidung wieder eine Ehe ein.) Ökonomisch gesehen kann es für Kinder zwar ein Vorteil sein, wenn ihre Mutter wieder heiratet, doch sind sie danach meist seltener mit ihrem leiblichen Vater zusammen. Geht ein Elternteil eine neue Ehe ein, bekommen Kinder (besonders Teenager) manchmal Angst, weil sie sich an eine neue Bezugsperson gewöhnen müssen und sich fragen, was deren Gegenwart für die Beziehung zu ihrem »echten« Vater oder ihrer »echten« Mutter bedeutet.

Aus psychologischer Sicht ist es ein großer Fehler, wenn man Kindern erklärt, sie müßten zwischen zwei Vätern wählen. Zudem ist es normalerweise am besten, wenn der Stiefvater es vermeidet, aktiv einzugreifen, wenn es um Fragen der Disziplinierung geht. Ein Kind kann sich viel besser auf die veränderte Situation einstellen, wenn der Stiefvater sich einfach zurückhält und die Mutter bei Entscheidungen in puncto Erziehung unterstützt. Auch wenn eine neue Ehe geschlossen wurde, so entwickeln sich Kinder am besten, wenn sie weiterhin Kontakt zu beiden leiblichen Eltern haben.

Der vielleicht wichtigste Rat, den ich von ihren Kindern getrennt lebenden Vätern geben kann, lautet: Zeigen Sie Geduld mit Ihren Kindern, während diese sich an die veränderte Lage gewöhnen. Erwartungsgemäß sind die ersten zwei Jahre nach einer Scheidung besonders schwierig. Abgesehen davon, daß die Beziehung des Vaters zu seiner ehemaligen Frau von Schmerz und Wut geprägt sein dürfte, drücken vielleicht auch die gemeinsamen Kinder viel Negatives aus. Kleine Kinder, die sich grundsätzlich mit Übergangssituationen schwertun, können sich unter Umständen weigern, mitzukommen, wenn ihr Vater sie abholen will. Ältere Kinder wiederum reagieren möglicherweise böse oder verzweifelt und bringen ihrem Vater ungemein viel Wut entgegen, weil er es nicht geschafft hat, die Familie zusammenzuhalten. Und weil Männer häufig die Angewohnheit haben, sich aus Beziehungen zurückzuziehen, wenn die Emotionen überkochen, könnten sich viele Väter versucht fühlen, ihre Kinder überhaupt nicht mehr zu treffen. Zum langfristigen Wohl ihrer Kinder darf so etwas nicht geschehen. Es ist wichtig, daß man sich darauf konzentriert, Kinder bei der Arbeit an ihren negativen Gefühlen zu unterstützen. Dabei können die im dritten Kapitel beschriebenen Strategien des Emotionstrainings von Nutzen sein. Wenn ein Vater seinen Kindern mit Empathie zuhört, ihnen hilft, ihre Gefühle zu benennen, und sie auf Möglichkeiten hinweist, mit ihrer Wut und ihrer Traurigkeit umzugehen, kann er ihnen auch während einer emotionalen Krise näherkommen.

SIEBTES KAPITEL

Das Emotionstraining im Verlauf
von Kindheit und Jugend

Wer hätte sie nicht schon einmal gehört, die Klage frisch-gebackener Eltern: »Immer wenn ich meine, ich weiß, was mit dem Baby los ist – wie oft ich es stillen muß, wie-viel es schläft, wie ich es beruhigen kann, wenn es weint –, än-dert sich auf einmal alles!«

Darin liegt mehr als nur ein Funke Wahrheit, denn die Erziehung von Kindern bringt tatsächlich ständige Verände-rungen mit sich. Während unsere Kinder größer werden, pas-sen wir fortwährend unser Leben an, um auf ihre neuesten Bedürfnisse, Ängste, Interessen und Fähigkeiten einzugehen. Inmitten all dieser Veränderungen aber hat eines Bestand: Jedes Kind verlangt nach einer emotionalen Verbindung zu liebevollen, fürsorglichen Erwachsenen.

In diesem letzten Kapitel geht es um fünf verschiedene Ab-schnitte der Kindheit: die Säuglingszeit, die frühen Kleinkind-jahre, die Jahre des Übergangs vom Kleinkind zum Schulkind, die Jahre bis zum Beginn der Pubertät und die Jugendjahre. Ich werde einige der wichtigsten Entwicklungsschritte skizzie-ren, die Kinder in diesen Phasen machen, und Hinweise ge-ben, wie Sie die emotionale Intelligenz Ihres Kindes in jedem dieser Abschnitte weiter fördern können. Dabei geht es um ein Verständnis dessen, was in bestimmten Phasen ganz »nor-mal« und was für Ihr Kind in dieser Zeit wichtig ist; denn das kann Ihnen helfen, die Gefühle Ihres Kindes besser zu verste-hen. Dies wiederum wird Ihnen eine wirksame Anwendung des Emotionstrainings ermöglichen.

Der Säugling

Ungefähr drei Monate

Wer kann schon sagen, wann die emotionale Beziehung zwischen einem Baby und seinen Eltern beginnt? Manche vermuten, sie beginne schon im Mutterleib, wo der Embryo darauf reagiere, wie gelassen oder unruhig seine Mutter ist. Andere meinen, ihr Ursprung liege in der Zeit direkt nach der Geburt, wenn die Mutter ihr Baby stillt und beide Eltern es wiegen und beruhigen. Wieder andere verweisen auf jenen magischen Moment einige Wochen nach der Geburt, wenn das Baby Vater oder Mutter mit einem ersten echten Lächeln beglückt und all die Mühe und die schlaflosen Nächte endlich Früchte zu tragen scheinen.

Die meisten Eltern aber werden zustimmen, daß sich im Alter von ungefähr drei Monaten etwas Entscheidendes tut. Dann nämlich beginnt das Baby in der Regel, sich für die zielgerichtete Interaktion mit seiner Umwelt zu interessieren. Die Entwicklungspsychologie spricht davon, daß die Augen des Säuglings »aufleuchten«: Zum ersten Mal scheint er seine Eltern wirklich anzusehen und ihren Blick festzuhalten. So klein ein Baby in diesem Alter auch ist, es lernt durch Beobachtung und Imitation ungeheuer viel darüber, wie man Emotionen entschlüsselt und ausdrückt. Das bedeutet, daß aufnahmebereite und aufmerksame Eltern schon zu diesem frühen Zeitpunkt aktiv in den Prozeß des Emotionstrainings eintreten können.

Meist bemühen sich die Eltern intensiv, bei dieser frühen Kommunikation emotionaler Inhalte die Aufmerksamkeit ihres Babys zu wecken und aufrechtzuerhalten. Sie benutzen zum Beispiel oft spezielle Sprachmuster, die meist als typisch mütterlich angesehen werden, obwohl auch Väter sie beherrschen können. Dabei werden mit hoher Stimme langsam immer wieder dieselben Worte oder Sätze gesprochen, begleitet von stark ausgeprägtem Mienenspiel. Diese »Babysprache«

mag komisch und übertrieben wirken, doch die Eltern benutzen sie mit gutem Grund – sie wirkt! Denn wenn der Säugling seine Eltern so reden hört und sieht, wendet er ihnen den Kopf zu, und seine Aufmerksamkeit steigt.

Die meisten Eltern führen auch direkte nonverbale »Gespräche« mit ihren Babys, wobei die beiden Gesprächspartner sich abwechseln. Hebt etwa die Mutter ihre Augenbrauen, so tut das auch das Baby. Streckt das Baby seine Zunge heraus, tut die Mutter dasselbe. Gurrt oder brabbelt der eine Partner, erwidert der andere das Geräusch in der gleichen Tonhöhe und mit demselben Rhythmus. Babys sind von solchen Nachahmungsspielen meist entzückt, besonders wenn Mutter oder Vater ihre Äußerungen auf abgewandelte Weise imitieren. So kann ein Kind ganz fasziniert sein, wenn es mit der Rassel dreimal auf den Boden geschlagen hat und die Mutter diesen Rhythmus mit ihrer Stimme wiederholt.

Diese auf Nachahmung beruhenden Gespräche sind so wichtig, weil sie dem Baby mitteilen, daß seine Eltern intensiv auf seine Äußerungen achten und auf seine Gefühle reagieren. Daraus ergibt sich die erste Erfahrung des Säuglings, von einem anderen Menschen verstanden zu werden. Und dies ist der Beginn der emotionalen Kommunikation.

Mit Müttern und drei Monate alten Babys durchgeführte Experimente haben das Talent und die Kompetenz der Kinder bei diesem Austausch erwiesen. Bei einem dieser Experimente bat mein Kollege Edward Tronick die Mütter, ihre Kinder anzusehen, dabei aber dem Impuls zu widerstehen, ihr Gesicht so spielerisch zu bewegen, wie Mütter und Väter das im Kontakt mit ihren Babys normalerweise tun. Mit diesem ungewohnten Ausbleiben einer Reaktion konfrontiert, versuchten die Babys wiederholt, selbst ein »Gespräch« in Gang zu setzen, indem sie vergeblich eine auffällige Miene nach der anderen machten.[77] Es war zu beobachten, daß die Kinder durchschnittlich vier verschiedene Strategien ausprobierten, bevor sie schließlich aufgaben. Bei einem anderen Experiment ging es Tronick um die Auswirkungen elterlicher Niedergeschlagenheit auf drei Monate alte Säuglinge. Die Mütter sollten in diesem Fall in Anwesenheit ihrer Kinder vorgeben, ein wenig traurig oder deprimiert zu sein. Schon diese minimale Veränderung der mütterlichen Stimmung hatte eine außerordentliche Wirkung auf die Babys. Sie wurden emotional passiver, zogen sich mehr in sich zurück und reagierten weniger. All dies zeigt, daß Säuglinge schon in einem sehr frühen Alter von ihren Eltern erwarten, daß sie emotional engagiert und aufmerksam sind.

Diese Erkenntnisse unterstreichen nachdrücklich, daß Babys im Rahmen der Eltern-Kind-Beziehung keine passive Rolle spielen. In diesem Miteinander nehmen sie vielmehr einen ungemein aktiven Part ein. Sie sehnen sich danach, angeregt zu werden, Freude zu empfinden und sich mit ihren Eltern emotional zu verbinden.

Was geschieht nun im Verlauf der Zeit mit Säuglingen, deren Eltern ungenügend oder nur negativ reagieren? Tiffany Field, die sich mit depressiven Müttern und deren Babys beschäftigt hat, hat einige beunruhigende Erkenntnisse gesammelt: Babys mit depressiven Müttern neigen dazu, deren Traurigkeit, geringe Energie, geringe Anteilnahme, Zorn und Reizbarkeit widerzuspiegeln.[78] Wenn die Depression der Mutter ein Jahr oder länger anhält, bleibt der Säugling allmählich in seinem Wachstum und in seiner Entwicklung nachhaltig zurück.[79]

Fields Untersuchung zufolge scheint die Zeit zwischen dem Beginn des vierten und dem Ende des sechsten Lebensmonats eine entscheidende Bedeutung dafür zu haben, ob sich die mütterliche Depression auf die Entwicklung des kindlichen Nervensystems auswirken kann. Gemeinsam mit Kollegen verglich Field zwei Gruppen von drei Monate alten Babys mit depressiven beziehungsweise nicht depressiven Müttern; hier waren nur geringe Unterschiede festzustellen. Ging es jedoch um sechs Monate alte Babys, war deutlich zu sehen, daß die Kinder depressiver Mütter vergleichsweise weniger Laute von sich gaben und bei Funktionstests des Nervensystems schlechter abschnitten.[80]

Die Depression einer Mutter kann sogar Einfluß darauf nehmen, ob das Gehirn des Säuglings ein emotional geprägtes Ereignis als negative oder positive Erfahrung verarbeitet. Man kann das durch die Auswertung der als EEG (Elektorenzephalogramm) aufgefangenen Gehirnwellen bestimmen. Die unterschiedlichen Erfahrungen sind deshalb erkennbar, weil die negativen Reaktionen in einem anderen Teil des Gehirns stattfinden als die positiven. Mit Hilfe dieser Technik hat Geraldine Dawson von der Universität von Washington die Reaktion von Säuglingen beobachtet, während diese hinter einem Vorhang Seifenblasen aufsteigen sahen. Erstaunlicherweise verarbeiteten die Kinder depressiver Mütter dieses eher neutrale Ereignis als emotional negativ.[81]

Obgleich diese Daten auf beunruhigende Konsequenzen für die Babys teilnahmsloser, depressiver Mütter hinweisen, besteht Grund zur Hoffnung. Weitere von Tiffany Field durchgeführte Studien zeigten, daß solche Kinder sich wesentlich positiver verhielten, wenn sie in Kontakt mit ihren Kindergärtnerinnen und ihren nicht depressiven Vätern traten.[82] Dieser gegenläufige Effekt ist ein weiterer Beweis für die Tatsache, daß erwachsene Bezugspersonen eine große Wirkung auf die emotionale Entwicklung kleiner Kinder ausüben können.

Während der Säugling lernt, die emotionalen Signale seiner Eltern zu erkennen und nachzuahmen, steht ein weiterer Wendepunkt in seiner Entwicklung bevor. Es ist die Fähigkeit, jene physiologische Erregung zu regulieren, die bei seinen sozialen und emotionalen Interaktionen auftritt. Viele Entwicklungspsychologen sind der Meinung, ein Baby tue dies, indem es sich in den aktiven Kontakt mit seiner Umwelt abwechselnd ein- und ausklinkt. Im einen Moment achtet es genau auf die Menschen in seiner Umgebung und ist bereit, mit ihnen zu spielen; im nächsten Moment schaut es weg und ignoriert die Versuche der Erwachsenen, durch Babysprache und Spielzeug seine Aufmerksamkeit zu erregen. Eltern sind wegen dieser scheinbaren Unbeständigkeit ihres Babys zwar manchmal verwirrt, doch sieht es so aus, als wende sich das Baby ab, weil es guten Grund dafür gibt. Vielleicht sind seine Herzfrequenz und sein gesamtes körperliches Befinden in einer Weise verändert, die es völlig überwältigen. Es geht ihm wie beim Ansturm auf den dritten Wühltisch im Winterschlußverkauf: überstimuliert, wie es ist, braucht es etwas Ruhe. Also wendet es seinen Blick ab und dreht den Kopf auf die Seite, um möglichst jeden weiteren Kontakt zu verhindern. Das Baby versucht zu erlernen, wie man sich beruhigt.

Im Umgang mit Babys unerfahrene Menschen erkennen womöglich nicht, daß solche Ruheperioden unerläßlich sind. Das führt dann dazu, daß sie weiterhin versuchen, den Säugling mit Spielzeug, Babysprache und Berührungen zu stimulieren. Das Baby ist natürlich hilflos. Es kann seinen aufdringlichen Spielgefährten nicht bitten, aufzuhören. Es kann auch nicht in ein anderes Zimmer gehen. Vielleicht besitzt es noch nicht einmal das Koordinationsvermögen und die Kraft, seinen Kopf in der Decke zu vergraben. So muß das Kind sich auf seine eindrucksvollste und wirksamste Verteidigungsstrategie verlassen – es beginnt zu schreien.

Eine solche Fehlkoordination zwischen Babys und Eltern ist relativ häufig zu beobachten. Manche Wissenschaftler schätzen, daß es den Eltern in 70 Prozent der Fälle nicht gelingt, die Signale ihres Säuglings zu verstehen.[83] Das ist allerdings kein Anlaß zur Sorge. In diesem Lebensabschnitt basiert der Lernprozeß von Eltern wie Kindern in überwältigendem Maße auf der Verarbeitung von Irrtümern. Solange die Eltern jedoch genügend Sensibilität für ihre Babys aufbringen, verbessert sich die emotionale Kommunikation allmählich, so daß die Mißverständnisse abnehmen.

Deshalb rate ich Eltern, im Sinne des Emotionstrainings auf die Stimmungen des Babys zu achten und entsprechend zu reagieren. Scheint Ihr Baby nach einer Phase der Interaktion mit einem Mal am Spielen nicht mehr interessiert, sollten Sie ihm etwas Ruhe gönnen. Und zeigt Ihr Baby Mißmut in Situationen, in denen es viel hochgenommen und angesprochen wird – zum Beispiel bei Familientreffen –, so sollten Sie es von Zeit zu Zeit in ein ruhiges Zimmer bringen, wo es sich von all der Erregung erholen kann.

Sieht es so aus, als sei das Baby so aufgedreht, daß es sich nicht mehr selbst beruhigen kann, sollten Sie Ihr Möglichstes tun, um ihm dabei zu helfen. Die Fähigkeit dazu fällt freilich nicht vom Himmel, denn Sie und Ihr Baby müssen nach Strategien suchen, die auf das individuelle Temperament des Kindes abgestimmt sind. Zu den gängigen Techniken gehören eine schwächere Beleuchtung, das Baby zu wiegen, leise mit ihm zu sprechen oder es umherzutragen, damit es spüren kann, wie Sie beide sich gemeinsam in einem sanften Rhythmus bewegen. Viele Eltern sind auch mit leiser Musik und Schlafliedern erfolgreich, mit einer sanften Massage oder einem leichten Tätscheln. Manche Babys scheinen sogar im Summen eines Geschirrspülers oder im Rauschen eines nicht auf einen Sender eingestellten Radios Trost zu finden.

Eltern, die besser auf die Stimmung ihres Babys achten, die also zum Beispiel erkennen, wann es von einer stark stimulierenden Aktivität in eine ruhigere wechseln muß, sind nachweislich besser in der Lage, die emotionale Intelligenz des Kindes zu verstärken. Der Stil des Emotionstrainings verschafft den Kindern einfach mehr Gelegenheiten, diesen Übergang vom Erregungs- in den Ruhezustand zu erfahren. Damit helfen die Eltern ihren Babys zu lernen, wie man sich selbst beruhigt und physiologische Abläufe beherrscht.

Auch indem die Eltern ihr Baby beruhigen und trösten, wenn es sich unwohl fühlt, vermitteln sie ihm eine wichtige Lektion. Zum einen lernt das Baby, daß seine starken negativen Emotionen eine Wirkung haben – es schreit, und seine Eltern reagieren. Zum anderen lernt es, daß es möglich ist, starke Emotionen zu erleben und dann getröstet zu werden.

In diesem Lebensabschnitt wird meist ein Elternteil das Kind beruhigen. Doch während das Baby wächst, verinnerlicht es die Bemühungen seiner Eltern und lernt, wie es sich selbst besänftigen kann. Diese Fähigkeit aber trägt entscheidend zu seinem emotionalen Wohlgefühl bei.

Entsprechend häufig muß ein Baby stimuliert werden, damit es Erfahrungen sammeln kann, wie man von starker Erregung wieder in einen Zustand der Ruhe zurückkehrt. Wie im sechsten Kapitel beschrieben, kann dazu jenes stark körperbetonte Spielverhalten beitragen, das typisch für den Umgang von Vätern mit ihren Kindern ist.

Ebenso ermutige ich Eltern, Spiele zu erfinden, die Babys Gelegenheit geben, verschiedene Emotionen wahrzunehmen und auszudrücken. Das kann damit beginnen, daß man einfach eine Äußerung des Babys nachahmt: Streckt dieses die Zunge heraus oder hustet es, so tut man einfach dasselbe. Das Baby wird das dann ebenfalls wiederholen, und schon ist ein Spiel entstanden.

Wenn Sie mit Ihrem Baby spielen, empfiehlt es sich, lebhaft und gefühlsbetont zu sein, auch wenn es meist nur darum geht, banale Phrasen oder sanfte, rhythmische Bewegungen zu wiederholen. Spielt man so mit seinem Kind, so wird es sich bestimmter Muster bewußt und kann erahnen, wie Mutter oder Vater sich verhalten werden. Es ist, als sagte sich das Baby: »Aha, jetzt kommt das Pack-die-Zehen-und-dreh-die-Füße-Spiel« oder »Juhu, jetzt kommt das ›Ich krieg dich schon‹-kitzel-Spiel.« Gefällt dem Kind das Spiel, so lernt es, sein Entzücken durch Lächeln, Kichern, aufgeregtes Strampeln und Quietschen mitzuteilen. Diese Reaktion bringt die Eltern dazu, noch spielerischer zu sein, wodurch ein wunderbares Miteinander liebevoller, freudiger Interaktion entsteht, die das emotionale Band zwischen Kind und Eltern weiter festigt.

Sechs bis acht Monate

In diesem Lebensabschnitt gibt es für das Kind unglaublich viel zu erforschen: Es entdeckt eine Welt voller Dinge, Menschen und Orte. Gleichzeitig entdeckt es neue Möglichkeiten, Gefühle wie Freude, Neugier, Angst und Enttäuschung auszudrücken und mit seiner Umwelt zu teilen. Dieses aufblühende Bewußtsein eröffnet weitere Möglichkeiten für das Emotionstraining.

Zu den bedeutsamen Fortschritten, die das Baby um den sechsten Lebensmonat herum macht, gehört die Fähigkeit, seine Aufmerksamkeit zu verlagern, ohne Dinge und Menschen zu vergessen, nur weil es sie nicht mehr im Blickfeld hat. Bis dahin ist es nur in der Lage, sich mit dem zu beschäftigen, worauf es seinen Blick richtet. Jetzt aber kann das Baby zum Beispiel einen Stoffclown anschauen, darüber lachen und dann seine Eltern ansehen, um sich gemeinsam mit ihnen darüber zu freuen. Diese Veränderung mag ganz banal erscheinen, aber sie bietet eine ganz neue Bandbreite an Spielmöglichkeiten und emotionaler Interaktion. Nun kann das Kind seine Eltern dazu auffordern, mit den vielen Dingen zu spielen, die es faszinieren. Und es kann ihnen seine Gefühle bezüglich dieser Dinge mitteilen.

Um diese Facette emotionaler Intelligenz entwickeln zu helfen, sollten die Eltern sich darauf einlassen, wenn ihr Baby sie zum Spielen einlädt, und seine emotionalen Reaktionen nachahmen. Dies soll die Kommunikation und die Fähigkeit zum Gefühlsausdruck stärken.

Im Alter von ungefähr acht Monaten beginnt das Baby meist zu krabbeln und verstärkt seine Umgebung zu entdecken. Bei allem Forscherdrang lernt es aber auch, Unterschiede zwischen den verschiedenen Menschen zu entdecken, auf die es trifft. Es fürchtet sich nun zum ersten Mal, was sich im sogenannten Fremdeln äußert. Hat das Baby im Supermarkt bis dahin unterschiedslos jeden Fremden angestrahlt, verbirgt es jetzt den Kopf an Mamas Schulter. Und ist es früher freudig in die ausgestreckten Arme eines neuen Babysitters gestrebt, so hat es inzwischen eine spezifische Bindung zu seinen Eltern ausgebildet und klammert sich verzweifelt fest, wenn diese es an einem ungewohnten Ort in Gegenwart von Fremden auf den Boden setzen wollen.

Gleichzeitig gelingt es dem Baby besser, Worte zu verstehen, was wiederum die emotionale Kommunikation erleichtert. Obwohl es wahrscheinlich noch mehrere Monate dauern wird, bis es selbst zu sprechen beginnt, kann es schon eine Menge verstehen und Anweisungen folgen wie: »Hol mal deinen Eisbär und gib ihn mir.« Ich erinnere mich daran, daß ich meine Tochter Moriah in diesem Alter einmal auf dem Arm hielt und sagte: »Du siehst müde aus, Schatz. Wie wär's, wenn du den Kopf auf meine Schulter legst und dich ein bißchen ausruhst?« Und genau das tat Moriah dann auch.

All diese neuen Entwicklungen – die räumliche Mobilität, die Fähigkeit, Aufmerksamkeit zu verlagern, die spezifische Bindung des Babys an die Eltern, das Verstehen verbaler Äußerungen und die Angst vor dem Unbekannten – fließen in eine Fertigkeit ein, die als »soziale Referenz« bezeichnet wird. Sie meint die Neigung des Babys, sich einem bestimmten Objekt oder Ereignis anzunähern und sich dann an die Eltern zu wenden, um emotionale Informationen zu erhalten. Krabbelt es beispielsweise auf einen ihm unbekannten Hund zu, so wird es vermutlich seine Mutter sagen hören: »Nein, bleib weg davon.« Das Baby ist nun in der Lage, aus dem Zusammenspiel der Worte, des Tonfalls und des Gesichtsausdrucks der Mutter auf die potentielle Gefahr zu schließen. Blickt es dagegen zu ihr hin, während es sich einem lärmenden Spielzeugroboter nähert, so wird es am entspannten Lächeln seiner Mutter erkennen, daß es gefahrlos damit spielen kann. Bei diesen Aktivitäten nehmen die Eltern eine einzigartige Rolle im emotionalen Leben ihres Kindes ein: Sie bilden eine Schutzzone. Das Baby kann beruhigt seine Streifzüge unternehmen, wenn es weiß, daß es gelegentlich in diese Zone zurückkehren und Unterstützung finden kann.

Bezieht sich ein Kind in dieser Weise auf seine Eltern, so ist dies ein Zeichen, daß es mit ihnen emotional verbunden ist und sich sicher fühlt. Durch die vorangegangene spielerische Nachahmungsphase hat es gelernt, die emotionalen Signale seiner Eltern zu interpretieren. Es weiß, daß es sich auf die Botschaften verlassen kann, die ihm Mienenspiel, Körpersprache und Tonfall vermitteln.

Ein paar Worte dazu, wie Konflikte in der elterlichen Beziehung diesen Prozeß beeinflussen können. Susan Dickstein und Ross Parke haben entdeckt, daß Babys diese soziale Referenz weniger zu ihren unglücklich verheirateten Vätern herstellen, als sie dies zu ihren unglücklich verheirateten Müttern tun.[84] Wir glauben das darauf zurückführen zu können, daß Männer sich emotional oft sowohl von ihren Kindern als auch von ihren Ehefrauen zurückziehen, wenn die Ehe zu zerbrechen beginnt. Unglücklich verheiratete Ehefrauen hingegen ziehen sich zwar von ihren Männern zurück, bleiben ihren Kindern aber emotional verbunden.

Eltern können das emotionale Band zu ihren Babys in dieser Zeit stärken, indem sie ihren Kindern eine Art Spiegel vorhalten. Dabei geht es darum, dem Kind die Gefühle zu nennen, die es ausdrückt, und ihm so zu helfen, seine Empfindungen sprachlich zu lokalisieren. Dies ist ein wichtiger Aspekt des frühen Emotionstrainings. Setzen Sie deshalb neben Worten auch Ihr Mienenspiel ein, um etwa zu sagen: »Du bist wohl gerade traurig (fröhlich, erschrocken usw.), hm?« Oder: »Jetzt wirst du aber wirklich müde. Willst du ein bißchen auf meinem Schoß sitzen?« Ist Ihr Eindruck richtig, wird das Baby Sie verstehen und das auch zeigen. Machen Sie sich jedoch keine Sorgen, wenn Sie Ihr Kind gelegentlich falsch verstehen. Das kommt häufig vor, und Babys sind glücklicherweise sehr tolerant.

Denken Sie daran, daß Ihr Kind von Ihnen emotionale Signale erwartet. Das können Sie nutzen, um ihm über die Angst vor Fremden hinwegzuhelfen, die in diesem Alter so häufig auftritt. Wenn die Mutter in Anwesenheit des neuen Babysitters entspannt wirkt und ihn eventuell sogar umarmt, wird das Baby vielleicht begreifen, daß es diesem bislang unbekannten Menschen trauen kann.

Neun bis zwölf Monate

In diesem Zeitraum beginnt ein Baby zu begreifen, daß Menschen Gedanken und Gefühle miteinander teilen können. Das geschieht etwa, wenn das Kind seinem Vater ein kaputtes Spielzeug gibt und dieser sagt:»Oh je, das ist kaputtgegangen. Das ist aber wirklich schade. Jetzt bist du aber traurig, hm?« Im Alter von neun Monaten beginnt das Kind zu verstehen, daß sein Vater weiß, wie es sich fühlt. Wenn die Eltern bisher Empathie für ihr Baby gezeigt haben, indem sie seine Gefühle mit entsprechendem Tonfall, Mienenspiel und passender Gestik widerspiegelten, hat das Kind dadurch etwas über die Welt des emotionalen Ausdrucks gelernt. Es war sich aber nicht bewußt, daß Eltern und Kinder tatsächlich dieselben Gedanken und Gefühle haben können. Jetzt hingegen weiß es, daß eine solche Gemeinsamkeit möglich ist, was die Entwicklung der emotionalen Eltern-Kind-Beziehung unterstützt. Im Rahmen des Emotionstrainings ist dieses neue Verständnis ein gewaltiger Sprung, denn es ermöglicht ein »Gespräch« über Gefühle.

Zur selben Zeit beginnt das Kind zu begreifen, daß die Dinge und Menschen in seinem Leben ein bestimmtes Maß an Dauer und Beständigkeit besitzen. Nur weil ein Ball unter das Sofa rollt und nicht mehr sichtbar ist, bedeutet das nicht, daß er nicht mehr existiert. Und obwohl Mama das Zimmer verlassen hat und mich nicht mehr hören kann, gehört sie weiterhin zu meiner Welt und wird zurückkommen.

Während das Kind die Vorstellung erforscht, daß Dinge beständig sind, entwickelt es oft eine Faszination für Spiele, bei denen es kleine Gegenstände in Behältnisse legt und wieder herausnimmt, sie versteckt und wieder auftauchen läßt. Vielleicht wirft es auch wiederholt seinen Löffel von seinem Kinderstuhl, um ihn aus seinem Blickfeld verschwinden zu lassen, wobei es Vater oder Mutter andeutet, daß sie ihn immer wieder aufheben sollen.

Dieses aufkeimende Verständnis für die Beständigkeit von Dingen und Menschen dürfte mit einer anderen wichtigen Entwicklung im Leben Ihres Babys zusammenhängen: mit seiner zunehmenden Anhänglichkeit an bestimmte Menschen, besonders an seine Eltern. Da Ihr Kind jetzt sicher weiß, daß Sie existieren, selbst wenn Sie momentan nicht da sind, kann es Sie auch vermissen und verlangen, daß Sie da bleiben. So macht es vielleicht allerhand Wirbel, wenn es Sie den Mantel anziehen sieht oder auf irgendeine andere Weise spürt, daß Sie im Gehen sind. Sind Sie dann fort, entwickelt Ihr Kind das Gefühl, Sie müßten *irgendwo* sein. Diese Unkenntnis über Ihren genauen Aufenthaltsort aber kann es verstören. Und da es sehr wenig Zeitgefühl besitzt, kann es nicht recht einschätzen, wie lange Sie fort sein werden.

Die betreffenden Verhaltensmuster von Einjährigen hat man im folgenden Kontext untersucht: Die Kinder wurden fremden Erwachsenen übergeben, dann gingen die Eltern fort und kamen nach einiger Zeit wieder. Kinder, die ein Gefühl von Sicherheit besaßen, reagierten zwar häufig erregt, wenn ihre Eltern zurückkamen, doch ließen sie es zu, getröstet zu werden, während sie sich an ihre Eltern schmiegten. Kinder, die sich der emotionalen Verfügbarkeit ihrer Eltern nicht sicher waren, reagierten hingegen anders, und zwar normalerweise auf zwei Arten: Entweder beachteten sie ihre zurückkehrenden Eltern nicht und taten, als sei alles in bester Ordnung. Versuchten die Eltern dann, sie zu trösten, schoben sie sie manchmal von sich weg, anstatt sich an sie schmiegen. Oder sie reagierten angstvoll, klammerten sich an Vater oder Mutter und waren nur mit Mühe zu beruhigen. Erkennen Sie an Ihrem Kind derartige Anzeichen von Unsicherheit, so kann das darauf hindeuten, daß Sie beim Zusammensein mit ihm emotional verfügbarer sein sollten. Anders gesagt, hat es das

Bedürfnis, daß Sie auf seine Gefühlsäußerungen mit Empathie, Engagement und Zuneigung reagieren, also mit Verhaltensweisen, die die emotionale Bindung stärken.

Um einem Kind dieses Alters bei der Bewältigung der Trennungsangst zu helfen, die auftritt, wenn seine Eltern fortgehen müssen, kann man ihm versichern, daß man zurückkehren wird. Denken Sie dabei daran, daß ein einjähriges Kind zwar noch nicht gut sprechen kann, aber doch viel versteht, weshalb solche beruhigenden Worte hilfreich sein können. Behalten Sie auch im Gedächtnis, daß Ihr Kind auf Ihre emotionalen Signale achtet. Erscheinen Sie besorgt oder ängstlich, weil Sie weggehen müssen, fängt Ihr Kind möglicherweise diese Emotion auf und empfindet sie ebenfalls. Deshalb ist es am besten, wenn Sie einen Babysitter finden, dem Sie vertrauen, und dafür sorgen, daß Sie und Ihr Kind genügend Zeit haben, um sich mit dieser Person vertraut zu machen, bevor Sie gehen müssen. Sie werden sich dann wohler fühlen und Ihr Baby auch. Abgesehen davon können Sie Ihr Kind bei der Einübung einer Trennungssituation unterstützen, indem Sie es eigenständig verschiedene Räume in Ihrer Wohnung erforschen lassen. Krabbelt es ins nächste – babysicher gemachte – Zimmer, so warten Sie einfach ab, bevor Sie nachschauen, was dort geschieht. Und wenn Sie kurz in ein anderes Zimmer gehen müssen, sagen Sie Ihrem Kind, wohin Sie gehen und daß Sie gleich zurückkommen. Allmählich wird es dann verstehen, daß seine Eltern weggehen können, ohne daß etwas Schreckliches geschieht, und daß sie mit Gewißheit wiederkommen, wenn sie das angekündigt haben.

Bei all dem geht es wieder darum, Ihrem Kind das Gefühl größerer Sicherheit und stärkerer emotionaler Bindung zu vermitteln, indem Sie ausdrücken, daß Sie seine Gedanken und Gefühle verstehen. Das kann in jedem Augenblick geschehen, in dem Sie für es sorgen und mit ihm spielen. Sie können auch weiterhin Spiele erfinden, die eine Nachahmung und einen breit gefächerten Gefühlsausdruck fördern. Eines der Spiele, die meine Tochter Moriah und ich in dieser Periode erfanden, nannten wir »Die Fingerkerle«. Jeden Abend nahm ich einen Stift und zeichnete verschiedene Mienen auf die Finger einer Hand. Der Daumen sah immer wütend aus, der Zeigefinger traurig, der Mittelfinger ängstlich, der Ringfinger erstaunt, der kleine Finger glücklich. Dann krabbelte Moriah auf meinen Schoß, und wir redeten mit den »Fingerkerlen« darüber, wie es uns an diesem Tag ergangen war. Der Daumen sagte etwa: »Ach, heute war es wirklich übel. Ich bin so wütend, daß ich am liebsten was umschmeißen würde.« Und der Zeigefinger meinte: »Ach, mir ist es heute auch nicht gut gegangen. Ich war so traurig, daß ich fast geweint hätte.« Dann wandten sie sich an Moriah und fragten: »Wie ist es dir heute ergangen?« Moriah dachte ein wenig nach und packte den Finger, der ihren Gemütszustand an diesem Tag am besten ausdrückte. Ich wiederum konnte ihr nun helfen, ihr Gefühl zu benennen: »Ach, du warst heute ziemlich traurig.« Als sie mehr Worte gelernt hatte, begleitete sie ihre Geste mit ihren eigenen Worten. Sie sagte dann etwa: »Mama nich' da«, und ich erwiderte: »Ach, du warst heute traurig, weil du Mama vermißt hast, als sie zur Arbeit gegangen ist.« Dieser empathischen Aussage fügte ich vielleicht noch hinzu: »Ich verstehe schon, wie du dich gefühlt hast. Manchmal bin ich auch traurig, wenn Mama zur Arbeit geht, weil ich sie auch vermisse.«

Das frühe Kleinkind
(zweites bis viertes Lebensjahr)

In dieser Zeit entwickelt Ihr Kind eine Vorstellung des eigenen Ich und beginnt, seine Selbständigkeit zu erforschen. Es dabei zu beobachten ist aufregend und macht Spaß, doch gibt es gute Gründe dafür, daß man oft vom Trotzalter spricht. Da das Kind wesentlich selbstbewußter wird, ist es zum ersten Mal nicht mehr folgsam. Zu seinen Lieblingswörtern, mit denen es seine Sprechfertigkeit erprobt, gehören: »Nein!«, »Meins!« und »Selber machen!« oder »Ich!« Nun wird das Emotionstraining zu einem wichtigen Mittel, um Kindern beim Umgang mit ihrem erwachten Sinn für Enttäuschung und Wut zu helfen.

Wie in allen Entwicklungsphasen empfiehlt es sich, die akuten Konflikte und Herausforderungen aus der Perspektive des Kindes zu betrachten. In diesem Alter ist es die wichtigste Entwicklungsaufgabe des Kindes, sich als unabhängiges kleines Wesen zu beweisen, weshalb man Situationen vermeiden sollte, die ihm das Gefühl vermitteln, daß es weder Macht noch Kontrolle über etwas besitzt. Eine Geschichte aus einer unserer Elterngruppen soll das illustrieren: Eine der Mütter erzählte von dem Versuch, ihren zweijährigen Sohn dazu zu bringen, einen Löffel voll rosafarbener Medizin zu schlucken, die man ihm gegen seine Mittelohrentzündung verschrieben hatte. Sie wandte einen Trick aus der Säuglingszeit an: Sie wickelte ihn in ein Handtuch, drückte ihn zu Boden und versuchte, ihn zum Schlucken der Medizin zu zwingen. »Aber er hat wild um sich geschlagen und sich absolut geweigert, sie einzunehmen«, berichtete die Mutter. »Dann ist meine Schwester hereingekommen, hat mir den Löffel aus der Hand genommen und meinen Sohn gefragt: ›Willst du's selbst machen?‹ Der Kleine hat genickt, den Löffel genommen, ihn in den Mund gesteckt und alles brav hinuntergeschluckt.« Er hatte nur ein wenig Kontrolle über die Situation haben wollen.

Es hilft, Kleinkindern über den Tag hinweg viele kleine – aber echte – Wahlmöglichkeiten zu geben. Statt zu sagen: »Es ist kalt heute. Du mußt eine Jacke anziehen«, kann es heißen: »Was willst du heute lieber tragen, die Jacke oder den Pullover?« Beschränken Sie Ihren Drang, Grenzen zu setzen, auf Dinge, die mit der Sicherheit Ihres Kindes und Ihrem eigenen Seelenfrieden zu tun haben. Das ist leichter, wenn Sie eine ebenso anregende wie kindersichere Umgebung schaffen.

Während Kleinkinder sich mit ihrem erwachten Selbstbewußtsein auseinandersetzen, interessieren sie sich auch zunehmend für andere Kinder. Tatsächlich scheinen sie von einem frühen Zeitpunkt an besonders aufmerksam auf Unterschiede und Ähnlichkeiten an Menschen zu achten, die ihnen selbst am meisten gleichen. So hat der Psychologe T. G. R. Bower herausgefunden, daß männliche Babys lieber Bewegungsstudien von kleinen Jungen anschauen, während weibliche Babys die von kleinen Mädchen bevorzugen. Besonders erstaunlich war die Reaktion auf einen Film, der nur helle Punkte zeigte, die Bower auf die Gelenke der gefilmten Kinder (also auf Knie, Ellbogen usw.) gemalt hatte. Auch hier interessierten sich die männlichen Babys besonders für die Filme mit den »Jungenpunkten«, während die weiblichen Babys die »Mädchenpunkte« vorzogen.[85]

Nun mögen Kleinkinder in diesem Alter ungemein voneinander angezogen werden, doch verfügen sie noch nicht über die sozialen Fertigkeiten, um gut miteinander spielen zu können. Es ist vielmehr so, daß die Versuche, kooperativ miteinander zu spielen, oft von Problemen mit den altersgemäßen »Besitzregeln« geprägt sind. Diese lauten: 1. Wenn ich es sehe, ist es meins; 2. Wenn es deins ist und ich es will, ist es meins; und 3. Wenn es meins ist, bleibt das auch so. Die Eltern sollten erkennen, daß diese Haltung nichts mit Bösartigkeit zu tun hat, sondern einfach der Ausdruck eines sich entwickelnden Selbstgefühls ist. In diesem Alter können Kinder nur den eigenen Standpunkt einnehmen und sind nicht in der Lage zu verstehen, daß ihr Gegenüber etwas anderes fühlen könnte. Die Idee, man müsse miteinander teilen, ist ihnen schlichtweg unverständlich.

Der Streit um Spielzeug und das daraus resultierende emotionale Feuerwerk haben allerdings auch eine gute Seite: Hier bieten sich ausgezeichnete Ansätze zum Emotionstraining. Als Mutter oder Vater kann man seinem Kind helfen, indem man die kindliche Wut oder Enttäuschung bestätigt und benennt. (»Du bist wütend, wenn jemand deine Puppe nimmt.«

»Du bist enttäuscht, weil du den Ball jetzt nicht bekommen kannst.«) Eltern können auch beginnen, mit ihren Kleinkindern Problemlösungen zu entdecken, indem sie diese mit der Idee vertraut machen, sich bei der Benutzung eines Spielzeugs mit ihren Spielkameraden abzuwechseln. Steigert sich der Konflikt zu einem Kampf mit Händen und Füßen, kann man dem Übeltäter klarmachen, daß »wir nicht hauen« oder unsere Spielgefährten aus Wut irgendwie verletzen, um seine Aufmerksamkeit sodann dem Opfer zuzuwenden und ihm Empathie und Trost entgegenzubringen.

Es ist zwar richtig, ein Kleinkind zu loben und zu ermutigen, sobald es auch nur den kleinsten Ansatz erkennen läßt, daß es sein Eigentum mit seinem Spielgefährten teilen will, doch sollte man dies nicht erwarten. Im allgemeinen ist es in diesem Alter erfolgversprechender, die beiden Kinder nebeneinander spielen zu lassen, wobei jedes unabhängig in seinem eigenen Bereich bleibt.

Nun wird man besitzbezogene Konflikte unter Kleinkindern zwar nie vollständig vermeiden können, doch um des lieben Friedens willen möchten Sie solche Episoden sicherlich auf das Notwendigste beschränken. So kann man seinem Kind erklären, daß es nur dann Spielsachen zu einem Freund oder in den Kindergarten mitnehmen sollte, wenn es sie auch mit anderen teilen will. Und wenn Ihr Kind zu Hause einen Spielgefährten erwartet, können Sie es ein paar spezielle Besitztümer auswählen lassen, die dem Besucher verwehrt bleiben sollen. Diese räumt man dann mit entsprechender Geste weg, bevor der Besuch eintrifft, wodurch das Kind jenes Gefühl von Macht und Kontrolle erleben kann, nach dem es sich sehnt.

Das Kleinkind wird sich nicht nur zunehmend bewußt, daß es von anderen unabhängig existiert, es steht auch vor einem anderen wichtigen sozialen Wendepunkt: Es entwickelt ein Interesse am Rollenspiel. Irgendwann im Alter von zwei bis drei Jahren beginnen Kinder, das Verhalten nachzuspielen, das sie an anderen Familienmitgliedern beobachtet haben. Der neue Aspekt dabei ist die kindliche Fähigkeit, Handlungen und Ereignisse im Gedächtnis zu behalten und sie später zur Nachahmung hervorzuholen. Es macht Spaß, einem zweijährigen Jungen zuzuschauen, der vorgibt, zu kochen, sich zu rasieren, den Boden zu fegen oder zu telefonieren. Und wenn man sieht, wie ein Mädchen seinem Teddy liebevoll einen Gutenachtkuß gibt oder streng mit seinen Puppen schimpft, weil sie sich schlecht benommen haben, kann einen das wunderbar daran erinnern, wie viel Kinder über den Umgang mit Emotionen lernen, indem sie die Menschen in ihrer Umgebung beobachten.

Vom Kleinkind zum Schulkind
(fünftes bis achtes Lebensjahr)

Um ihren vierten Geburtstag herum sind Kinder schon in vielfacher Beziehung mobil. Sie treffen neue Freunde, bewegen sich in verschiedenen sozialen Räumen, lernen eine Menge neuer und aufregender Dinge. Diese Erfahrungen bringen neue Herausforderungen mit sich: Der Kindergarten macht Spaß, aber die Erzieherinnen erwarten rasch von dir, ruhig in einer Gruppe zu sitzen und dich auf etwas zu konzentrieren. Du weißt im großen und ganzen, wie man mit Freunden auskommt, aber sie machen dich trotzdem manchmal wütend oder verletzen deine Gefühle. Und weil du jetzt alt genug bist, um schreckliche Dinge wie den Brand eines Hauses, Kriege, Einbrecher und den Tod zu begreifen, mußt du es schaffen, von der Angst davor nicht überwältigt zu werden.

Soll ein Kind diese Herausforderungen meistern, so muß es die eigenen Emotionen regulieren können. Dies ist eine der wichtigsten Entwicklungsaufgaben, die sich in der frühen Kindheit stellen. Im einzelnen muß das Kind lernen, unangemessenes Verhalten einzudämmen, seine Aufmerksamkeit zu bündeln und sich im Hinblick auf ein äußeres Ziel zu organisieren.

Nirgendwo ergibt sich eine so gute Gelegenheit für Kinder, Fertigkeiten im Umgang mit den eigenen Emotionen zu erwerben, wie in ihren Beziehungen zu Gleichaltrigen. Im Kontakt mit ihnen lernen sie, sich klar auszudrücken, Informationen auszutauschen und ihre Aussagen zu präzisieren, wenn sie nicht verstanden werden. Sie lernen, sich beim Spielen und Reden abzuwechseln. Sie lernen, Dinge mit anderen zu teilen. Sie lernen, eine gemeinsame Basis für das Zusammenspiel zu finden, Konflikte zu erleben und sie zu lösen. Und sie lernen, verständnisvoll auf die Gefühle, Wünsche und Begierden anderer Menschen einzugehen.

Weil Freundschaften eine so fruchtbare Basis für die emotionale Entwicklung kleiner Kinder bieten, sollte man dafür sorgen, daß diese viel Zeit haben, zu zweit miteinander umzugehen. Es ist nachweisbar, daß schon sehr kleine Kinder starke und bleibende Bindungen zu Altersgenossen entwickeln können. Und es ist klar, daß diese Beziehungen von den jeweiligen Eltern ernst genommen und respektiert werden sollten.

Das gemeinsame Spiel von Kindern dieses Alters klappt am besten, wenn sie zu zweit sind. Das liegt daran, daß Vier- bis Siebenjährige oft Probleme damit haben, mit mehr als einer Beziehung gleichzeitig umzugehen. Aus der elterlichen Perspektive wirkt das vielleicht verstörend, besonders wenn man zusehen muß, wie zwei Kinder ein drittes Kind zurückweisen, das mit ihnen spielen möchte. Auch hier sollte man daran denken, daß diese Ablehnung nicht notwendigerweise auf Bösartigkeit zurückzuführen ist. Die beiden wollen nur das Spiel bewahren, das sie zu zweit in Gang gebracht haben. Da sie nicht in der Lage sind, das auf eine Weise auszudrücken, die das dritte Kind verstehen oder akzeptieren könnte (»Tut uns leid, Billy, aber die Zweiergruppe ist die größte soziale Einheit, mit der wir auf unserer derzeitigen Entwicklungsstufe umgehen können«), nehmen sie normalerweise Zuflucht zu derberen Methoden: »Hau ab, Billy. Du bist nicht mehr unser Freund!« Manche Kinder machen das auch mit ihren Eltern und sagen: »Geh weg, Papa! Ich mag dich nicht mehr. Ich mag nur die Mama!« Damit meint das Kind eigentlich, daß es die Vertrautheit genießt, die es in diesem Augenblick mit seiner Mutter erlebt. Weil das so ist, sollte der Vater sich die Zurückweisung nicht zu Herzen nehmen. Überhaupt können Kleinkinder ziemlich sprunghaft sein. Es ist nichts Ungewöhnliches, daß zwei Kinder ein drittes zurückweisen, um sich kurze Zeit später zu besinnen und den soeben noch verschmähten Spielgefährten in ein neues Spiel mit einzubeziehen.

Wie reagieren Sie am besten, wenn Sie beobachten, daß Ihr Kind ein drittes Kind ausschließt? Ich schlage vor, hier einige Hinweise zu geben, wie man auf angenehme Weise mit seinen sozialen Beziehungen umgehen kann – besonders, wenn es Ihnen wichtig ist, Ihrem Kind Werte wie Freundlichkeit und Sensibilität für die Gefühle anderer zu vermitteln. Vielleicht schlagen Sie ein paar einfache Sätze vor, mit denen Ihr Kind die Situation erklären kann: »Ich will jetzt bloß mit Jennifer spielen. Wir spielen vielleicht später miteinander.«

Wird hingegen Ihr Kind selbst ausgeschlossen, so ist es wichtig, seine Gefühle zu bestätigen, besonders wenn es wegen des Vorfalls traurig oder wütend ist. Sie können ihm helfen, Lösungsmöglichkeiten zu entwickeln, also zum Beispiel ein anderes Kind zum Spielen aufzufordern oder etwas Schönes alleine zu spielen. Das Gespräch zwischen Megan und ihrer Mutter (Seite 129 ff.) gibt ein Beispiel dafür, wie man die Methoden des Emotionstrainings in einer solchen Situation erfolgreich anwenden kann.

Freundschaften unter kleinen Kindern dienen nicht nur dazu, wichtige soziale Fertigkeiten einzuüben, sie bieten auch Gelegenheit zu schöpferischem Rollenspiel. Hier können die Kinder ihre volle Kreativität entwickeln, indem sie Personen erfinden und diese sogleich in einer Szene lebendig werden lassen. Befreundete Kinder benutzen solche Spiele oft, um sich gegenseitig dabei zu helfen, verwirrende Probleme zu bewältigen und mit den Spannungen des Alltags umzugehen. Das weist darauf hin, daß Rollenspiele die emotionale Entwicklung von Kindern unterstützen, indem sie ihnen einen Zugang zu unterdrückten Gefühlen ermöglichen, der an »erwachsene« Methoden wie Visualisierung oder Hypnose erinnert. Wie meine Schülerin Laurie Kramer beispielsweise entdeckt hat, sind Phantasiespiele mit einem anderen Kind die beste Hilfe, wenn ein Kind sich an die Geburt eines Geschwisterchens gewöhnen muß. Indem sie ihre Spielgefährten die Rolle des Neugeborenen übernehmen ließen, waren die neuen »großen Brüder« und »großen Schwestern« in der Lage, dem »Baby« gegenüber ein breites Gefühlsspektrum zu erforschen, das von Feindseligkeit bis Zärtlichkeit reichte. In der Elternrolle wiederum konnten sie mit dem Baby spielen, es belehren, ausschelten und füttern.[86]

Ich habe auch bei anderen Kindern beobachtet, daß sie im schöpferischen Rollenspiel eine erstaunliche Gefühlstiefe entfalteten. So wandte sich ein kleines Mädchen beim Spiel mit dem Puppenhaus an seine Freundin und sagte: »Wir müssen uns nicht dauernd im Schlafzimmer ausruhen, wie es meine Mama und Jimmy (der neue Freund der Mutter) machen. Wir sind nicht so müde wie die.« Ein wenig später fragte die Freundin: »Was sagt deine Mama denn, wenn sie die Tür zumacht?« Die Antwort war: »Sie sagt: ›Komm jetzt nicht rein.‹« Und weil das Mädchen nicht verstand, warum seine Mutter es ausschloß, fügte es hinzu: »Sie will mich nicht bei sich haben. Sie mag mich nicht.«

In dem Bewußtsein, daß solche Phantasiespiele möglicherweise einen Zugang zu den Gedanken und Sorgen des Kleinkindes eröffnen, können Eltern sie im Rahmen des Emotionstrainings anwenden, um mit ihren Kindern verbunden zu sein. Diese Gelegenheit bietet sich, wenn das Kind, wie es oft geschieht, seine Vorstellungen, Wünsche, Enttäuschungen und Ängste auf eine Puppe oder ein anderes Spielzeug projiziert. Wollen die Eltern in so einem Moment das Erforschen von Gefühlen fördern und eventuell beruhigend auf ihr Kind einwirken, so können sie sich einfach auf die Aussagen der Puppe beziehen, die Rolle einer anderen Puppe übernehmen oder beides miteinander verbinden. Achten Sie bei der folgenden Szene darauf, wie mühelos der Vater die kindliche Projektion aufgreift:

Kind: Der Bär da ist allein, weil seine Eltern ihn nicht mehr wollen.
Vater: Sind seine Eltern gerade weggegangen?
Kind: Ja, sie sind weg.
Vater: Kommen sie wieder?
Kind: Nein. Nie mehr.
Vater: Warum sind sie denn fort?
Kind: Der Bär war böse.
Vater: Was hat er denn gemacht?
Kind: Er ist wütend auf Mama Bär gewesen.
Vater: Ich glaube, es ist schon in Ordnung, wenn man manchmal wütend wird. Sie wird bestimmt zurückkommen.
Kind: Ja. Da kommt sie schon.
Vater (nimmt einen anderen Bären und spricht mit der Stimme von Mama Bär): Ich hab' bloß den Müll hinuntergebracht. Jetzt bin ich wieder da.
Kind: Hallo, Mama!
Vater: Du warst wütend, aber das ist schon in Ordnung. Manchmal werde ich auch wütend.
Kind: Ich weiß schon.

Kinder zu solchen Rollenspielen zu ermutigen, erfordert allerhand Übung, doch wenn man sich die entsprechende Technik angeeignet hat, kann man sie auf einfache und nützliche Weise anwenden. Nehmen wir einmal folgendes Beispiel: Ihr Kind wünscht sich, größer und stärker zu sein, weshalb es sagt: »Früher war ich noch sehr klein, aber jetzt kann ich schon das Sofa anheben. Weißt du, daß Superman sogar fliegen kann?« Das klingt, als bitte das Kind um die Erlaubnis, Superman zu werden, um die Gefühle von Macht und Selbstvertrauen zu erforschen. Darauf können Sie reagieren, indem Sie die kindliche Phantasie ganz einfach mit folgenden Worten anregen: »Schön, dich mal kennenzulernen, Superman. Wirst du jetzt gleich losfliegen?«

Manchmal flechten Kinder auch Bemerkungen über konkrete Vorgänge ein, während sie auf diese Weise mit ihren Eltern spielen. Deshalb sollten Sie nicht überrascht sein, wenn Ihr Kind inmitten eines Spiels mit Barbiepuppen oder den Power Rangers plötzlich sagt: »Ich hab' Angst, bei diesem Babysitter zu bleiben.« Oder: »Wie alt bin ich, wenn ich sterbe?«

Obwohl es Ihnen vielleicht verborgen bleibt, wie diese Vorstellungen entstehen, ist es doch offensichtlich, daß irgend etwas im Spielvorgang ein Gefühl stimuliert hat, das Ihr Kind Ihnen mitteilen will. Die Vertrautheit und Spontaneität des Rollenspiels hat ihm Sicherheit und Nähe zu Ihnen vermittelt, weshalb so heikle Dinge an die Oberfläche gelangen können. Hat das Kind auf diese Weise das Spiel vorläufig unterbrochen, um dem betreffenden Gefühl nachzugehen, dürfte es am besten sein, wenn Sie dasselbe tun, um ein inniges Gespräch über die zutage getretene Angst zu ermöglichen.

Die Beliebtheit kreativer Rollenspiele unter Vier- bis Siebenjährigen ist nicht zuletzt darauf zurückzuführen, daß diese Spiele Kindern beim Umgang mit einer Vielzahl von Angstgefühlen helfen, die in dieser Phase der Kindheit verstärkt auftreten. Auch wenn diese Ängste unzählig zu sein scheinen, beruhen sie im Grunde allesamt auf relativ wenigen Faktoren:

Angst vor Machtlosigkeit: Ich habe einmal beobachtet, wie zwei fünfjährige Jungen über »all die Dinge auf der Welt« sprachen, »die einen umbringen können«. Dabei ging es um »Räuber, böse Menschen, Monster« und um ihre allergrößte Angst – vor den »Haien«. Zuerst sprachen die beiden über sämtliche Methoden, wie man diese fürchterlichen Dinge zerstören konnte. Und dann erwähnten sie, daß sie sich als »Babys« vor so »blöden Sachen wie Dunkelheit« gefürchtet hatten. Jetzt aber waren sie groß, verkündeten sie stolz, und hatten vor so etwas Blödem keine Angst mehr.

Dieses Gespräch ließ mich an Folgendes denken: Wenn wir es auf irgendeine Weise schaffen könnten, unsere Kinder vor dem Bewußtsein sämtlicher real existierender Gefahren abzuschirmen, würden sie ihre eigenen Monster erfinden. Solche Phantasien dienen nämlich dazu, ihnen beim Umgang mit angeborenen Gefühlen wie Machtlosigkeit und Verletzlichkeit zu helfen. Während Kinder angesichts der Macht der Ungeheuer einerseits Angst und Schrecken empfinden, stellen sie sich andererseits gerne vor, wie sie das besiegen, was sie ängstigt. Das hilft ihnen, sich als mächtiger und weniger verletzlich wahrzunehmen.

Auch im Rahmen des Emotionstrainings können Eltern ihren Kindern helfen, sich mächtiger zu fühlen. Wie schon in der frühen Kindheit wächst die Selbstachtung des Kindes, wenn man ihm Wahlmöglichkeiten gewährt – ob es nun darum gehen mag, was es anzieht, was es ißt oder wie es spielt. Eine weitere wichtige Strategie läuft darauf hinaus, Kindern die Selbständigkeit zuzugestehen, die Dinge zu tun, zu denen sie bereit sind. Ob sie gerade lernen, selbst ihre Haare zu waschen oder mit einem neuen Computerspiel umzugehen, brauchen Kinder es, daß ihre Eltern sie ermutigen und anleiten, ohne sich aufzudrängen. Wenn Ihr Kind zum Beispiel bei dem Versuch, seine Schuhe zuzubinden, ungeduldig wird, sollten Sie der Versuchung widerstehen, die Sache selbst in die Hand zu nehmen – Sie würden sonst deutlich machen, daß Sie es für inkompetent halten. Statt dessen können Sie Ihr Verständnis ausdrücken: »Lange Schuhbänder sind manchmal nicht so einfach.« Wenn Ihr Kind schließlich doch Ihre Unterstützung braucht, haben Sie immerhin klargemacht, daß Sie verstehen, welche Erfahrung es gerade macht.

Angst vor dem Verlassenwerden: Es gibt gute Gründe, warum Kinder dieses Alters von Geschichten wie »Aschenputtel« fasziniert sind, in denen der Vater stirbt und seine Tochter in den Händen einer bösen Stiefmutter zurückläßt. Ähnlich geht es dem jungen Titelhelden von Dickens' *Oliver Twist*, der sich als Waise, Bettler und Dieb durchschlagen muß. Diese Geschichten benennen die den meisten Kindern dieses Alters bekannte Angst, eines Tages verlassen zu werden.

Weil diese Angst Kindern so echt und allgegenwärtig scheint, sollten Eltern sie auf keinen Fall benutzen, um ihre Kinder zu bedrohen oder zu disziplinieren. Sie eignet sich nicht einmal für sogenannte Scherze. Wann immer Sie hören, daß Ihre Kinder diese Angst ausdrücken, sollten Sie das Emotionstraining anwenden, um ihre Gefühle anzuerkennen. Versichern Sie ihnen dann, Sie würden immer für die Erfüllung ihrer Bedürfnisse sorgen, sie lieben und gut auf sie achtgeben.

Angst vor der Dunkelheit: In den Augen von Kindern kann die Dunkelheit das große Unbekannte darstellen, also den Ort, an dem sich all ihre Ängste und ihre Ungeheuer befinden. Mit zunehmender Reife begreifen sie dann, daß Dunkelheit nicht so furchterregend sein muß. In diesem Alter aber ist es absolut normal, wenn Kinder einen beruhigenden Lichtschein brauchen und das Wissen, daß ihre Eltern in der Nähe und verfügbar sind, wenn sie gebraucht werden.

Verabschieden Sie sich von der Vorstellung, man müsse ein Kind abhärten, indem man seine Angst vor der Dunkelheit einfach leugnet. Ich kenne einen Vater, der der Bitte seines Sohnes, eine Lampe anzulassen, nicht nachgab, weil er sich Sorgen machte, sein Sohn sei dabei, zu einem »Feigling« zu werden. Nach mehreren Nächten spürte der Vater jedoch, daß sein Sohn noch ängstlicher wurde. Abgesehen von seiner Angst vor der Dunkelheit war der Junge nun auch noch bekümmert, er könne die Anerkennung seines Vaters verlieren. Dazu kam die Angst, am nächsten Tag in der Schule nichts« zu leisten, wenn er nachts so lange wach lag. Am Ende gab der Vater nach und besorgte ein Nachtlicht, worauf die ganze Familie friedlicher einschlafen konnte.

Angst vor Alpträumen: Fast jedes Kind reagiert angstvoll auf schlimme Träume, doch haben diese eine besonders starke Wirkung auf kleine Kinder, die noch nicht in der Lage sind, Traum und Wirklichkeit auseinanderzuhalten. Wacht Ihr Kind also weinend aus einem Traum auf, versuchen Sie, es im Arm zu halten, mit ihm über das Erlebte zu sprechen und ihm zu erklären, daß all dies nicht wirklich war. Bleiben Sie bei ihm, bis es sich beruhigt hat, bestätigen Sie das Verschwinden der verstörenden Bilder und versichern Sie ihm, daß es sicher und geborgen ist.

Darüber hinaus kann es Kindern helfen, Geschichten zu hören, die sich mit Schlafen und Träumen beschäftigen. Besonders hübsch sind die Bücher von Doris Brett, die ihre Geschichten vom Mädchen Anna erfunden hat, um ihrer eigenen Tochter bei der Bewältigung von Alpträumen zu helfen.[87] Als Anna ihrer Mutter von einem bösen Tiger erzählt, der sie in ihren Träumen verfolgt, erhält sie von ihr einen unsichtbaren Zauberring, den sie in den Schlaf mitnehmen kann. Als der Tiger dann wieder hinter ihr herjagen will, erinnert Anna sich an ihren Ring und tritt dem Tiger entgegen. Sie stellt fest, daß der Tiger nur ihr Freund sein will, und hat nun einen Gefährten, mit dem sie ihren anderen Ängsten trotzen kann.

Als ich meiner Tochter Moriah diese Geschichten vorlas, beschloß sie, der Hauptfigur ihren eigenen Namen zu geben. Später sah ich sie im Badezimmer auf der Toilette stehen und in den Spiegel schauen, damit sie sich selbst das Gehörte wiederholen konnte. Die starke Angst, die sie wegen ihrer Alpträume hatte, verging in der Folge sehr rasch. Obwohl solche Träume weiterhin gelegentlich auftauchten, empfand Moriah sie nicht mehr als so furchterregend.

Angst vor elterlichen Konflikten: Wie im fünften Kapitel ausgeführt, kann sich ein Ehestreit sehr verstörend auf Kinder auswirken, weil diese oft spüren, daß die entstandene Situation ihre eigene Sicherheit in Frage stellen könnte. Mit zunehmendem Alter werden Kinder sich auch der möglichen

Folgen des elterlichen Konflikts bewußt, was zu der Angst führen kann, der Streit werde zu Trennung und Scheidung führen. Außerdem übernehmen Kinder oft die Verantwortung für die mißliche Lage, weil sie glauben, die aufgetretenen Probleme seien ihre Schuld. Vielleicht glauben sie auch, es läge in ihrer Macht, den Konflikt zu lösen und die Familie zusammenzuhalten.

In einer solchen Situation sollten die Eltern darauf achten, daß ihre Kinder nicht zu sehr in den Ehestreit hineingezogen werden. Überhaupt empfiehlt sich folgendes: Wenn Kinder einen Streit ihrer Eltern miterlebt haben, so ist es nützlich, ihnen auch die Lösung des Konflikts vorzuführen. Wie E. Mark Cummings gezeigt hat, sind jüngere Kinder zwar noch nicht in der Lage, einer Entschuldigung in Worten zu folgen, doch finden sie es tröstlich, wenn Mutter und Vater ihre Versöhnung durch eine von Herzen kommende Umarmung demonstrieren.[88]

Angst vor dem Tod: Kinder dieses Alters wissen vom Tod und stellen eventuell direkte Fragen. Hier ist es wichtig, ehrlich zu sein und dem Kind zu vermitteln, daß man seine Sorgen versteht und sie nicht albern oder belanglos findet. Hat Ihr Kind einen befreundeten oder verwandten Menschen oder ein Tier verloren, so können Sie seine Trauer anerkennen, es umarmen und trösten. Versucht man nämlich, die kindlichen Gefühle von Trauer und Angst zu ignorieren oder abzuschwächen, verschwinden sie noch lange nicht. Ein solches Verhalten vermittelt dem Kind nur, daß seine Eltern sich beim Gespräch über den Tod unwohl fühlen, und hält es davon ab, in Zukunft entsprechende Gefühle zu erzählen.

Was auch immer die Ängste Ihres Kindes sein mögen – es ist wichtig, daran zu denken, daß Angst ein ganz natürliches Gefühl ist und eine gesunde Funktion im Leben junger Menschen haben kann. Zwar sollten Kinder nicht so ängstlich sein, daß sie nichts ausprobieren und lernen wollen, doch müssen sie auch wissen, daß die Welt manchmal gefährlich ist. In dieser

Hinsicht kann Angst dazu dienen, Kindern eine angemessene Wachsamkeit zu vermitteln.

Achten Sie darauf, die Grundtechniken des Emotionstrainings einzusetzen, wenn Sie mit Ihren Kindern über deren Ängste sprechen. Das bedeutet, ihnen zu helfen, ein Angstgefühl zu erkennen und zu benennen, sobald es sich zeigt, mitfühlend über dieses Thema zu sprechen und gemeinsam über Möglichkeiten nachzudenken, wie man mit verschiedenartigen Bedrohungen umgehen kann. Bei einem Gespräch über den möglichen Umgang mit Gefahren wie Feuer, Kontakten mit Fremden oder Krankheit ergibt sich übrigens auch eine gute Gelegenheit, das Thema Vorsorge anzusprechen. Äußert Ihr Kind zum Beispiel Angst vor einem Feuer, können Sie sagen:»Man kriegt schon Angst, wenn man sich vorstellt, unser Haus brennt. Deshalb ist immer ein Rauchdetektor angeschlossen, um uns zu warnen, wenn irgend etwas brennt.«

Zu bedenken ist schließlich auch, daß Kinder manchmal auf indirekte Weise über ihre Ängste sprechen. Wenn ein Junge etwa fragt, ob es noch Waisenhäuser gibt, ist er wahrscheinlich nicht an einem Vortrag über den Sozialstaat interessiert, sondern denkt an seine eigene Angst, verlassen zu werden. Achten Sie also auf die hinter solchen Fragen verborgenen Emotionen, besonders wenn sich Ihr Kind mit Themen beschäftigt, die mit Angst verbundene Dinge wie Verlassenheit oder Tod berühren.

Die Jahre zwischen neun und dreizehn

In dieser Zeit beginnen Kinder, sich auf eine größere Gruppe zu beziehen und Konzepte wie das der sozialen Rangordnung zu verstehen. So fällt ihnen allmählich auf, wer unter ihren Altersgenossen gerade beliebt ist und wer nicht. Außerdem fangen sie an, kognitive Eigenschaften zu entwickeln, und erfahren die Macht, die der Verstand über den emotionalen Bereich hat.

Wenn sich ein Kind des Einflusses seiner Altersgenossen bewußter wird, werden die Eltern vielleicht feststellen, daß es nun hauptsächlich darauf aus ist, um jeden Preis Peinlichkeiten zu vermeiden. Kinder dieses Alters sind oft ziemlich eigen, wenn es um den Stil geht, in dem sie sich kleiden, welche Sorte von Rucksack sie tragen und darum, bei welchen Aktivitäten man sie sehen soll und bei welchen nicht. Sie versuchen mit aller Macht zu vermeiden, die Aufmerksamkeit auf sich zu ziehen, besonders wenn das Spott oder Kritik von seiten ihrer Freunde nach sich ziehen könnte. Eltern, die ihre Kinder lieber als Anführer denn als Mitläufer sehen wollen, mag das zwar nicht gefallen, doch ist Konformität in diesem Alter ganz gesund. Sie bedeutet, daß das Kind geschickter darin wird, soziale Signale zu interpretieren; und das ist eine Fertigkeit, die ihm sein ganzes Leben lang von Nutzen sein wird. In diesem Lebensabschnitt ist sie besonders wichtig, weil Kinder dieses Alters ihre Gefährten gnadenlos hänseln und demütigen können. Das allgegenwärtige Sticheln unter Gleichaltrigen wirkt sogar prägend auf viele Verhaltensmuster dieser Entwicklungsstufe. Die Mädchen sticheln ebenso wie Jungen, doch bei diesen kann sich das Hänseln zu einer körperlichen Auseinandersetzung steigern.

Da die Konsequenzen so deutlich sind, lernt das Kind bald, daß die beste Reaktion auf Sticheleien ist, überhaupt keine Gefühlsregung zu zeigen. Reagiert es nämlich mit Protest, Weinen, »Petzen« oder Wut, wenn der Rädelsführer seine Mütze stiehlt oder es beschimpft, riskiert es zusätzliche Erniedrigung und Ablehnung. Hält es dagegen auch noch die andere Backe hin, so hat es eine gute Chance, seine Würde zu bewahren. Angesichts dieser Dynamik blenden Kinder dieses Alters Gefühle aus, wenn sie sich unter Gleichaltrigen befinden. Das schaffen zwar die meisten Kinder, besonders gut aber diejenigen, die im Rahmen des Emotionstrainings in einer früheren

Entwicklungsphase gelernt haben, ihre Emotionen in den Griff zu bekommen.

Nun kann diese »coole« Einstellung gegenüber Freunden gerade jene Eltern verwirren, die ihren Kindern bislang gute Emotionstrainer waren. In unseren Elterngruppen haben wir festgestellt, daß Mütter und Väter oft fälschlicherweise denken, Kinder dieses Alters bräuchten bei einem Konflikt mit Gleichaltrigen ihrem Kontrahenten nur ihre Gefühle zu offenbaren, um zu einer Lösung zu kommen. So etwas kann zwar im Vorschulalter funktionieren, später aber geradezu katastrophal sein, weil der Ausdruck von Emotionen dann als soziale Schwäche angesehen wird. Durch das Emotionstraining geschulte Kinder werden wahrscheinlich genügend sozialen Einblick erworben haben, um das zu erkennen: Sie sind in der Lage, die Signale ihrer Gefährten korrekt zu interpretieren und sich entsprechend zu verhalten.

Während Kinder dieses Alters ihre Emotionen zu unterdrücken versuchen, werden sie sich gleichzeitig auch der Kraft des Intellekts bewußt. Ungefähr im zehnten Lebensjahr nimmt bei vielen die Fähigkeit, logisch zu denken, sprunghaft zu. Das Resultat vergleiche ich gern mit Mr. Spock, dem berühmten Besatzungsmitglied der »Enterprise«, der Gefühle scheut und dafür in einer Welt aus Logik und Vernunft aufgeht. Kinder dieses Alters genießen es, auf ihre Umwelt zu reagieren, als sei ihr Geist ein Computer. Fordert man etwa einen Neunjährigen auf, seine Socken aufzuheben, hebt er eventuell jeden Socken einzeln auf, um ihn dann an dieselbe Stelle zurückzulegen. Dabei erklärt er: »Du hast ja nicht gesagt, ich soll die Socken *weglegen*.«

Dieses freche und spöttische Verhalten gegenüber der Welt der Erwachsenen ist typisch für eine Entwicklungsphase, in der das Kind das Leben in Begriffspaaren wie schwarz und weiß, entweder-oder, richtig und falsch sieht. Wenn das präpubertäre Kind sich unvermittelt all der zufälligen und unlogischen Regeln bewußt wird, die die Welt regieren, empfindet es das Leben womöglich als ein einziges absurdes Theaterstück. Erwachsene werden plötzlich zu Heuchlern, Spott und Verachtung ihnen gegenüber zu Lieblings-»Emotionen« des Kindes.

Aus all diesen Urteilen und Bewertungen entwickelt das Kind eine Vorstellung seiner eigenen Werte. Vielleicht fällt es Ihnen auf, daß es sich in diesem Alter recht intensiv mit der Frage beschäftigt, was moralisch und gerecht ist. So entwirft es ideale Welten, in denen alle Menschen gleich behandelt werden und in denen Erscheinungen wie das Dritte Reich, Krieg oder Tyrannei nie auftreten könnten. Umgekehrt kann das Kind Verachtung gegenüber der Erwachsenenwelt empfinden, die Greuel wie den Sklavenhandel oder die Inquisition zulassen konnte. Und so beginnt das Kind zu zweifeln, seine Umwelt herauszufordern, seine eigenen Gedanken zu entwickeln.

Die Ironie liegt natürlich darin, daß es sich gleichzeitig den willkürlichen und tyrannischen Standards der Masse seiner Gleichaltrigen unterwirft. Während etwa ein Mädchen dieses Alters das Recht auf Meinungsfreiheit verkündet, beschränkt es möglicherweise gleichzeitig seine Garderobe auf eine bestimmte Art von Designer-Sweatshirt. Und während es sich einerseits zutiefst betroffen über die grausamen Tierversuche der Kosmetikindustrie zeigt, nimmt es andererseits vielleicht an einem wenig freundschaftlichen Komplott teil, durch das eine bestimmte Klassenkameradin von dem gemeinsamen Basketballspiel in der Pause ausgeschlossen werden soll.

Wie können Eltern auf diese Widersprüchlichkeit reagieren? Mein Rat ist, die Zügel schießen zu lassen in dem Bewußtsein, daß dies eine Zeit des Forschens ist. Die totale Unterwerfung unter die willkürlichen Regeln dieser Altersgruppe ist Teil einer normalen und gesunden Entwicklung. Sie ist eine Folge der Fähigkeit, in der Umwelt jene Standards und Werte zu erkennen, die eine Akzeptanz der eigenen Person fördern und einer Ablehnung entgegenwirken.

Stellen Sie fest, daß Ihr Kind an einem bestimmten Verhalten gegenüber einem anderen Kind beteiligt ist, das Sie für unfair halten, sollten Sie Ihre Gefühle auch zum Ausdruck bringen. Benutzen Sie dies als Gelegenheit, Ihre Vorstellungen über Freundlichkeit und Fairneß zu vermitteln. Wenn der Vorfall jedoch nicht wirklich bösartig war, würde ich Ihnen raten, auf eine übertrieben schroffe Reaktion oder eine Bestrafung zu verzichten. Cliquenbildung und der damit verbundene Druck auf Außenseiter zählt zu den normalen Verhaltensweisen dieser Altersstufe.

Beklagt sich Ihr Kind, daß es von Gleichaltrigen ausgeschlossen oder unfair behandelt wird, können Sie die Strategien des Emotionstrainings anwenden, um ihm dabei zu helfen, mit seinen Gefühlen der Traurigkeit und Wut fertig zu werden. Anschließend können Sie gemeinsam nach Lösungsmöglichkeiten für das akute Problem suchen. Dabei können Sie zum Beispiel darauf hinweisen, wie man Freundschaften schließen und aufrechterhalten kann. Vermeiden Sie, das Verlangen Ihres Kindes herunterzuspielen, sich wie seine Altersgenossen zu kleiden und zu benehmen. Bestätigen Sie vielmehr seinen Wunsch nach Akzeptanz und bieten Sie Ihre Unterstützung an, damit es diese erlangt.

Ebensowenig wie deren spöttische Haltung gegenüber den Konventionen der Erwachsenenwelt sollten Eltern die von ihren Kindern vorgebrachte Kritik persönlich nehmen. Frechheit, Sarkasmus und Verachtung bestimmter Werte sind normale Tendenzen dieser Altersstufe. Wenn Sie hingegen wirklich spüren, daß Ihr Kind Sie unverschämt behandelt hat, sollten Sie auf spezielle Weise darauf eingehen. (»Wenn du dich über meine Frisur lustig machst, habe ich das Gefühl, daß du mich nicht mehr achtest.«) Auch hier ergibt sich eine Gelegenheit, Werte wie Freundlichkeit und gegenseitige Achtung innerhalb der Familie zu vermitteln. Denn auch in diesem Alter will ein Kind sich seinen Eltern emotional verbunden fühlen, nicht zuletzt, weil es die liebevolle Anleitung braucht, die diese Bindung mit sich bringt.

Die Jugendjahre

Im Alter von dreizehn bis achtzehn Jahren treten Fragen der Identität mit Wucht in den Vordergrund: Wer bin ich? Was wird aus mir? Wer sollte ich sein? Als Eltern sollten Sie also nicht überrascht sein, wenn Ihr Kind sich in einer bestimmten Phase seiner Adoleszenz nur noch mit sich selbst beschäftigt. Dabei schwindet das Interesse an Familienangelegenheiten, während die Beziehung zu Freunden in den Mittelpunkt rückt. Schließlich sind es diese Freundschaften, in deren Kontext ein Jugendlicher entdeckt, wer er außerhalb des Familienkreises ist. Doch auch im Rahmen dieser Beziehungen zu Gleichaltrigen ist die eigene Person gewöhnlich im Zentrum des Interesses.

Während sich unser Team mit der Freundschaft unter Kindern beschäftigte, haben wir einmal eine Unterhaltung zwischen zwei Teenagern aufgenommen, die als Musterbeispiel für die Selbstbezogenheit dieser Altersgruppe gelten kann. Die beiden Mädchen hatten sich gerade erst kennengelernt, und das eine erzählte, es habe im Sommer als Betreuerin in einem Ferienlager für emotional gestörte Kinder gearbeitet. Statt ihre neue Bekanntschaft nach Einzelheiten zu fragen, benutzte ihre Gesprächspartnerin diese Information als Anlaß für eine Selbsterforschung. »Puh, das ist ja echt interessant«, sagte sie, »aber so was könnte ich nie machen. Ich hab' einfach keine Geduld. Wenn meine Schwester mir ihr Baby in den Arm legt, finde ich es richtig süß, aber sobald es zu schreien beginnt, gebe ich es schnell zurück. Nee, danke schön. Übrigens glaube ich auch nicht, daß ich jemals eine gute Mutter sein könnte. Unmöglich. Ich hab' einfach keine Geduld. Ich weiß gar nicht, woher du die Geduld nimmst, solche Kinder zu betreuen. Vielleicht sollte ich auch eher so sein wie du, aber ich bin mir nicht sicher, ob ich das schaffen kann. Meinst du, daß ich das könnte?«

So ging der Monolog dann auch weiter. Das Mädchen verglich sich mit seiner neuen Freundin, beschäftigte sich mit der

284

eigenen Fähigkeit, sich zu verändern und innerlich zu wachsen, und überlegte, welche Charakterzüge es an sich mochte und welche es verabscheute. Ließ es seine Freundin zu Wort kommen, so ging es nicht darum, diese besser kennenzulernen, sondern um eine weitere Gelegenheit, sich in ihr zu spiegeln. Wie bei den meisten Jugendlichen diente ihm diese Freundschaft als Mittel, um seine Identität zu erforschen.

Das obige Beispiel mag zwar extrem sein, doch zeigt es die Motivation, die der jugendlichen Selbstbezogenheit zugrunde liegt. Jugendliche befinden sich auf einer Reise durch das eigene Selbst, wobei sie einmal in die eine, einmal in die andere Richtung steuern, um den richtigen Weg zu finden. Sie experimentieren mit neuen Identitäten, neuen Realitäten, neuen Aspekten des Selbst. Das ist in diesem Alter eine ganz gesunde Sache.

Die Reise verläuft jedoch nicht immer reibungslos. So können die hormonellen Veränderungen ebenso unkontrollierte wie rasche Stimmungswechsel nach sich ziehen. Negative Kräfte im sozialen Umfeld können die typische Verletzlichkeit aller jungen Menschen auszunutzen versuchen und Probleme wie Drogenmißbrauch, Gewalt oder ungeschützte sexuelle Aktivität heraufbeschwören. Das ändert nichts daran, daß die Selbsterforschung ihren Lauf nimmt: Sie ist ein natürlicher und unvermeidlicher Teil der menschlichen Entwicklung.

Eine der wichtigen Aufgaben, auf die Jugendliche bei ihrer Reise stoßen, ist die Verbindung von Vernunft und Gefühl. Erinnert die entsprechende Haltung in den Jahren zwischen neun und dreizehn an den ausgesprochen rationalen Mr. Spock, ist Captain Kirk wohl ein geeignetes Symbol für die Jugendjahre. In seiner Funktion als Kapitän des Raumschiffs Enterprise wird Kirk beständig mit Entscheidungen konfrontiert, in denen seine stark gefühlsbetonte menschliche Seite in Widerstreit mit seinem Hang zu logischer, auf Fakten basierender Vernunft gerät. Natürlich findet der gute Captain immer das richtige Gleichgewicht, um seiner Crew ein tadelloses Vorbild zu sein. Dabei setzt er die Art von Urteilsvermögen ein, die wir auch unseren Söhnen und Töchtern in diesem Alter in jenen Situationen wünschen, in denen das Herz einen Ruf vernimmt, der Kopf jedoch einen anderen.

Besonders häufig werden Jugendliche vor solche Entscheidungen gestellt, wenn es um Sexualität und um die Akzeptanz der eigenen Person geht. So fühlt sich etwa ein Mädchen von einem Jungen sexuell angezogen, den sie eigentlich nicht respektiert. (»Er ist so süß. Zu blöd, daß er immer den Mund aufmacht und alles kaputtmacht.«) Ein Junge wiederum stellt fest, daß er Meinungen von sich gibt, die er an seinem Vater kritisiert hat. (»Das gibt's doch nicht! Ich höre mich genauso an wie mein Vater!«) Mit einem Mal erkennt der Teenager dann, daß die Welt nicht nur aus Schwarz und Weiß besteht, sondern aus einem Grau in vielen Schattierungen. All diese Schattierungen aber sind Teil des eigenen Selbst, ob man das mag oder nicht.

Wenn es in dieser Zeit also nicht einfach ist, den eigenen Weg zu finden, so gilt das auch für die Aufgabe, die auf die Eltern von Jugendlichen wartet. Das liegt daran, daß der größte Teil der jugendlichen Forschungsreise ohne die Eltern vor sich gehen muß. »Bisher haben Sie als ›Manager‹ des kindlichen Lebens gewirkt«, schreibt der Therapeut und Autor Michael Riera. »Sie haben Fahrten und Arztbesuche organisiert, haben sich überlegt, was man im Park oder am Wochenende machen könnte, haben bei den Hausaufgaben geholfen und sie überprüft. Sie haben sich intensiv über die Vorgänge in der Schule informiert und sind meist der erste Mensch gewesen, an den Ihr Kind sich mit seinen wirklich wichtigen Fragen gewendet hat. Mit einem Mal gilt all das nun nicht mehr. Ohne Vorankündigung und ohne Ihre Zustimmung sind Sie als Manager entlassen. Jetzt müssen Sie sich hochrappeln und umstellen; denn wenn Sie einen wirklichen Einfluß auf das Leben Ihres Kindes in der Phase der Adoleszenz und darüber hinaus haben wollen, müssen Sie sich wahrhaftig anstrengen, um wieder eingestellt zu werden – nun aber als Berater.«[89]

Das Ganze kann natürlich ein außerordentlich heikler Vorgang sein. Ein Kunde stellt ja keinen Berater ein, der ihm das Gefühl vermittelt, daß er selbst inkompetent ist, oder einen, der das Ruder an sich zu reißen droht. Als Kunde wünscht man sich einen Berater, dem man trauen kann, der seine Aufgabe versteht und vernünftige Ratschläge gibt, die einem helfen, das gesteckte Ziel zu erreichen. Und in diesem Lebensabschnitt muß es das vorrangige Ziel von Jugendlichen sein, Selbständigkeit zu erlangen.

Wie können Sie als Eltern also die Rolle des Beraters ausfüllen? Wie können Sie Ihrem Kind nahe genug bleiben, um ihm als Emotionstrainer zu dienen, ihm aber gleichzeitig die Unabhängigkeit gewähren, die seine Entwicklung zu einem richtigen Erwachsenen erfordert? Hier folgen ein paar Hinweise, die größtenteils auf dem Werk Haim Ginotts basieren:

Akzeptieren Sie es, daß Kinder sich in ihren Jugendjahren von den Eltern trennen. So muß man es als Vater oder Mutter zum Beispiel akzeptieren, daß Jugendliche eine Privatsphäre brauchen. Wenn Sie die Unterhaltungen Ihres Sohnes belauschen, sein Tagebuch lesen oder zu viele bohrende Fragen stellen, vermittelt ihm das, daß Sie ihm nicht vertrauen. Das aber blockiert die Kommunikation. In schwierigen Phasen wird Ihr Sohn dann eher einen Gegner in Ihnen sehen als einen Verbündeten.

Sie sollten die Privatsphäre eines Jugendlichen respektieren und ebenso sein Recht, gelegentlich ruhelos und unzufrieden zu sein. »Nenne ich es bei seinem schmerzgeborenen Namen, so war ich leidenschaftlich unglücklich«, hat der Dichter und Fotograf Gordon Parks über seine eigene Jugend geschrieben.[90] Lassen Sie Ihrem Kind genug Raum, um eine solche Gefühlstiefe zu erfahren, indem Sie platte Fragen vermeiden wie: »Was ist denn los mit dir?« Ganz gleich, ob Ihr Kind in diesem Augenblick traurig ist oder wütend, besorgt oder mutlos – solche Nachforschungen weisen nur darauf hin, daß Sie diese Emotionen mißbilligen.

Vertraut Ihnen Ihr Teenager jedoch von sich aus etwas an,

sollten Sie sich nicht so verhalten, als verstünden Sie alles sofort. Von ihrem Blickwinkel aus meinen Teenager oft, ihre Erfahrungen seien einzigartig, und zeigen sich beleidigt, wenn Erwachsene ihr Verhalten durchsichtig und ihre Motive offenkundig finden. Nehmen Sie sich also Zeit, Ihrem Sohn oder Ihrer Tochter aufgeschlossen zuzuhören. Stellen Sie sich nicht auf den Standpunkt, daß Sie schon alles wissen und verstehen, was Sie hören werden.

Weil sich in den Jugendjahren die Individualität ausbildet, sollten Sie darauf gefaßt sein, daß Ihr Kind einen anderen Stil entwickelt, der Ihnen gar nicht paßt – ob es sich nun um Kleidung, Frisur, Musik, Kunst oder bestimmte Ausdrucksweisen handelt. Denken Sie daran, daß Sie die Wahl Ihres Kindes nicht gutheißen müssen – es kommt nur darauf an, sie zu akzeptieren.

Aus ähnlichen Gründen sollten Sie nicht versuchen, dem Stil von Jugendlichen nachzueifern. Lassen Sie es zu, daß diese mit ihrer Kleidung, ihrer Musik, ihrer Gestik und ihrem Slang eine Aussage machen wie: »Ich bin anders als meine Eltern, und darauf bin ich stolz.«

Zeigen Sie Respekt. Denken Sie bitte einen Augenblick darüber nach, wie Sie sich fühlen würden, wenn Ihr bester Freund oder Ihre beste Freundin Sie so behandelte, wie viele Eltern mit Teenagern umgehen. Was für ein Gefühl wäre es, ständig korrigiert, an Schwächen erinnert und bezüglich heikler Fragen geneckt zu werden? Was wäre, wenn man Ihnen lange Predigten hielte und Ihnen im Brustton der Überzeugung erklärte, was Sie mit Ihrem Leben machen sollen und wie? Wahrscheinlich hätten Sie das Gefühl, daß Ihr Gegenüber nicht viel Respekt vor Ihnen hat und sich darüber hinaus auch nicht um Ihre Gefühle schert. Mit der Zeit würden Sie sich wahrscheinlich entziehen und einem solchen Menschen Ihre Herzensangelegenheiten nicht mehr anvertrauen.

Nun will ich mich nicht zu der Aussage versteigen, Eltern müßten ihre Kinder in diesem Lebensabschnitt wie Freunde behandeln. Die Eltern-Kind-Beziehung ist wesentlich komplexer. Ich würde aber auf jeden Fall sagen, daß wir unseren Teenagern mindestens soviel Respekt schulden wie unseren Freunden. Deshalb meine ich auch, Sie sollten spöttische Bemerkungen, Kritik und Herabwürdigung vermeiden. Teilen Sie Ihrem Kind mit, was Ihre Werte sind, doch tun Sie dies in der gebotenen Kürze und ohne rechthaberisch zu wirken. Kein Mensch mag es, wenn man ihm eine Predigt hält, und Jugendliche am allerwenigsten.

Wenn wegen bestimmter Verhaltensweisen des Jugendlichen Konflikte entstehen, bezeichnen Sie diese nicht als Charakterzüge. Sagen Sie also nicht, Ihr Sohn oder Ihre Tochter sei träge, gierig, schlampig oder selbstsüchtig, sondern beziehen Sie sich auf bestimmte Vorgänge. Benennen Sie, was das vorangegangene Verhalten für Sie bedeutet: »Wenn du aus dem Haus gehst, ohne abzuspülen, bin ich sauer, weil ich dann deine Arbeit machen muß.« Auf keinen Fall sollten Sie den psychologischen Kunstgriff anwenden, Ihrem Kind genau das Gegenteil von dem zu sagen, was Sie wirklich wollen, weil Sie erwarten, daß es gegen Ihre Anordnung rebelliert und am Ende genau das Erwünschte herauskommt. Solche Strategien sind verwirrend, manipulativ und unehrlich. Außerdem funktionieren sie meistens doch nicht.

Verhelfen Sie Ihrem Kind zu einer Gemeinschaft. »Es braucht ein ganzes Dorf, um ein Kind aufzuziehen«, lautet ein altes Sprichwort. Zu keiner Zeit ist dies zutreffender als während der Jugendjahre. Deshalb ist es so wichtig, die Menschen im Leben Ihres Kindes kennenzulernen, darunter auch seine Freunde und deren Eltern.

Ich war einmal dabei, als eine Frau in der Synagoge von der Arbeit erzählte, die ihre zwanzigjährige Tochter bei der Umsiedlung äthiopischer Flüchtlinge leistete. Sie sprach davon, wieviel Nächstenliebe und Güte zu so einer Tätigkeit gehören und wie stolz sie auf ihre Tochter ist. »So gern mein Mann und ich es uns als Verdienst anrechnen möchten, daß unsere Tochter sich so entwickelt hat«, sagte die Mutter, »ich glaube, der Verdienst liegt im Grunde bei der Gemeinschaft, die wir alle hier bilden.« In den Jugendjahren ihrer Tochter habe es schwierige Zeiten gegeben, in denen das Mädchen so aufgebracht gewesen sei, daß es kein Wort mit seinen Eltern gewechselt habe. Doch auch in diesen Stürmen habe sie gewußt, daß ihre Tochter sich bei ihren Freundinnen aufhielt und mit deren Eltern sprach. Weil all diese Familien aber derselben Gemeinde angehörten, wußte sie, daß sie auch ihre Werte teilten. »Ich habe dieser Gemeinschaft vertraut, und so ist unsere Tochter zu einer Frau geworden, auf die wir alle stolz sind«, schloß die Mutter. »Doch waren wir es nicht allein, die sie erzogen haben. Wir alle in dieser Gemeinde haben sie erzogen.«

Weil wir unseren Kindern ohnehin nicht alles sein können – und in diesem Lebensabschnitt am allerwenigsten –, möchte ich allen Eltern raten, ihre Kinder mittels einer warmherzigen Gemeinschaft zu unterstützen. Das kann die Synagoge sein, die Kirche, die Schule oder eine Stadtteilgruppe. Es können auch Verwandte sein oder ein loses Netz von Freunden und Bekannten. Es kommt nur darauf an, daß Ihre Kinder mit anderen Erwachsenen Kontakt haben, die Ihre Werte und Ideale teilen. Denn dies werden die Menschen sein, auf die Ihr Kind sich verlassen kann, wenn es sich ebenso unvermeidlich wie selbstverständlich von Ihnen distanziert, während es immer noch Rat und Unterstützung braucht.

Fördern Sie unabhängige Entscheidungen, während Sie weiterhin als Emotionstrainer wirken. Das richtige Maß an Anteilnahme am Leben eines Jugendlichen zu finden, ist gewiß eine der größten Herausforderungen, vor denen man als Vater oder Mutter stehen kann. Die Selbständigkeit zu fördern heißt auch hier wieder, den jungen Menschen das tun zu lassen, wozu er reif genug ist. Nun ist der Zeitpunkt gekommen, an dem Ihr Kind Entscheidungen über Dinge trifft, die wirklich von Bedeutung sind. Es ist aber auch ein guter Zeitpunkt für die Eltern, den folgenden Satz zu üben: »Du hast die Wahl, denn das ist deine Sache.« Äußern Sie Ihr Vertrauen in die Urteilsfähigkeit des Jugendlichen, und widerstehen Sie Ihrem

Drang, warnend über mögliche katastrophale Konsequenzen zu spekulieren.

Die Selbständigkeit von Jugendlichen zu fördern heißt auch, ihnen zu erlauben, ab und an unkluge (wenn auch nicht eindeutig gefährliche) Entscheidungen zu fällen. Behalten Sie im Hinterkopf, daß junge Menschen aus ihren Fehlern ebensoviel lernen wie aus ihren Erfolgen. Das ist besonders dann der Fall, wenn sie einen einfühlsamen, hilfsbereiten Erwachsenen in ihrer Nähe haben – jemand, der ihnen hilft, nach einem Mißerfolg mit ihren negativen Emotionen fertig zu werden und nach Wegen zu suchen, wie man es in Zukunft besser machen kann.

Um es abschließend noch einmal zu sagen: Unsere Studien weisen darauf hin, daß junge Menschen, deren Eltern ein emotionales Training praktizieren, im Leben besser vorankommen. Als Jugendliche werden sie emotional intelligenter sein als andere, werden ihre Gefühle besser verstehen und annehmen können. Sie haben dann schon mehr Erfahrungen gemacht, wie man Probleme allein und gemeinsam mit anderen lösen kann. Das wird ihren schulischen Erfolg fördern wie auch ein gutes Verhältnis zu Gleichaltrigen. All dies aber wird dazu beitragen, diese Jugendlichen von jenen Risiken abzuschirmen, die alle Eltern beim Beginn der Pubertät fürchten – von Risiken wie Drogen, Straftaten, Gewalt und ungeschützter Sexualität.

Bleiben Sie also auf jeden Fall weiterhin im Kontakt mit dem, was im Leben Ihres Kindes geschieht. Akzeptieren und bestätigen Sie seine emotionalen Erfahrungen. Wenn ein Problem auftaucht, nehmen Sie sich Zeit für Ihr Kind und hören Sie ihm mit Empathie und ohne Vorbehalt zu. Bittet Ihr Kind Sie um Hilfe, so handeln Sie wie sein Verbündeter. Das sind ganz einfache Schritte, doch wissen wir nun, daß sie die Basis für eine emotionale Verbindung von Eltern und Kindern bilden, die ein Leben lang andauert.

Anmerkungen

1   Daniel Goleman, *Emotionale Intelligenz*. München: Hanser 1996, S. 240.

2   John Gottman, Lynn Katz und Carol Hooven, *Meta-emotion: How Families Communicate Emotionally, Links to Child Peer Relations and Other Developmental Outcomes*. Mahwah, N.J.: Lawrence Erlbaum 1996.

3   Ebd.

4   U.S. Bureau of the Census, »Live Births, Deaths, Marriages, and Divorces: 1950 to 1992.« *Statistical Abstract of the United States: 1994* (114. Ausg.). Washington, D.C. 1994.
    Für die deutschen, im folgenden in Klammern stehenden Daten wurde Material folgender Institutionen herangezogen: Statistisches Bundesamt und Bundeskriminalamt, beide Wiesbaden; Verband Alleinstehender Mütter und Väter, Bonn; Deutscher Kinderschutzbund, Hannover; Bundesministerium für Familie, Senioren, Frauen und Jugend, Bonn. Die Zahlen vor 1991 beziehen sich auf das Gebiet der alten Bundesrepublik.

5   John Gottman und Lynn Katz, »Effects of Marital Discord on Young Children's Peer Interaction and Health.« *Developmental Psychology*, Bd. 57 (1989), S. 47–52.

6   Gottman/Katz/Hooven, *Meta-emotion* (s. Anm. 2).

7   B. A. Chadwick und T. Heson, *Statistical Handbook on the American Family*. New York: Oryx Press 1992.

8   F. Landis Mackellar und Machiko Yanagishita, *Homicide in the United States: Who's at Risk*. Washington, D.C.: Population Reference Bureau, Februar 1995.

9   Elena de Lisser, »For Inner-City Youth, a Hard Life May Lead to a Hard Sentence.« *Wall Street Journal*, 30. Nov. 1993.

10 National Center for Health Statistics, »Advance Report of Final Natality Statistics.« *Monthly Vital Statistics Report*, Bd. 42, Nr. 3, Suppl. Hyattsville, MD: Public Health Service 1993.

11 U.S. Bureau of the Census, »Live Births, Deaths, Marriages, and Divorces« (s. Anm. 4).

12 Chadwick/Heson, *Statistical Handbook* (s. Anm. 7).

13 *Census of Population and Housing, 1990: Guide*. New York: Diane Publishing.

14 U.S. Bureau of the Census, »Child Support – Award and Recipiency Status of Women: 1981 to 1989.« *Statistical Abstract of the United States: 1994* (114. Ausg.). Washington, D.C. 1994.

15 F. F. Furstenberg u.a., »The Life Course of Children of Divorce: Marital Disruption and Parental Contact.« *American Sociological Review*, Bd. 48 (1983), S. 656–668.

16 Martin Daly und Margo Wilson, »Child Abuse and Other Risks of Not Living with Both Parents.« *Ethology and Sociobiology*, Bd. 6 (1985), S. 197–210.

17 Juliet B. Schor, »Stolen Moments.« *Sesame Street Parents*, Juli/August 1994, S. 24.

18 Juliet B. Schor, *The Overworked American: The Unexpected Decline of Leisure*. New York: Basic Books 1991, S. 5.

19 Gerald R. Patterson, *Coercive Family Process*. Eugene, OR: Castalia Press 1982.

20 Lloyd deMause, »Evolution der Kindheit.« In: L. de Mause (Hrsg.), *Hört ihr die Kinder weinen: Eine psychogenetische Geschichte der Kindheit*. Frankfurt a. M.: Suhrkamp 1977, S. 84.

21 G. Murphy, L. Murphy und T. M. Newcomb, *Experimental Social Psychology*. New York: Harper and Brothers 1931.

22 Diana Baumrind, »Child Care Practices Anteceding Three Patterns of Preschool Behavior.« *Genetic Psychology Monographs*, Bd. 75 (1975), S. 43–88; Diana Baumrind, »Current Patterns of Parental Authority.« *Developmental Psychology Monograph*, Bd. 4 (1971).

23 Haim G. Ginott, *Eltern und Kinder. Elternratgeber für eine verständnisvolle Erziehung*. Reinbek: Rowohlt 1977.

24 Adele Faber und Elaine Mazlish, *Nun hör doch mal zu! Elternsprache-Kindersprache*. München: Knaur 1989; *Hilfe, meine Kinder streiten. Ratschläge für erschöpfte Eltern*. München: Knaur 1990.

25 Gottman/Katz/Hooven, *Meta-emotion* (s. Anm. 2).

26 H. G. Ginott, *Eltern und Kinder* (s. Anm. 23), S. 54 (alle Zitate dieses Abschnitts).

27 Ebd. S. 57.

28 Ein ausgezeichnetes Buch zum Thema »Auszeit« ist Carolyn Webster-Strattons *The Incredible Years: A Trouble-Shooting Guide for Parents of Children Aged 3–8* (Toronto: Umbrella Press 1993). Auf der Basis von Forschungsergebnissen und praktischer Erfahrung führt es Schritt für Schritt an den Umgang mit Disziplin- und Kontrollproblemen heran. Für den Umgang mit älteren Kindern und Ju-

gendlichen kann ich zwei ebenso fundierte Bücher von Gerald R. Patterson und Marion Forgatch empfehlen: *Parents and Adolescents Living Together: The Basics* bzw. *Part 2* (Eugene, OR: Castalia Press 1987 bzw. 1989).

29 A. M. Graziano und K. A. Namaste, »Parental Use of Physical Force in Child Discipline.« *Journal of Interpersonal Violence*, Bd. 5, H. 4 (1990), S. 449–463.

30 W. W. Deley, »Physical Punishment of Children: Sweden and the U.S.A.« *Journal of Comparative Family Studies*, Bd. 10, H. 3 (1988); R. J. Gelles und A. W. Edfeldt, »Violence Toward Children in the United States and Sweden.« *Child Abuse and Neglect*, Bd. 10, H. 4 (1986), S. 501–510.

31 Christopher Hallowell, *Father to the Man: A Journal.* New York: Morrow 1987, S. 64.

32 Faber/Mazlish, *Hilfe, meine Kinder streiten* (s. Anm. 24), S. 36.

33 Die ersten beiden Beispiele stammen von Alice Ginott-Cohen.

34 Gottman/Katz/Hooven, *Meta-emotion* (s. Anm. 2).

35 E. Mavis Hetherington, »Long-term Outcomes of Divorce and Remarriage: The Early Adolescent Years«, in dem von A. S. Masten geleiteten Symposium »Family Process and Youth Functioning During the Early Adolescent Years«. Treffen der Society for Research in Child Development, New Orleans 1993, zitiert von E. Mark Cummings und Patrick Davies in: *Children and Marital Conflict: The Impact of Family Dispute and Resolution.* London: Guilford 1994, S. 131 f.

36 E. Mavis Hetherington, »Coping with Marital Transitions: A Family Systems Perspective.« *Monographs of the Society for Research in Child Development*, Bd. 57 (1992), S. 6.

37 E. Mark Cummings, »Coping with Background Anger in Early Childhood.« *Child Development*, Bd. 58 (1987), S. 976–984; E. Mark Cummings, R. J. Iannotti und C. Zahn-Waxler, »The Influence of Conflict Between Adults on the Emotions and Aggression of Young Children.« *Developmental Psychology*, Bd. 21 (1985), S. 495–507.

38 R. Shred, P. M. McDonnell, G. Church und J. Rowan, »Infants' Cognitive and Emotional Responses to Adults' Angry Behavior«, zitiert in Cummings/Davies, *Children and Marital Conflict* (s. Anm. 35), S. 131 f.

39 Barbara Dafoe Whitehead, »Dan Quayle Was Right.« *The Atlantic Monthly*, April 1993.

40 Nicholas Zill, Donna Ruane Morrison und Mary Jo Coiro, »Long-

Term Effects of Parental Divorce on Parent-Child Relationships, Adjustment, and Achievement in Young Adulthood.« *Journal of Family Psychology*, Bd. 7 (1993), S. 91–103.

41 Howard S. Friedman u. a., »Psychosocial and Behavioral Predictors of Longevity.« *American Psychologist*, Bd. 50 (1995), S. 69–78.

42 John M. Gottman, *What Predicts Divorce?* Hillsdale, N.J.: Lawrence Erlbaum 1994.

43 John Gottman, *Glücklich verheiratet? Warum Ehen gelingen oder scheitern*. München: Heyne 1995.

44 E. M. Cummings und J. L. Cummings, »A Process-Oriented Approach to Children's Coping with Adults' Angry Behavior.« *Developmental Review*, Bd. 8 (1988), S. 296–321.

45 E. M. Cummings, »Coping with Background Anger in Early Childhood« (s. Anm. 37).

46 R. Koestner, C. E. Franz und J. Weinberger, »The Family Origins of Empathic Concern: A 26 Year Longitudinal Study.« *Journal of Personality and Social Psychology*, Bd. 58 (1990), S. 709–717.

47 C. E. Franz, D. McClelland und J. Weinberger, »Childhood Antecedents of Conventional Social Accomplishment in Midlife Adults: A 26 Year Prospective Study.« *Journal of Personality and Social Psychology*, Bd. 60 (1991), S. 586–595.

48 David Popenoe, »American Family Decline, 1960–1990: A Review and Appraisal.« *Journal of Marriage and the Family*, Bd. 55 (August 1993), S. 527–555.

49 Robert L. Griswold, *Fatherhood in America: A History*. New York: Basic Books 1993.

50 D. Popenoe, »American Family Decline« (s. Anm. 48).

51 A. Cherlin, *Marriage, Divorce, Remarriage*. Cambridge: Harvard University Press 1981.

52 U.S. Bureau of the Census, »Births to Unmarried Women, by Race of Child and Age of Mother: 1970 to 1991.« *Statistical Abstract of the United States: 1994* (114. Ausg.). Washington, D. C. 1994.

53 S. L. Hyland, »Helping Employees with Family Care.« *Monthly Labor Review,* Bd. 113 (1990), S. 22–26; K. Christensen, *Flexible Staffing and Scheduling in U.S. Corporations*. New York: Conference Board 1989.

54 R. L. Griswold, *Fatherhood in America* (s. Anm. 49), S. 263.

55 Michael E. Lamb, »Introduction: The Emergent American Father.« In: Michael E. Lamb (Hrsg.), *The Father's Role: Cross-Cultural Perspectives*. Hillsdale, N. J.: Lawrence Erlbaum 1987, S. 3–25.

56 F. A. Pedersen, J. Rubinstein und L. J. Yarrow, »Infant Development in Father-Absent Families.« *Journal of Genetic Psychology*, Bd. 135 (1979), S. 51–61.

57 Nach Daten von M. Kotelchuck (»The Infant's Relationship to the Father«), präsentiert bei der Konferenz *Fatherhood and the Male Single Parent* (Omaha, Nov. 1978) im Referat von M. E. Lamb und S. K. Bronson, »The Role of the Father in Child Development: Past Presumptions, Present Realities, and Future Potential.«

58 M. Yogman, S. Dixon, E. Tronick, H. Als und T. B. Brazelton, »The Goals and Structure of Face-to-Face Interaction Between Infants and Fathers.« Referat beim Treffen der Society for Research in Child Development, New Orleans, März 1977.

59 K. Macdonald und R. D. Parke, »Parent-Child Physical Play: The Effects of Sex and Age of Children and Parents.« *Sex Roles*, Bd. 7–8 (1986), S. 367–379.

60 Ronald F. Levant und Gini Kopecky, *Masculinity Reconstructed: Changing the Rules of Manhood – At Work, in Relationships, and in Family Life*. New York: Dutton 1995, S. 107.

61 R. F. Levants *Fatherhood Project* wird dargestellt in: Ross D. Parke, *Fatherhood*. Cambridge: Harvard University Press 1996.

62 W. J. Hennenborn und R. Cogan, »The Effect of Husband Participation on Reported Pain and the Probability of Medication During Labor and Birth.« *Journal of Psychosomatic Research*, Bd. 19 (1975), S. 215–222.

63 D. R. Entwisle und S. G. Doering, *The First Birth*. Baltimore: Johns Hopkins University Press 1981.

64 R. Lind, »Observations After Delivery of Communications Between Mother-Infant-Father.« Referat beim Internationalen Kongreß für Pädiatrie, Buenos Aires, Oktober 1974.

65 A. N. Meltzoff und M. K. Moore, Newborn Infants Imitate Adult Facial Gestures.« *Child Development* (1983), S. 54 und 722–729.

66 A. Beitel und R. D. Parke, »Maternal Attitudes as a Determinant of Father Involvement.« Unveröffentlichtes Manuskript, Universität von Illinois 1993.

67 R. W. Blanchard und H. B. Biller, »Father Availability and Academic Performance Among Third Grade Boys.« *Developmental Psychology*, Bd. 4 (1971), S. 301–305.

68 H. B. Biller, Father, *Child and Sex Role*. Lexington, MA: D.C. Heath 1971, S. 59.

69 Levant/Kopecky, *Masculinity Reconstructed* (s. Anm. 60), S. 197.

70 R. A. Lee, »Flextime and Conjugal Roles.« *Journal of Occupational Behavior*, Bd. 4 (1983), S. 297–315.

71 H. Bohen und A. Viveros-Long, *Balancing Jobs and Family Life: Do Flexible Work Schedules Help?* Philadelphia: Temple University Press 1981.

72 Pepper Schwartz, *Peer-Partner: Das ideale Paar. Was Gleichheit im Zusammenleben wirklich bedeutet.* Hamburg: Kabel 1996.

73 R. L. Repetti, »Short-Term and Long-Term Processes Linking Perceived Job Stressors to Father-Child Interaction.« *Social Development*, Bd. 3 (1994), S. 1–15.

74 M. L. Kohn und C. Schooler, *Work and Personality: An Inquiry into the Impact of Social Stratification.* Norwood, N.J.: Ablex 1983; D. R. Miller und G. E. Swanson, *The Changing American Parent.* New York: Wiley 1954.

75 R. L. Griswold, *Fatherhood in America* (s. Anm. 49), S. 263.

76 P. C. Glick, »Remarried Families, Stepfamilies and Stepchildren: A Brief Demographic Profile.« *Family Relations*, Bd. 38 (1989), S. 24–47.

77 M. K. Weinberg und E. Z. Tronick, »Beyond the Face: An Empirical Study of Infant Affective Configurations of Facial, Vocal, Gestural and Regulatory Behaviors.« *Child Development* (1994), S. 65 und 1503 ff.

78 T. Field, B. T. Healy und W. G. LeBlanc, »Sharing and Synchrony of Behavior States and Heart Rate in Nondepressed Versus Depressed Mother-Infant Interactions.« *Infant Behavior and Development*, Bd. 12 (1989), S. 357–376.

79 T. Field, J. Pickens, N. A. Fox, T. Nawrocki u. a., »Vagal Tone in Infants of Depressed Mothers.« *Development and Psychopathology*, Bd. 7 (1995), S. 227–231.

80 Ebd.

81 G. Dawson und K. W. Fischer, *Human Behavior and the Developing Brain.* New York: Guilford 1994.

82 N. M. Palaez, T. Field, M. Cigales, A. Gonzalez u. a., »Infants of Depressed Mothers Show Less ›Depressed‹ Behavior with Their Nursery Teachers.« *Infant Mental Health Journal*, Bd. 15 (1994), S. 358–367; Z. Hossain, T. Field, J. Gonzalez, J. Malphurs u. a., »Infants of ›Depressed‹ Mothers Interact Better with Their Nondepressed Fathers.« *Infant Mental Health Journal*, Bd. 15 (1994), S. 348–357.

83 E. Z. Tronick und J. F. Cohn, »Infant-Mother Face-to-Face Inter-

action: Age and Gender Difference in Coordination and the Occurence of Miscoordination.« *Child Development*, Bd. 60 (1989), S. 85–92.

84 S. Dickstein und R. D. Parke, »Social Referencing in Infancy: A Glance at Fathers and Marriage.« *Child Development*, Bd. 59 (1988), S. 506–511.

85 T. G. R. Bower, *The Rational Infant*. New York: W. H. Freeman 1989.

86 Laurie Kramer und John Gottman, »Becoming a Sibling: With a Little Help from My Friends.« *Developmental Psychology*, Bd. 28 (1992), S. 685–699.

87 Doris Brett, *Anna zähmt die Monster: Therapeutische Geschichten für Kinder* und *Ein Zauberring für Anna: Therapeutische Geschichten für Kinder von 3 bis 8 Jahren*. Beide Salzhausen: Iskopress 1995.

88 E. M. Cummings, »Coping with Background Anger in Early Childhood« (s. Anm. 37).

89 Michael Riera, *Uncommon Sense for Parents with Teenagers*. Berkeley: Celestial Arts 1995.

90 Gordon Parks, A*dolescence. Whispers of Intimate Things*. New York: Viking Press 1971.

Danksagung

Die Idee für die diesem Buch zugrundeliegende Studie über »Meta-Emotion« entstand 1984, als ich während eines Freisemesters in Paul Ekmans Labor in San Francisco arbeitete. Als unschätzbar erwies sich in der Folgezeit die Unterstützung von Robert Levenson, der mein erstes psychophysiologisches Labor eingerichtet hat. Für diese Studie haben wir es zum ersten Mal benutzt. Sehr hilfreich waren auch Michael Guralnick, der Leiter des Center for Human Developmental Disabilities, und die Abteilungen seiner Institution, vor allem die Werkstatt für Geräteentwicklung an der Universität von Washington. Das National Institute of Mental Health hat unsere Studie mit verschiedenen Forschungsstipendien und Preisen unterstützt.

An dieser Stelle möchte ich auch meiner Frau Julie für ihre große Zuneigung, ihre Hilfe und ihre Solidarität danken. Sie leitet gemeinsam mit mir Elterngruppen in Seattle und ist eine wahre Partnerin bei der Erziehung unserer Tochter Moriah. Auch dieser danke ich für ihre Liebe, ihre Geduld und für alles, was sie uns gelehrt hat.

Ein herzlicher Dank geht schließlich an Mark Malone, der dieses Manuskript als engagierter Vater kommentiert hat. Wertvolle Hinweise hat uns auch Sonia Kornblatt gegeben.

John Gottman